CB137653

EDITORA DO CONHECIMENTO

Auxiliando a humanidade a encontrar a Verdade

História da Umbanda no Brasil
Volume 3

© 2015 – Diamantino Fernandes Trindade

História da Umbanda no Brasil - Vol. 3

Diamantino Fernandes Trindade (org.)

Todos os direitos desta edição reservados à
CONHECIMENTO EDITORIAL LTDA.
Fone/Fax: 19 3451-5440
www.edconhecimento.com.br
vendas@edconhecimento.com.br

Nos termos da lei que resguarda os direitos autorais, é proibida a reprodução total ou parcial, de qualquer forma ou por qualquer meio – eletrônico ou mecânico, inclusive por processos xerográficos, de fotocópia e de gravação –, sem permissão, por escrito, do Editor.

Projeto gráfico: Sérgio Carvalho
Ilustração da capa: Banco de imagens

ISBN 978-85-7618-349-5
1ª edição – 2015

• Impresso no Brasil • Presita en Brazilo

Produzido no Departamento Gráfico de
CONHECIMENTO EDITORIAL LTDA
Rua Prof. Paulo Chaves, 276 – 13485-150
Fone: 19 3451-5440 – Limeira – SP

Dados Internacionais de Catalogação na Publicação (CIP)
(Angélica Ilacqua CRB-8 / 7057)

Trindade, Diamantino Fernandes.
História da Umbanda no Brasil - Vol. 3 : memórias de uma religião / Diamantino Fernandes Trindade (org.). — Limeira, SP: Editora do Conhecimento, 2015.
354 p. (Coleção Divina Luz)

ISBN: 97-85-7618-349-5

1. Umbanda - História - Brasil I. Trindade, Diamantino Fernandes

15-0964 CDD – 299.672

Índice para catálogo sistemático:
1. Umbanda - História

Diamantino Fernandes Trindade
(organizador)

História da Umbanda no Brasil

Volume 3

Memórias de uma religião

1ª edição – 2015

EDITORA DO CONHECIMENTO

Esta é uma obra de pesquisa e resgate da História da Umbanda. Os direitos autorais são totalmente revertidos para as atividades de caridade.

As origens da Umbanda estão no tempo, em toda parte, onde haja homens.

Leopoldo Bettiol

Não haverá bater de tambores; não haverá saias com rendas e lamês; não haverá espadas na mão; não haverá capacetes de penas; não haverá cobranças; não haverá matança de animais; não existe feitura de santo na Umbanda; Orixá não incorpora na Umbanda; não existe coroação na Umbanda.

Caboclo das Sete Encruzilhadas

A Umbanda é universalista e não possui codificação. Além disso, nasceu nesta abençoada terra onde a diversificação de cultura é grandiosa e pacífica. Essa riqueza toda contribuiu também para que fosse escolhida "a terra do Evangelho" como berço da Umbanda. O Caboclo das Sete Encruzilhadas, quando se apresentou através de seu médium, determinou como seria essa nova religião em seus fundamentos e apresentação no plano material, mas ele mesmo sabia que seria impossível padronizar cada templo. É importante que se cumpra sempre, mesmo na diversidade de culto, a essência da Umbanda, que é a caridade. Que se promova a Lei do Amor e que cada filho de fé que adentrar o templo umbandista possa se melhorar, respeitando a vida de todos os seres que caminham com ele. Isso é o que a unifica.

Vovó Benta[1]

1 Texto da obra *Enquanto dormes*, psicografada por Leni W. Saviscki e publicado pela **EDITORA DO CONHECIMENTO**.

Dedicatória

Para W. W. da Matta e Silva (Mestre Yapacani) e Zélio Fernandino de Moraes, os grandes decanos da Umbanda.

Para Lilia Ribeiro e Leal de Souza que pavimentaram o caminho para a construção da História da Umbanda.

Agradecimentos

Aos irmãos amigos pesquisadores pelas preciosas colaborações para o resgate da memória umbandista.

Coronel Carlos Soares Vieira, Cristiam Siqueira, Adão Lamenza, Rogério Corrêa, Denise Freitas de Oliveira, Edgar Cavalli Júnior, José Dalmo Ribeiro Ribas, Sandra Santos, Dra. Juliana Ogawa, Catarina Fernandes, José Rogério de Souza, Ricardo Martins, Giovani Martins, Tania Lacerda, Sérgio Navarro Teixeira, Sarah Corazza, Eduardo Castellani, Rômulo Henrique Pereira Angélico e Mãe Lucília de Iemanjá.

É impossível ao historiador a imparcialidade. Desde a coleta de documentos até a redação do trabalho são feitas escolhas, que não são causais. Qualquer tentativa de escrever sobre um fato ou período histórico envolve seleção, julgamento e pressupostos metodológicos. A História não pode ser nunca puramente descritiva, pois sempre haverá elementos de avaliação em qualquer relato. Sendo assim, o máximo que um historiador pode fazer no seu trabalho é alcançar uma face da verdade, que não é absoluta e sim variável de acordo com as condições que se apresentam no momento da escrita.

Quem não gostar do que um historiador escreve deve procurar textos de outro historiador que escreva aquilo que o seu ego deseja ler.

Figura 1: Lápis de J. Guimarães no qual estão situados os sinuosos caminhos que conduzem os umbandistas ao templo de trabalho, as armas da fé apontando a estrela Guia-Símbolo da União Espiritista de Umbanda do Brasil (UEUB) e as sete estrelas dentro do Brasil e que representam as Sete Linhas da Umbanda. Vemos ainda dentro do círculo (figura esotérica) a parte do templo e as folhagens da Jurema e caindo do alto as mensagens espirituais recebidas durante 19 anos de lutas da UEUB.
Jornal de Umbanda, agosto de 1958, n. 82 – Edição comemorativa dos 19 anos da UEUB.

Sumário

Primeiras palavras

Prezado leitor!

Aqui estamos novamente dando continuidade ao resgate da memória umbandista após novas e profundas pesquisas.

O sucesso das obras ***História da Umbanda no Brasil*** e ***História da Umbanda no Brasil***, volume 2: ***A Umbanda nos jornais do Rio de Janeiro***, publicadas pela **EDITORA DO CONHECIMENTO**, nos motivaram a dar prosseguimento a esse importante resgate da nossa religião.

Como sempre deixo registrado, o caminho para a construção da História da Umbanda foi pavimentado por Leal de Souza e Lilia Ribeiro.[1] Mais uma vez tivemos as preciosas colaborações dos nossos irmãos e amigos pesquisadores: Coronel Carlos Soares Vieira, Cristiam Siqueira, Adão Lamenza, Rogério Corrêa, Tania Lacerda, Eduardo Castellani, José Dalmo Ribeiro Ribas, Sandra Santos, Dra. Juliana Ogawa, Catarina Fernandes, Sarah Corazza, Sérgio Navarro Teixeira, Denise Freitas de Oliveira, Edgar Cavalli Junior, Rômulo Henrique Pereira Angélico e José Rogério de Souza.

Resgatamos neste volume imagens, matérias e reportagens dos periódicos: ***Correio da Manhã***, ***Província de São Paulo***, ***O Estado de São Paulo***, ***Diário de Notícias***, ***Jornal de Umbanda***, ***O Mundo Ilustrado***, ***Ultima Hora***, ***O Semanário***, ***Revista Fatos***

1 Remeto o leitor para a obra ***História da Umbanda no Brasil***.

& Fotos Gente, *Jornal do Brasil*, *Folha da Manhã*, *Umbanda em Revista*, *Jornal Aldeia de Caboclos*, *Jornal de Umbanda Sagrada*, *Revista Ideais*, *O Globo*, *O Cruzeiro*, *Mundo Ilustrado*, *Magia*, *Mistério e Umbanda*, *Revista da Semana*, *Revista Planeta*, *Revista Careta*, *Revista Fon Fon*, *Revista O Malho*, *Jornal Aruanda* e no site *http://www.tensp.org*

Iniciamos este resgate da memória umbandista com imagens históricas de W. W. da Matta e Silva na Tenda Espírita Estrela do Mar, junto com seu amigo e confidente Capitão Benedito Lauro do Nascimento. Tania Lacerda relata sua vivência com W. W. da Matta e Silva. Em seguida apresentamos uma emocionante mensagem do Caboclo das Sete Encruzilhadas de 1919.

Continuando, escrevemos sobre um marco importante para a implantação da Umbanda no Brasil: A Tenda Mirim através do Caboclo Mirim e seu médium Benjamim Figueiredo. Antes da publicação do emblemático livro *Okê Caboclo!*, Benjamim publicou, em 1952/1953, cinco importantes livretos: *Umbanda - Escola da Vida* (três volumes), *A Umbanda na Escola da Vida* e *A Tenda Espírita Mirim e a sua Escola: Orientação umbandista para os filhos da Família Mirim*. É um material que hoje está praticamente perdido.

Benjamim publicou pela Editora Eco, em 1968, o livro *Okê Caboclo!* Na primeira parte apresenta sábias mensagens do Caboclo Mirim, verdadeiras lições de filosofia influenciada pela cultura hindu. A segunda parte trás um grande número de pontos cantados nas sessões da Tenda Mirim e suas filiadas. A última parte mostra um interessante glossário das palavras empregadas no ritual umbandista e seu significado. Apresentamos um capítulo do livro e alguns textos dos livretos históricos, além da divulgação feita pelo Jornal *Correio da Manhã*.

Carlos Alberto Nóbrega da Cunha, nascido no Estado do Rio de Janeiro, começou a trabalhar aos 16 anos. Fez carreira simultaneamente como educador no magistério público do Distrito Federal e como jornalista, na imprensa carioca. Professor do curso noturno e repórter de jornal, ascendeu nessas duas funções. Possuiu uma das mais brilhantes folhas de serviço de que se pode orgulhar um jornalista e educador brasileiro. Como educador, foi um dos signatários do Manifesto da Nova Educação, que traçou novos rumos para a pedagogia no Brasil.

No jornalismo fez um profundo estudo, na forma de reportagem, no *Diário de Notícias*, sobre a Macumba. Isso, em 1929, em uma época em que pouco ainda se escrevia sobre Umbanda. A riqueza de detalhes, poucas vezes vista até hoje, é fabulosa e esclarece como funcionava um ritual de macumba naquela época.

O jornal *Província de São Paulo*, do final do século XIX, faz um registro sobre a prática de feitiçaria enquanto que o *Estado de São Paulo* apresenta reportagem sobre a macumba em São Paulo na década de 1920.

Após o Primeiro Congresso Brasileiro do Espiritismo de Umbanda ocorreu uma rápida proliferação dos livros de escritores umbandistas, que tentavam propor codificações rituais e doutrinárias, aparecendo catecismos, manuais de condução dos trabalhos etc., que, por vezes, conflitavam em suas interpretações. Um dos primeiros escritores dessa fase foi João de Freitas.

Publicou, em 1941, *Umbanda*,[2] a sua primeira obra, em moldes de reportagem e entrevistas como fazia Leal de Souza, onde relata as práticas de terreiro do Rio de Janeiro. Utiliza uma linguagem popular e reproduz cenas das tendas de Umbanda, explicando os mistérios e segredos da iniciação umbandista. Das visitas aos terreiros, o autor extraiu farto material para a elaboração da obra. Na reportagem *Em Vila Isabel* esclarece uma dúvida muito comum que é o fato de diversos médiuns incorporarem "a mesma entidade".

A Umbanda surgiu no cenário religioso carioca com fortes laços com o Espiritismo. Como a perseguição policial ao Espiritismo era menor do que aos cultos afro-brasileiros, as tendas de Umbanda, geralmente, registravam-se como Tenda Espírita. Aos poucos foi se firmando a terminologia "Espiritismo de Umbanda". Em 1941 tivemos o Primeiro Congresso Brasileiro do Espiritismo de Umbanda.

Os umbandistas foram se denominando espíritas e isso começou a incomodar a Federação Espírita Brasileira. Edgard Armond publicou então uma matéria sobre o tema no *Diário de Notícias*. No entanto, a sua arrogância ficou explicita na ma-

2 Obra publicada pela Editora Espiritualista e disponível apenas em sebos.

téria quando diversas vezes aponta a Umbanda como religião de baixo nível. Claro está que a maioria dos adeptos e as instituições umbandistas não deram nenhum crédito ao autor da matéria.

Sobre o mesmo tema, em 1953, Deodato Moraes, Jayme Madruga e João Severino Ramos escreveram e divergiram em três números do *Jornal de Umbanda* causando grande polêmica à respeito.

As festas para Yemanjá, na virada do ano, são uma das maiores manifestações da fé dos brasileiros, envolvendo milhões de pessoas. Achilles Camacho, no periódico *O Mundo Ilustrado* faz uma interessante reportagem sobre as festividades do dia 31 de dezembro de 1951 no Rio de Janeiro.

A UEUB (União Espiritista de Umbanda), fundada por Zélio Fernandino de Moraes, foi a primeira organização federativa da religião emergente. Nessa instituição foi criado o primeiro periódico, o *Jornal de Umbanda*, que foi o porta voz da UEUB e da Umbanda por mais de 20 anos. Apresentamos duas matérias desse periódico, de 1953, onde havia o relato da inauguração da sede própria da organização federativa e uma homenagem às Tendas fundadoras da UEUB e à primeira diretoria.

Duas reportagens de Eloy Dutra, de 1955, do periódico *Ultima Hora*, do Rio de Janeiro, mostram o panorama da Umbanda no contexto social carioca da época e destacam a incrível tarefa de caridade dos Caminheiros da Verdade, entidade já destacada no primeiro volume da nossa obra. Dirigida pelo oficial do Exército João Carneiro de Almeida, foi uma referência de como um terreiro de Umbanda podia ser eclético no atendimento humanitário espiritual e material. Contava com milhares de médiuns e assistentes, além de possuir eficientes departamentos médico, dentário e jurídico e o Lar Antônio de Pádua que abrigava crianças carentes e possuía escola primária.[3] As crianças recebiam também educação musical.

Dom Jaime Câmara, Arcebispo do Rio de Janeiro, desferiu ataque feroz à Umbanda e ao Espiritismo em março de 1957. O engenheiro A. Rodrigues Monteiro publicou uma matéria no periódico *O Semanário*, contestando a ação cruel da Igreja Católi-

3 Correspondente ao atual Ensino Fundamental I.

ca. No mesmo ano e no mesmo periódico, o capitão José Álvares Pessoa escreveu sobre Umbanda, A Magia e seus mistérios.

Tata Tancredo da Silva Pinto apresenta, no jornal *O Semanário*, uma importante matéria sobre o ataque contundente à Umbanda, desferido por Frei Boaventura Kloppenburg.

Em 1960, o famoso delegado Padilha desferiu ferozes ataques aos cultos afro-brasileiros. Duas matérias da *Ultima Hora* abordam o evento nefasto da policia do Rio de Janeiro.

Alerta umbandistas! Esta é uma matéria, de Raphael Molina, do *Jornal de Umbanda*, de maio de 1960, que mostra ação nefasta da Igreja Católica no sentido de tentar desmoralizar a Umbanda.

Em seguida mostramos um pouco sobre a Umbanda no Rio Grande do Sul com a eleição do primeiro deputado umbandista do Brasil, Moab Caldas, que no prefácio do livro *Divagações sobre um culto - Aspectos da Umbanda*, de Alfeu Escobar, faz uma interessante abordagem dos primórdios da Umbanda No Rio Grande do Sul.

Seguem-se quatro mensagens do Caboclo das Sete Encruzilhadas e Zélio de Moraes. O jornal *O Mundo Ilustrado*, em 1961/1962, faz uma reportagem onde a figura portentosa de Attila Nunes, criador do programa radiofônico *Melodias de Terreiro*, é retratada com relação à sua eleição e atuação como Deputado Estadual na Guanabara.

Carlos Azevedo apresenta uma incrível matéria onde mostra, com propriedade, que os mentores espirituais podem trabalhar nas mesas kardecistas e nos terreiros de Umbanda. Esta matéria foi publicada, em 1968, no livro *Umbanda: religião do Brasil*, da Antologia do Movimento Espiritualista, publicado pela Editora Obelisco em 1968. Nesta obra, além de Carlos de Azevedo, participam também José Alvares Pessoa, Madre Yarandasã e Nelson Mesquita Cavalcanti.

Na década de 1960 a Igreja Católica desferiu ataques ferozes sobre os cultos afro-brasileiros. Os evangélicos pegaram carona e ajudaram no processo de perseguição das macumbas, Umbanda e candomblés. Jorge de Souza Mello publicou o livro *A Macumba Explicada* onde ensina como os evangélicos devem se comportar frente à Macumba. Apresentamos alguns trechos do livro.

No final dos anos 1960, a Umbanda experimentava um rápido crescimento quantitativo e qualitativo, principalmente pela diminuição gradativa da perseguição policial. Em 1967, a Revista ***Fatos e Fotos Gente***, trazia a matéria ***Quem entra na Linha de Umbanda***, retratando a situação da religião emergente na época. O capítulo 53 do primeiro volume mostra várias imagens dessa reportagem. Neste terceiro volume apresentamos a matéria na íntegra.

No período compreendido entre a metade da década de 1960 até meados da década de 1970, o fenômeno dos médiuns curadores tomou corpo, principalmente no Rio de Janeiro. Esses médiuns, e seus mentores, mobilizavam milhares e milhares de pessoas que os procuravam em busca de um lenitivo para os seus males físicos. O maior destaque é para, o já nosso conhecido, Seu Sete da Lira que juntamente com a sua médium Cacilda de Assis atendiam de cinco a trinta mil fiéis nas famosas giras, aos sábados à noite, na Lira, em Santíssimo, RJ. O famoso episódio da presença de Seu Sete nos programas televisivos de Flávio Cavalcanti e Chacrinha causou grandes tumultos como já vimos nos dois primeiros volume.

Nosso irmão Cristiam Siqueira, profundo conhecedor e dono de um respeitável acervo sobre Seu Sete, nos brinda com o texto: A importância de Seu Sete da Lira para a Umbanda, além de uma matéria, publicada no *Correio da Manhã*, sobre a participação do Exu e Dona Cacilda no programa televisivo do Chacrinha em 1971.

No jornal *Correio da Manhã*, de agosto de 1971, a manchete dizia: "Seu Sete" fez Chacrinha chorar na "Hora da Buzina". Outra matéria sobre Seu Sete da Lira, de 1979, é apresentada na Revista *Fatos & Fotos Gente*. Em 1983, o jornal *Ultima Hora*, do Rio de Janeiro publicava uma mensagem sobre Seu Sete.

Isaltina Cavalcanti, também conhecida como Isaltina dos Milagres, assessorada pelo Pai de Santo Sebastião Pedra d'Água, servia de veículo mediúnico para o médico alemão Artz Scovsck que operava milhares de cirurgias espirituais no Rio de Janeiro, principalmente na Tenda Espírita Santo Antônio de Pádua. Outro fenômeno de massas foi a médium Dora Olga Gomes que também atendia multidões, no Rio de Janeiro e em São Paulo, incorporada com a famosa Entidade Espiritual "Marinheiro".

Apresentamos algumas matérias sobre as três médiuns e seus mentores espirituais.

O médico e Capitão de Mar e Guerra, Dr. Armando Cavalcanti Bandeira faz duas breves, mas interessantes, abordagens sobre a magia negra e o estado da Umbanda no inicio da década de 1970. Lilia Ribeiro escreve sobre a figura polêmica de Exu, esclarecendo a confusão que muitos ainda fazem entre Exu e obsessores, na verdade os kiumbas. Em outra matéria nos fala sobre a figura emblemática de Attila Nunes.

Uma entrevista portentosa, com conteúdo incrível, foi concedida por Chico Xavier ao jornal *Diário de Notícias*, em 1974. O grande médium brasileiro explicou certas nuances sobre os espíritos que baixam na Umbanda e sua organização astral, além de esclarecer determinados aspectos sobre as relações cármicas e as doenças físicas e astrais.

No primeiro volume escrevemos sobre um importante periódico umbandista: *Umbanda em Revista*. Agora apresentamos o primeiro número, de 1975, transcrevendo o editorial de Demétrio Domingues e uma importante matéria histórica de Sinésio Filho. Apresentamos também a contracapa onde aparece uma propaganda de uma das mais tradicionais casa de artigos de Umbanda e Candomblé: A Casa 7 Linhas que funcionou até o final da década de 1990.

Periodicamente aparece no meio umbandista os aproveitadores, sempre ávidos pelo poder temporal. Em 2009 uma proposta grotesca surgiu através um manifesto do SOUESP que se propunha a "vender" seu nome e "prestígio" para todos que desejassem ver seus trabalhos chancelados por ele. Apresentamos o manifesto e o contra manifesto de Rubens Saraceni.

O dia 22 de julho de 2009 foi motivo de jubilo para os umbandistas do Rio de Janeiro, pois, o governador do Estado do Rio de Janeiro, Sérgio Cabral, sancionou a Lei que tornou a Umbanda patrimônio imaterial dessa unidade da federação. No ano seguinte a Associação Paulista de Umbanda fez a entrega da Medalha Demétrio Domingues em Sessão Solene na Assembleia Legislativa do Estado de São Paulo.

Com o intuito de esclarecer determinada confusão criada

em 2011, publico o capítulo *CARTA RESPOSTA* sobre a polêmica criada em torno da origem da Umbanda.

O jornal *TPM*, do Terreiro de Pai Maneco, em 2012 apresentou uma matéria, do Grupo de Pesquisa em História da Umbanda no Paraná, sobre a implantação da nossa religião nesse Estado. Apresentamos também um capítulo sobre este terreiro, o maior do Brasil. Giovani Martins faz uma abordagem histórica e ritualística sobre o segmento de Umbanda em Santa Catarina: Umbanda de Almas e Angola.

Rômulo Henrique Pereira Angélico apresenta um artigo substancial sobre a magia, a feitiçaria e os Cultos Afro-Brasileiros, mostrando as relações históricas sobre essas três vertentes da espiritualidade brasileira.

O médium e escritor Rubens Saraceni, desencarnado em 2015, é citado nesta obra com matérias publicadas no jornal *Aldeia de Caboclos*. Pai Rubens foi um dos responsáveis pelo crescimento significativo da Umbanda nos últimos vinte anos.

Também resgatamos diversas capas de edições antigas das obras de W. W. da Matta e Silva. Em 1975 foi lançado, por Jamil Rachid, o jornal *Aruanda* que foi um importante veículo de divulgação da Umbanda e do Candomblé durante vários anos. Apresentamos três matérias desse periódico. Na atualidade, dois periódicos se destacam: o *Jornal de Umbanda Sagrada*, publicado por Alexandre Cumino,[4] e o jornal *Aldeia de Caboclos*, publicado por Engels Panagiotis Xenoktistakis (Engels de Xangô).

Em 2010, uma cerimônia oficial, realizada na Assembleia, comemorou os 50 anos de fundação do Primado de Umbanda do Brasil com a presença do autor desta obra.

Nossa última matéria discorre sobre um resgate à memória do Exu Sete da Lira no Rio de Janeiro.

Encerramos com uma rica e interessante galerias de imagens.

Comunicamos aos nossos leitores que o acervo do *Jornal de Umbanda*, no período de 1952 até 1960, encontra-se digitalizado e disponível no site da Biblioteca Nacional: http://memoria.bn.br/hdb/periodico.aspx

Quando novos documentos escritos e orais se apresenta-

4 Vide a obra *A Construção Histórica da Literatura Umbandista* publicada pela **EDITORA DO CONHECIMENTO**.

rem, faremos a publicação em nossas páginas:

Blog – h*ttp://mandaladosorixas.blogspot.com.br*
Facebook – *https://www.facebook.com/Cabanadepaibenguela*

O capitão Lauro e W. W. da Matta e Silva

No primeiro volume desta obra escrevemos sobre a importância da Tenda Espírita Estrela do Mar e de Benedito Lauro do Nascimento, Capitão de Cavalaria do Exército, no universo do Movimento Umbandista. W. W. da Matta e Silva tinha o Capitão Lauro como amigo confidente e sempre citava a sua pessoa. O nosso irmão Rogério Corrêa cita que a consagrada "Oração das Santas Almas" foi ditada, pelo Pai Guiné, inicialmente ao Capitão Lauro que depois repassou para W. W. da Matta e Silva. Isso mostra o intenso grau amizade entre os dois.

O Capitão Lauro nasceu em 4 de abril de 1900 e desencarnou em 17 de julho de 1983. Fez carreira na Cavalaria do Exército Brasileiro onde sofreu um acidente que o deixou sem andar até conhecer um médium do Caboclo Ogum Beira Mar que disse que ele voltaria a andar e ia abrir um terreiro.

Em 1954, o Capitão Lauro conheceu W. W. da Matta e Silva (Mestre Yapacani) e com ele, por intermédio de Pai Guiné de Angola completou sua formação sacerdotal. O mesmo Pai Guiné preparou o atual congá da Tenda Estrela do Mar em 1961. A Tenda segue os preceitos ditados pelo Astral Superior praticando a verdadeira caridade e também funcionando como Escola de Iniciação.

W. W. da Matta e Silva escreveu:[1]

1 Lições de Umbanda (e Quimbanda) na palavra de um Preto Velho.

> Conheci o saudoso e muito querido amigo Benedito Lauro do Nascimento, mais exatamente pelos idos de 1956 (quando foi lançada a minha primeira obra, ***Umbanda de Todos Nós***).
> O Capitão Benedito Lauro era, então, presidente da Tenda Estrela do Mar, situada em Irajá.

Quanto ao nome iniciático de W. W. da Matta e Silva, nosso irmão Eduardo Castellani faz a seguinte observação:[2]

> Matta e Silva ficou conhecido como Mestre Yapacani, que na verdade era seu mentor espiritual. Essa revelação consta também na obra ***Pemba - A Grafia Sagrada dos Orixás*** de Ivan Horácio Costa,[3] um dos mestres mais antigos da Tenda de Umbanda Oriental. "Na atualidade, coube ao Mestre W. W. da Matta e Silva, através de seu iluminado guia mentor YAPACANI, a obtenção da "chave" da origem do conhecimento e de sua aplicação correta à movimentação das Forças Vitais da Natureza".
> Ele tinha autorização do astral para se escudar com esse nome em suas obras literárias, o que fez na maioria delas, utilizando o nome Yapacani entre parênteses, logo após seu nome de batismo.

Sobre o desencarne de Mestre Yapacani, Eduardo Castellani cita:

> Na madrugada de 17 de abril de 1988, após uma Gira Pública, mestre Matta passou mal e foi levado para o Hospital Cardoso Fontes em Jacarepaguá, onde após algumas horas, desligou-se definitivamente do seu corpo físico.

W. W. da Matta e Silva escreveu mais duas obras que nunca foram lançadas. No livro ***Lições de Umbanda e Quimbanda na palavra de um Preto Velho*** ele cita:

> Igualmente, tínhamos prometido sair com duas obras: uma versando sobre a indústria da Umbanda e a outra com o nome de Çakala – A Filosofia do Oculto.
> Praticamente ficaram prontas, isto é, a primeira, nós a destruímos, obedecendo tão somente às ordens de Cima, do Astral, embora que, por nossa vontade, sairia. A outra vai

2 www.umbandadobrasil.com.br
3 Mestre Itaoman (nota do autor).

> demorar um pouco, pois a sua oportunidade nos foi aconselhada, tendo em vista a assimilação de "Sua Eterna Doutrina" – que fixa os postulados da Lei de Umbanda, definindo seus aspectos filosóficos, científicos, religiosos, e que penetra ainda no âmbito da metafísica – assimilação essa que está ainda se processando lentamente.

Eduardo Castellani diz ainda: Mestre Matta deixou seu discípulo Itaoman encarregado por terminar e lançar esta obra, o que vai ocorrer muito em breve. Diz também que, além do Pai Guiné de Angola e do seu mentor espiritual Yapacani, era também assistido por outras entidades espirituais como Caboclo Juremá, Caboclo Pedra Preta, Caboclo Ogum de Lei, Caboclo Guaracy, Pai Chico, Pai Mané Carrero, Zé Pretinho, Zambetinha, Exu Senhor das Sete Encruzilhadas e Pombagira Sialú.

Recomendo a todos que queiram conhecer mais detalhes da vida e obra de Matta e Silva, ler a matéria completa de Eduardo Castellani intitulada "A vida e a obra do Grande Mestre W. W. da Mata e Silva".[4]

4 http://www.umbandadobrasil.com.br/a-vida-e-a-obra-do-mestre-w-w-matta-e-silva

Figura 2: Capitão Benedito Lauro do Nascimento.

Figura 3: Festa de 10 anos da Tenda Espírita Estrela do Mar, em 1962. Ao centro o Capitão Lauro palestrando. Do seu lado direito, de terno, W. W. da Matta e Silva e o escritor J. Alves de Oliveira. Acervo da Tenda Espírita Estrela do Mar.

Figura 4: Festa de 20 anos da Tenda Espírita Estrela do Mar, em 1972. Ao centro o Capitão Lauro palestrando. De terno, à esquerda, o Deputado Dr. Geraldo Araújo. Ao seu lado W. W. da Matta e Silva. Acervo da Tenda Espírita Estrela do Mar.

Figura 5: Tenda Espírita Estrela do Mar, na década de 1960. Do lado esquerdo, de gravata, podemos ver W. W. da Matta e Silva. Acervo da Tenda Espírita Estrela do Mar.

Matta e Silva

Tania Lacerda

Publicado no site: *www.umbandadobrasil.com.br*

A primeira vez que ouvi o nome Matta e Silva, tinha eu meus doze anos mais ou menos. Meus pais, umbandistas praticantes, compraram o livro ***Umbanda de Todos Nós*** e eu, através do gosto pela leitura e por escrever que sempre me acompanharam, folheei aquele livro, pois apesar de ainda muito menina, sempre amei a Umbanda e gostava de saber sobre "as coisas da Umbanda".

Meus pais, muito responsáveis quanto a minha educação espiritual, procuravam não deixar que eu me inteirasse muito pela Umbanda, pois já percebiam o meu interesse e os sinais de mediunidade, e temiam por meu ingresso prematuro na Umbanda.

Bem, não preciso nem dizer que às escondidas eu folheava o livro, e embora nada entendesse do que ali estava escrito, minha alma sentia a importância deste livro em minha alma um dia.

O tempo passou e, aos vinte e um anos de idade, entrei para a Umbanda e comecei minha jornada como médium em um terreiro. Deste dia em diante ***Umbanda de Todos Nós*** passou a ser também a minha referência sobre a Umbanda.

O fato é que lendo os outros livros do Matta e Silva, despertou em mim a curiosidade de conhecê-lo. E impulsionada por esta curiosidade estive com ele a primeira vez na Livraria Freitas Bastos, em uma terça feira, lá pelos anos 80, não me lembro do ano certo. Minha alma foi invadida por uma emoção muito grande ao ver aquele homem tão simples, mas que irradiava uma força e um amor imenso.

Lembrei que fiquei meio sem ação olhando par ele sem nada falar por alguns segundos e ele falou-me: "pois não, em que posso ajuda-la?" E eu ainda um tanto que embasbacada por estar diante de alguém tão importante em minha vida espiritual, respondi-lhe: "Nada meu Pai, só queria conhece-lo".

Contei-lhe então que lia suas obras, que era médium de um terreiro, e que o tinha como referência em minhas práticas na Umbanda. Ele então me pediu que jamais deixasse de ler, estudar e observar bem. Falou que via naquele momento, um aura azulado ao meu redor, palavras essas que encheram meus olhos de água, e que de certa forma selaram um compromisso que assumi perante a Sagrada Corrente Astral de Umbanda e àquele pequenino homem em sua forma física, porém, enorme em sua espiritualidade, de sempre defender os reais princípios dessa Umbanda de Todos Nós.

Após esse primeiro contato, por algo ocorrido com um irmão meu, fui até Itacuruçá, pedir orientação e esclarecimento à única pessoa que eu confiava – Mestre Yapacani, W. W. da Matta e Silva. Não era dia de sessão, não avisei que ia, mas ainda assim, apesar de estar almoçando na hora que cheguei ele me atendeu, sem cobrar um centavo sequer.

E mais uma vez minha alma foi invadida por uma emoção indescritível, ao pisar no solo Sagrado da TUO pela primeira vez.

Sentado em seu banquinho, com um copo de água a sua frente, me orientou, me esclareceu e me ajudou.

Voltei lá mais uma vez, e fui recebida com o mesmo amor, o mesmo carinho e a mesma compreensão de sempre.

Saibam vocês, que meu contato com Matta e Silva foi apenas três vezes. Entretanto, apesar de nunca ter sido iniciada por ele, ou por seus discípulos, sou uma seguidora da Raiz de Guiné, e sem querer ser pretensiosa, sinto-me filha de Pai Guiné. Por que o respeito, porque o amo e o tenho como Mestre que me ajudou e continua ajudando a trilhar os caminhos dessa Umbanda de todos Nós.

Paz, luz e harmonia sempre!

Figura 6: W. W. da Matta e Silva e Mario Tomar em frente a Livraria Freitas Bastos no Rio de Janeiro. www.umbandadobrasil.com.br

Figura 7: W. W. da Matta e Silva (década de 1970). Acervo de Andréa Salgado da Tenda de Umbanda Esotérica Divina Luz de Belo Horizonte.

Caboclo Mirim - Umbanda: A escola da vida

Um marco importante para a implantação da Umbanda no Brasil foi a fundação da Tenda Mirim através do Caboclo Mirim e seu médium Benjamim Figueiredo. Benjamim publicou, pela Editora Eco, em 1968, o livro *Okê Caboclo*. Na primeira parte apresenta sábias mensagens do Caboclo Mirim, verdadeiras lições de filosofia influenciada pela cultura hindu. A segunda parte trás um grande número de pontos cantados nas sessões da Tenda Mirim e suas filiadas. A última parte mostra um interessante glossário das palavras empregadas no ritual umbandista e seu significado.

Sobre a obra apresentamos a divulgação feita pelo Jornal *Correio da* Manhã e o tópico "Umbanda – A Escola da Vida".

Em 1952/1953, Benjamim Figueiredo publicou cinco importantes livretos: "Umbanda – Escola da Vida" (três volumes), "A Umbanda na Escola da Vida" e "A Tenda Espírita Mirim e a sua Escola: Orientação umbandista para os filhos da Família Mirim".

Instruções para abertura e encerramento – da atribuição do Cabeceira[1]

O Cabeceira,[2] que tem a função de responsável pelo terrei-

1 *A Tenda Espírita Mirim e a sua escola - Orientação umbandista para os filhos da Família Mirim.*

2 Pai ou Mãe Espiritual (nota do autor).

ro, fará a abertura e o encerramento do mesmo, sendo precedido de uma preparação de ambiente numa breve palestra, para então fazer a prece pedindo autorização às forças da Natureza.

E assim, em nome de SÃO MIGUEL ARCANJO, SÃO GABRIEL e SÃO RAFAEL, em nome de OXALÁ, ORIENTE YEMANJÁ, OGUM, OXÓSSI, XANGÔ e todos os AFRICANOS, em nome do CABOCLO MIRIM, estão abertos os nossos trabalhos.

Abertos os trabalhos pelo Cabeceira, o Sr. OGAN fará as saudações de acordo com as instruções, até a chegada do ORIXÁ que vai comandar o terreiro.

Depois que o Chefe Espiritual chegar e encerrada a sua curimba de chegada são feitas as saudações de acordo com o ritual; ainda o Cabeceira faz a entrega do terreiro ao Comandante Espiritual que vai trabalhar.

A energia do pensamento[3]

Aqueles que passam pelas Escolas da indiferença construtiva, sabem perfeitamente que o pensamento é apenas um simples perfume emanado da existência do nosso próprio Corpo, como reação de defesa natural, quando o nosso Corpo físico pela inteira liberdade de locomoção, poderia sofrer as consequências naturais de violências orgânicas, pelo fato de ser assistido inteiramente pela grande força emanada pelo nosso espírito.

Como perfume, que é, representa o Todo da nossa vida materializada, sendo, portanto, de composição material, e tendo como utilidade somente as coisas que sejam de ordem física, orgânica, quando o nosso pensamento, permitindo uma ligação perfeita do nosso corpo com a expressão real da vida, permite que cada um de nós tenha as maiores oportunidades de chegar à finalidade de despertar desta modalidade de norma material, para então sentirmos aquilo que deverá ser sentido, sem a interferência da infantilidade da mente, que, de qualquer maneira, atrofia a possibilidade de chegarmos à realidade das coisas, que se perdem pelo empobrecimento da nossa fonte mental.

A nossa vida age dentro de dois sistemas de ações, sem se

3 *A Umbanda na Escola da Vida.*

deixar prender, apesar das nossas opiniões ainda não poderem compreender nem concordar.

A Vida é apenas energia e como toda energia, pode ser aplicada nas várias modalidades e utilidades, assim também a nossa expressão de vida, que é energia, aproveita esta modalidade de forma física, para devidamente condensada, ter o direito de ser utilizada como utilidade que completa o grande esplendor da natureza.

A Vida é ação quando apenas, como substância que é, possa estar onde estiver dando ao espaço que ocupa o seu próprio direito de existir, e a vida é reação química, quando devidamente condensada, empresta (com a sua utilidade aplicada), o potencial indispensável a finalidade da ação da própria energia.

Assim, nós umbandistas, devemos nos despir cuidadosamente das vibrações impostas pelo nosso pensamento, para que, libertos, com naturalidade saudável, cada um de nós, se torne inteiramente útil à vida da nossa matéria, que, por sua vez, irá se descondensando, pela sua própria liberdade de ação, e assim, cada um de nós, então, será o que é em verdade, embora a nossa confusão mental, por enquanto, não o permita.

A Gira[4]

> O Tempo é Movimento, e a Vida é Velocidade, e o Espaço é a vibração da Velocidade movimentando o Tempo.

Gira de Umbanda sempre existiu, porque ela própria sempre acompanhou a movimentação dos planetas em torno do Sol, e também esteve presente na Grande Gira que todas as Galáxias realizam para equilibrar a Fraternidade Universal.

Chamamos de Gira de Umbanda, porque para nós, Umbanda é a própria ESCOLA DA VIDA., difundindo um conjunto de leis que rege a Vida e a Harmonia do Universo. A Gira de Umbanda é para nós umbandistas, a própria proteção Suprema do Amor Inconsciente da Vida, garantindo a integridade física de cada coisa, para que o amor consciente da Vida Manifestada, una todas as coisas pelo equilíbrio do Movimento.

O ato do Movimento é coisa muito séria dentro da Grande

4 Trecho do livro *Umbanda - Escola da Vida* (volume II).

ESCOLA DA VIDA, e os umbandistas devem saber que a egrégora do Movimento é o maior dos ORIXALÁS que dominam, permitindo a Vida dos outros cinco menores, que realizam a particularidade das suas ações.

Okê Caboclo[5]

O presidente da Tenda Mirim, Senhor Benjamim Figueiredo, está lançando o livro "Okê Caboclo", editado pela ECO. São mensagens do Caboclo Mirim recebidas por esse pai de santo, que, além de dirigente máximo da maior organização umbandista do País, também é presidente do Primado de Umbanda. As mensagens do Caboclo que dá o nome à poderosa Tenda de São Francisco Xavier abordam os mais diferentes assuntos. Fala da escola da vida, do terreiro, do corpo emocional, da obsessão, da fonte de energia, contendo, ainda, curimbas (pontos) e outros estudos sobre a Umbanda. São 137 páginas escritas por um praticante umbandista, que nasceu na religião e que desenvolveu ao máximo a Tenda Mirim, que, hoje, possui dezenas de filiais na Guanabara e Estado do Rio. E, ainda, dezenas de milhares de associados.

As mensagens do Caboclo Mirim devem ser lidas e analisadas pelo seu conteúdo por leigos e conhecedores da Umbanda.

Um presidente da tenda entrando na literatura umbandista serve para demonstrar como a religião está tomando corpo entre pessoas de categoria intelectual. Há anos os chefes de terreiro eram, normalmente, pessoas de poucos conhecimentos. Hoje, como se verifica pelo exemplo da Tenda Mirim, através de "Okê Caboclo", vê-se que a Umbanda está conquistando camadas mais evoluídas da sociedade. Por isso é que a obra merece os aplausos de todos os filhos de fé.

Umbanda – A Escola da Vida[6]

O HOMEM é o ser que, como simples corpúsculo, vive a aplicação sublime da reação da Vida, no terreiro da Natureza.

Mas, o que é o homem, afinal?

5 *Correio da Manhã*, 12/05/1968, n. 23032.
6 *Okê Caboclo!*

Praticamente não sabemos. Teoricamente, ele já ultrapassou todos os conhecimentos possíveis e imagináveis, acrescidos ainda daqueles que lhe foram trazidos por estudos feitos nas várias escolas religiosas. Assim tem o homem divagado de encarnação em encarnação, tropeçando sempre nas mesmas teorias que afinal nunca satisfazem, mas que, enfim, vão agradando às exigências da personalidade. Ao invés de continuar a viver abstratamente, procurando aquilo que nunca encontrará, o homem já sente a necessidade de um conhecimento mais prático e real sobre a sua própria realidade. Ele tem sempre a grande preocupação de ir buscar no impossível tudo aquilo que é possível, quando estão à sua disposição – de forma perfeitamente acessível – os meios necessários para compreender e sentir, com o mais completo acerto e lógica, aquilo que ele é e como deve viver a magia natural da Vida. O homem não precisa da sua interferência violenta, prejudicial às boas normas da harmonia que a própria Vida oferece a cada um, de acordo com as suas necessidades. O homem não pode e nem deve inventar coisa alguma; tudo está inteiramente de acordo com a sua própria natureza. A Vida, na sua ação perfeita e sublime, não poderia produzir reações que fossem prejudiciais à sua ação. É ainda o homem que, pelo fato de criar uma desarmonia particularmente sua, quem estabelece consigo mesmo formas condenadas de destinos, que se vão agregando umas às outras, formando um grande patrimônio do oceano da Vida. Falta ao homem, apenas escola pratica para que possa verificar, com absoluta facilidade, que ele é o reflexo de conhecimentos objetivos do grande espelho subjetivo: a sabedoria suprema da Vida.

Enquanto o homem não conseguir conhecer-se a si mesmo, através da escola pratica, terá sempre dificuldades; encontrará permanentemente as barreiras da desconfiança e do medo, para impedir que ele enxergue o próprio caminho que está pisando.

Já existem firmadas numerosas teorias, todas de conhecimento geral, de que o homem precisa se espiritualizar. Mas como pode o homem se espiritualizar, se ele vive apenas os propósitos da forma e dos movimentos objetivos. Nesta situação, ele converge todo o poder do seu corpo mental para tentar proteger aquilo que não depende da sua proteção. Pela Escola da Vida, ficamos sabendo que o homem é formado de três organismos materiais que constituem a sua personalidade: corpo material, corpo emocional e corpo mental. Como pode o homem, nesta situação puramente forma, ter a vaidade de querer ultrapassar o limite de todos os seus direitos que a Escola da Vida lhe oferece, para investigar a causa dos efeitos que ele desconhece?

Enquanto teimar em viver subjetivando, o homem terá teoricamente a sua própria subjetividade; será sempre uma reação igual e contrária às suas absurdas teimosias. Quem poderá saber efetivamente com acerto, – o que seja espiritualidade, se, como homem pássaro ainda vive na gaiola da personalidade, preso inteiramente às próprias imposições? O homem está subordinado a uma forma de conhecimentos objetivos como que necessários para que ele aprenda a voar.

A nossa personalidade não é absolutamente aquilo que a falta de disciplina mental em nós possa interpretar; nossas interpretações são organizadas na personalidade pelo acumulo de sensações que o panorama da Vida material fornece aos nossos cinco sentidos. Se a nossa Vida ainda vive de forma condensada da personalidade, e a nossa personalidade está sujeita às determinações dos cinco sentidos, como poderíamos guardar, sabendo que estão bem guardados, todos os idealismos passageiros da nossa mente objetiva? Estes são apenas enfeites do nosso corpo mental como simples manchas que determinam todo o poder autoritário das nossas vontades e opiniões pessoais.

A Vida, na sua realidade verdadeira, não toma nota nem faz assentamentos sobre a sua ação cosmográfica; ela realiza apenas a grandeza da sua cosmogonia e naturalmente as suas reações se operam de forma afim para o perfeito equilíbrio na lei da gravidade. O homem, como não podia deixar de ser também faz parte integrante desta grande melodia. Pela Escola da Vida, ele não pode aceitar a interpretação de grande ou evoluído, tudo é completo e perfeito, sem a necessidade objetiva que é do conhecimento apenas do corpo mental do homem.

O homem não é inferior; apenas se aplica mal. Quando deixar de lado a movimentação de desarmonia dos seus três organismos materiais (corpo material, emocional e mental), e souber, pouco a pouco, disciplinar com eficiência e naturalidade as suas atitudes e sistemas confusos, verificará com surpresa que era a própria felicidade vivendo infeliz. A Escola da Vida nos mostra, por exemplo, que o corpo físico da personalidade do homem é uma essência sublime da Vida, agindo apenas como reação de energia condensada, para se adaptar ao terreiro da Natureza e executar um dos acordes para a perfeição da sua grande harmonia. O corpo material do homem está inteiramente sintonizado com a grande orquestra da natureza; e ele, como um dos seus instrumentos, também fornece o ritmo da sua harmonia para a realização da magia da vida. O Homem precisa verificar, com certo cuidado, que o seu corpo material lhe fornece, ou seja, lhe oferece uma Escola Sutil e maravilhosa que ele deixou de lado por não ter tido ainda o necessário despertar para se aperceber de tal situação. A melhor Escola de Conhecimentos verdadeiros é sempre a boa apreciação que o homem possa fazer, examinando com alegria permanente o que representa para si a Vida do seu próprio corpo.

Aquele que já ultrapassou os limites da curiosidade pessoal e adquiriu conhecimentos transitórios que estejam armazenados no seu corpo mental, deve estranhar sobremodo, ser aquilo que ele imaginava não ter valor. Em verdade eu afirmo: espiritualização é o ato de descondensarmos a nossa personalidade e nunca aquele em que procuramos condensar pela objetivação de conhecimentos mentais, aumentando ainda mais o nosso patrimônio emocional na falsa suposição de que a espiritualização possa ficar subordinada à forma de interpretação da nossa personalidade. Espiritualização é uma palavra emprestada à Escola da Vida para traduzir de forma acessível a todos, aquilo que a Escola da Vida compreende como energia condensada e descondensada. Afinal, como pode o homem tentar procurar a espiritualidade? Ele deveria antes verificar que a espiritualidade não se procura: vive-se. A Escola da Vida, por exemplo, só compreende por espiritualidade, aquilo que é realmente útil ao homem na sua condição de viver. O homem ainda vive inteiramente escravizado na gaiola de suas paixões e sentimentalismos grosseiros; a sua forma de vida ainda é um conjunto de obrigações transitórias e desnecessárias. Como pode então se espiritualizar, se ele se afastou completamente da finalidade de se aplicar saudavelmente nos deveres naturais que poderiam conduzi-lo à verdadeira estrada?

O homem precisa saber que o seu corpo mental é uma máquina fotográfica que registra, pelas objetivas dos cinco sentidos materiais, todo panorama orgânico da Natureza. Ele deve saber ainda que o seu corpo emocional é um filme ultrassensível; nele se gravam as impressões; até mesmo o poder sensitivo das vibrações emitidas na proporção da forma violenta, para serem reproduzidas fotograficamente no seu corpo mental. Parece perfeitamente compreensível que qualquer um de nós só pode fotografar aquilo que tenha uma representação material. Como todos os seres que enriquecem a Natureza, possuem as suas reações vibratórias, também devemos concordar que a nossa máquina fotográfica esteja nas mesmas condições e assim poderá facilmente transmitir aquilo que tenha recebido, para o filme do nosso corpo emocional.

Existe certamente uma grande diferença entre o momento exato de registrarmos o panorama real das coisas, e aquele em que participamos diretamente. Com as influências violentas, instintivas e arbitrárias, tentamos modificar a própria beleza das coisas, para satisfazer a inútil curiosidade ignorante na sua aplicação de interesses puramente pessoais. A Vida, afinal, oferece ao homem a sua própria substancia de energia, harmonicamente condensada na representação de um corpo material, para, neste estado sublime, irradiar as emanações da sua essência, proporcionando-lhe a grande oportunidade de sentir facilmente que ele promana[7] de tudo para todos. Se temos conhecimento, pela aplicação instrumental do nosso corpo, de todas as demonstrações maravilhosas e encantadoras da Vida, porque fugirmos então ao próprio evangelho (ESCOLA DA VIDA), para desarticular inteiramente a natureza sublime das suas perfeitas necessidades? Queremos estudar no Evangelho dos outros, aquilo que nunca poderemos entender. Aquele que não tiver disciplina para se entender a si próprio, nunca poderá entender os outros. Geralmente o homem vive absorvido pelo rigor imperativo da sua opinião, não percebendo que cada vez mais se escraviza, tornando-se vitima do ambiente da sua gaiola

7 Promanar significa prover (nota do autor).

dourada. Conforme ficou dito, o homem é um simples corpúsculo; vive, no entanto, a rebeldia intransigente de uma irritação permanente, pelo conhecimento objetivo de se julgar pequeno. Pretende aumentar os seus valores com o acréscimo de imaginações elementares que possam preencher os claros que ele julga vazios. Nesta forma dolorosa de interpretação puramente interesseira, vai o homem-pássaro vivendo na gaiola como um simples prisioneiro perpétuo.

Figura 8: Capa do livro *Okê Caboclo.*

Figura 9: Capa do livreto *Umbanda - Escola da Vida* (Volume II).

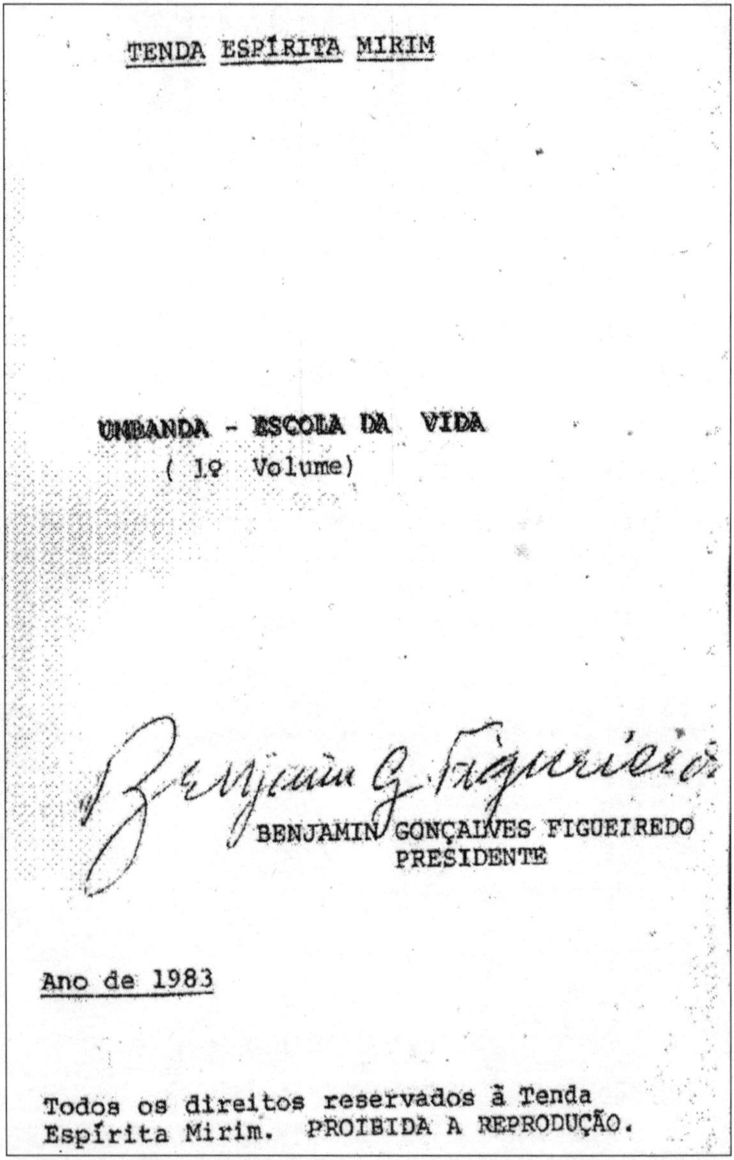

TENDA ESPÍRITA MIRIM

UMBANDA - ESCOLA DA VIDA
(1º Volume)

BENJAMIN GONÇALVES FIGUEIREDO
PRESIDENTE

Ano de 1983

Todos os direitos reservados à Tenda Espírita Mirim. PROIBIDA A REPRODUÇÃO.

Figura 10: Frontispício do livreto *Umbanda - Escola da Vida* (Volume I) com assinatura de Benjamim Figueiredo.

A TENDA ESPÍRITA MIRIM
E
A SUA ESCOLA

Orientação Umbandista

Para

Os Filhos da Família Mirim

BENJAMIM GONÇALVES FIGUEIREDO

1952

Figura 11: Capa do livreto *A Tenda Espírita Mirim e a sua Escola: Orientação umbandista para os filhos da Família Mirim*

Mensagem do Caboclo das Sete Encruzilhadas

Meus irmãos e companheiros de luta!

Abri os seios doloridos de vossas almas feridas pela prova, abri o sacrário de vossos corações acrisolados na dor, para dar guarida as celestes emanações que pelos meus irmãos emissários constantemente vos envio, como refrigério ao sofrimento que de quando em vez vos vem despertar do letargo em que jazeis; para entreverdes as claridades espirituais da vossa regeneração, onde, filhinhos viveis muito acuados, aprender comigo, que sou manso e humilde, a suportar o peso da vossa cruz; vinde, pelos ensinos que vos leguei, adquirir as virtudes que um dia formarão rico diadema para ornar as vossas frontes de espíritos redimidos.

Vinde repousar no meio seio os vossos espíritos combalidos pela provação, certo de que felizes sois, pois que o filho do homem não tinha onde reclinar a cabeça. Irmanai-vos pelo amor, compreendei que sois filhos do mesmo PAI, chorai com os vossos semelhantes as suas desventuras, vesti os nus, confortai os aflitos e sereis dignos de seguir-me e sereis de fato meus discípulos.

Tudo passará, meus irmãos muito amados; mas, as minhas palavras jamais passarão, queiram ou não os vossos espíritos, porque eles ficarão gravadas no cálice deste recinto e algum dia quando ele ruir o pé, se levantará e o vento envia por este mundo de meu DEUS as minhas palavras

A árvore do EVANGELHO, semeada há dois mil anos na PALESTINA, eu a transplantei para o rincão de SÃO GONÇALO onde o meu olhar se fixa nutrindo o seu ESPÍRITO e a esperança de que em breve florescerá, estendendo a sua fronde por toda parte e dando frutos sazonados de amor e de perdão. Irmãos meus muito amados, há longos anos que procuro reunir-vos todos, para que formeis um só rebanho sob minha direção; mas rebeldes, vós tendes conservado as minhas injunções procurando antes servir o egoísmo das vossas matérias.

Cumpridor fiel da vontade do PAI, toda a minha complacência se distribui por este pobre rebanho desgarrado. Prometi, porém, que todos seriam salvos e espero levar-vos, um dia, limpos e puros, às suas secretíssimas plantas, aureoladas as vossas frontes pela luz brilhante da purificação final.

Estudai meus caros irmãos, gravando os meus ensinos, as minhas palavras em vossos corações, para que elas iluminem as vossas consciências, fazendo-vos finalmente compreender a necessidade que se vos impõe de remodelardes os vossos espíritos esmagando o orgulho e o egoísmo que os degradam e adquirindo as virtudes que os elevam no conceito do nosso PAI CRIADOR.

A minha paz vos dou, a minha paz vos deixo como deixo a minha humildade para que ela possa vos engrandecer perante o PAI, pedindo-vos que vos ameis uns aos outros, como eu vos amo, lembrando-vos sempre que sou o mais pequenino e humilde dos espíritos que baixam ao Planeta Terra.

São Gonçalo, 21 de dezembro de 1919.
Fonte: *http://www.tensp.org*

A paz

Que a luz irradiante de Jesus brilhe sobre as vossas cabeças para clarear vossos espíritos ainda envolvidos na escuridão das vossas imperfeições e sujeitas às vicissitudes da matéria.

Fraca e humilde é a minha voz que se levanta para bradar alerta aos seus irmãos espíritas e levar-lhes a luz necessária para encaminhá-los na maneira certa e gloriosa da verdade. Mas que importa que seja ela fraca e humilde quando anseia o desejo de propagar os ensinamentos puros de Jesus e do dirigir os seus irmãos pela trilha verdadeira, fazendo da nossa casa um exemplo de humildade e amor ao próximo, no tratamento a qualquer irmão que aqui venha ou que trabalho com o mesmo fito de ajudar e engrandecer a nossa Tenda.

Toda a pureza nas intenções e maior recato na linguagem, abstenção completa de pensamentos egoístas que desdouram a vossa fé, é condição indispensável, a fim de afastar os obreiros do mal, que acessados pela falange da verdade, procuram na hora extrema escalar os redutos mal fortificados. Sejam honestos, e exemplificai pela vossa modéstia o amor ao seu semelhante.

Eu sou a voz que se levanta em nome de Deus e venho dar aos meus irmãos, o pão celeste para alimentar a vossa fé. Eu sou o mais humilde dos espíritos que baixa no Planeta Terra e só me anima o espírito, o desejo do fazer o bem, sem o menor vislumbre do orgulho, de vaidade, despido de todo interesse mundano.

Não deixeis que em vossas fileiras penetre o menor sentimento de ódio ou de inveja. Sanar vossas consciências no bafejo santo da caridade.

Meus queridos irmãos sejam prudentes e cautelosos no vosso trabalho, para que ele se revista de toda a serenidade e possa atrair as virtudes dos que procuram formar as suas crenças. Sejam simples e modestos, pacientes e abnegados, que tudo obtereis para a fácil difusão da sublime lei do amor. O meu desejo é que, de hoje em diante, desde que estejam dez pessoas na nossa casa, será começada a distribuição dos cartões. Vou regularizar os médiuns e espíritos que insuflam uns contra os outros e então vocês vão ver tudo melhorar e assim continuarei a pedir a Deus por todos como o mais pequenino dos espíritos.

Zélio

Tenda Nossa Senhora da Piedade
Rua Dom Gerardo, 15, praça Mauá
NESTA.

Fonte: *www.tensp.org*

Dá sempre

Psicografia de autoria de Casimiro da Cunha, recebida por Zélio de Moraes em 31 de julho de 1953. O texto é finalizado em língua francesa. Poeta fluminense, natural de Vassouras, nascido a 14 de abril de 1880 em um lar muito pobre, filho de Casimiro Augusto da Cunha e Maria dos Santos Cunha. Órfão de pai aos 7 anos, frequentou apenas o curso primário. Espírita convicto ficou cego de um olho aos 14 anos após acidente. Perdeu totalmente a visão aos 16 anos. Ainda jovem começou a escrever para a imprensa vassourense. Foi um dos fundadores do Centro Espírita "Bezerra de Menezes" em Vassouras.

Ao pobre que te procure
Pedindo um pouco de pão,
Dá também o bom sorriso,
De paz do seu coração

Um sorriso vale muito
Ao coração sofredor,
Como expressão de ternura,
Como migalha de amor

Dá sempre, quem pode dar
É rico como ninguém

Feliz quem pode espalhar
As caridades do bem

Acolhe a todos, aos fracos,
Aos pobres de alma ferida...
As vezes quem bate a porta
Foi teu pai numa outra vida!

En souvenir de la Gran Mèr
A mon petit-fils bien aime Georgette

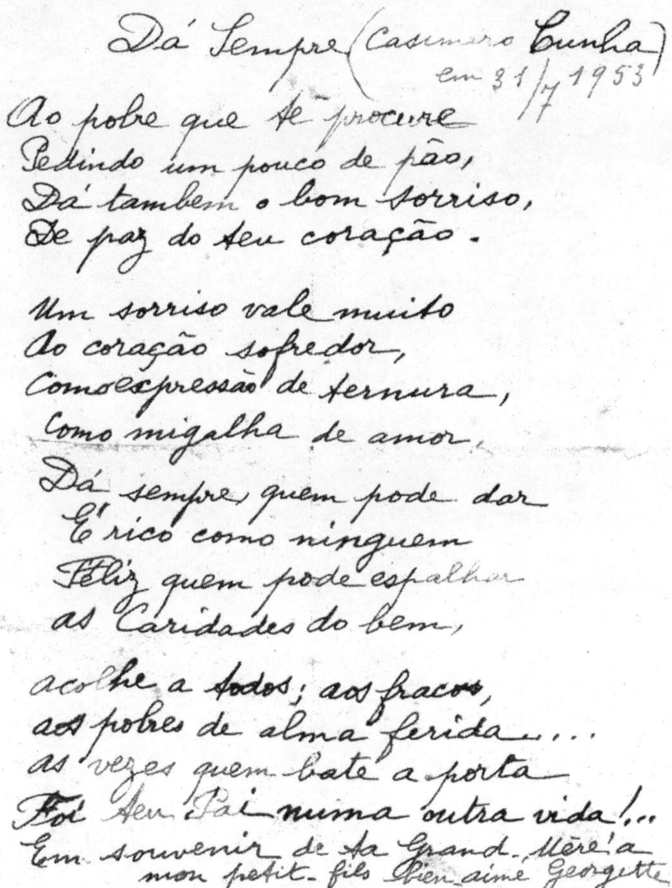
Dá Sempre (Casimiro Cunha)
em 31/7 1953
Ao pobre que te procure
Pedindo um pouco de pão,
Dá tambem o bom sorriso,
De paz do teu coração.
Um sorriso vale muito
Ao coração sofredor,
Como expressão de ternura,
Como migalha de amor.
Dá sempre quem pode dar
É rico como ninguem
Feliz quem pode espalhar
as Caridades do bem,
acolhe a todos; aos fracos,
aos pobres de alma ferida...
as vezes quem bate a porta
Foi teu Pai numa outra vida!..
Em souvenir de la Grand-Mère a
mon petit-fils bien aimé Georgette

Figura 12: Psicografia de autoria de Casimiro da Cunha. Fonte: ***www.tensp.org*.**

Três caboclos

Eles são três caboclos
Caboclos do Jacotá
Eles giram noite e dia
Para os filhos de Oxalá

Sete com mais sete
Com mais sete vinte e um
Saudamos os três setes
Todos três de um a um

Caboclo Sete Montanhas gira
Até a noite ele chegar
Seu irmão Sete Lagoas até o dia clarear

E ao romper da aurora
Pela alta madrugada
Gira o Caboclo das Sete Encruzilhadas

Zélio

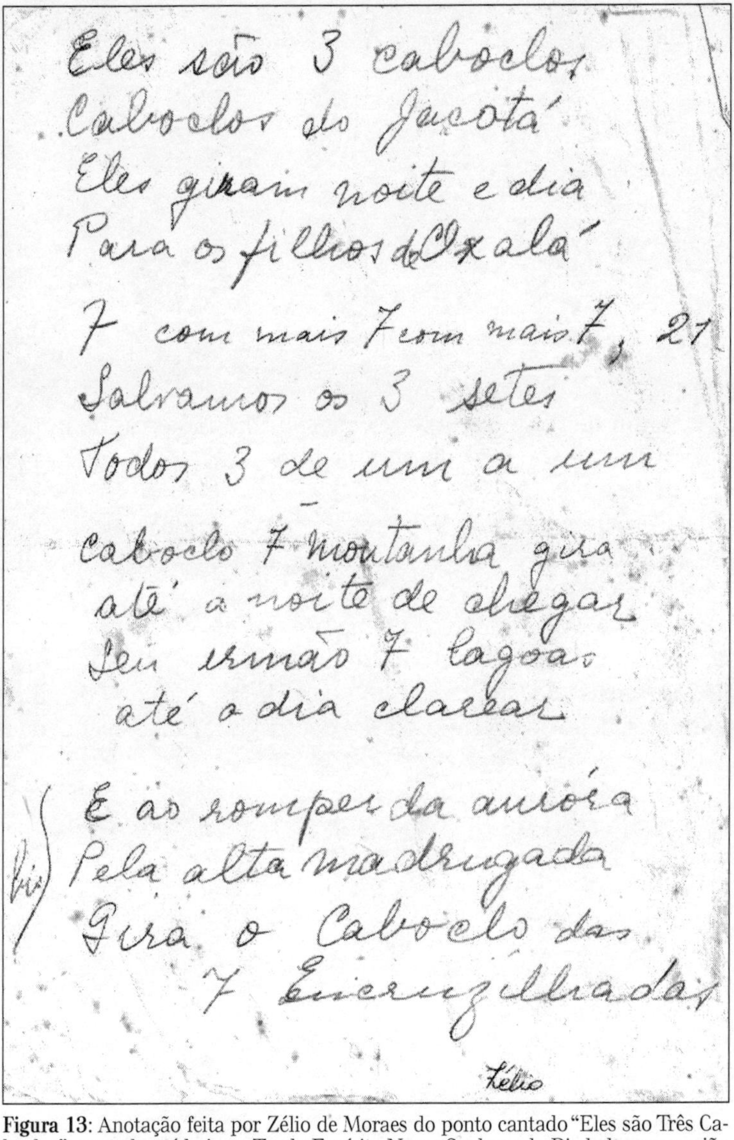

Eles são 3 caboclos
Caboclos do Jacotá
Eles giram noite e dia
Para os filhos de Oxalá

7 com mais 7 com mais 7, 21
Salvamos os 3 setes
Todos 3 de um a um

Caboclo 7 montanha gira
até a noite chegar
Seu irmão 7 lagoa
até o dia clarear

bis
É ao romper da aurora
Pela alta madrugada
Gira o Caboclo das
7 Encruzilhadas

Zélio

Figura 13: Anotação feita por Zélio de Moraes do ponto cantado "Eles são Três Caboclos", cantado até hoje na Tenda Espírita Nossa Senhora da Piedade por ocasião da Abertura das Sessões. Fonte: http://www.tensp.org

Do além

A dor que castiga e aperfeiçoa, cobrando os erros da imperfeição, trás as sombras da dura negação, resgate do descaso de viver a toa.

Respeitar, alcançar os louros da coroa, fé, ideal que ilumina a ação, o sacrifício de vencer a sua paixão, consagração feliz, que na alma soa.

Objetivo da vida, lutar e amar, seguir colaborando, sempre amparar, incentivar todos, no caminho da luz.

Assim são aceitos, seguindo com Jesus, lutando contra as sombras, depois vencendo, trarão dentro de si, luzes acendendo.

Do além!

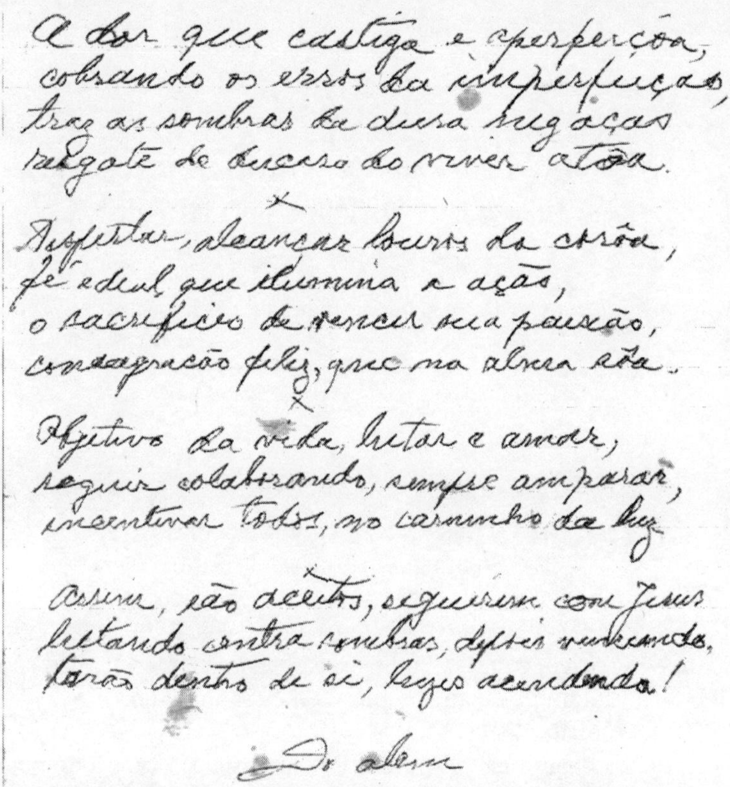
A dor que castiga e aperfeiçoa,
cobrando os erros da imperfeição,
traz as sombras da dura negação
resgate de sucesso do viver atôa.
x
Aspirar, alcançar louros da coroa,
fé ideal, que ilumina a ação,
o sacrifício de vencer sua paixão,
consagração feliz, que na alma soa.
x
Objetivo da vida, lutar e amar,
seguir colaborando, sempre amparar,
incentivar todos, no caminho da luz.
x
Assim, são aceitos, seguirem com Jesus
lutando contra sombras, depois vencendo,
terão dentro de si, luzes acendendo!

Do além

Figura 14: Mensagem psicografada por Zélio de Moraes, em data desconhecida. Observa-se a própria letra do médium e a intenção de não identificação do Espírito, que assina "Do além". Fonte: http://www.tensp.org

O Mistério da macumba - Curiosas revelações sobre os ritos africanos no Brasil

Nobrega da Cunha

Correio da Manhã, **4 de setembro de 1923, n. 8944**

Um esboço da cosmogonia, segundo os ensinamentos dos Pais de Santo

Uma revelação desconcertante para o leitor: os povos bárbaros da África, como os índios selvagens da América, não são fetichistas, nem praticam simplesmente o animismo.

São espiritualistas.

Lançada assim, a afirmativa causará espanto, pois a opinião universal – contraditada apenas e de maneira vaga por poucos sábios – admite piamente os ensinamentos de missionários que viram feitiços em tudo que se afastava de sua fé, ou de viajantes e etnógrafos materialistas que, observando as coisas superficialmente, reduziram a totemismo ou a animismo todas as manifestações religiosas cujo sentido mesmo não puderam penetrar.

A verdade, entretanto, é o contrario. E a prova, quanto aos africanos (dos índios tratarei quando se me oferecer outra oportunidade), pode ser encontrada aqui mesmo no Brasil, entre os descendentes dos milhões de escravos que, durante três séculos de martírio, amassaram, com suor e sangue os alicerces econômicos da grandeza nacional. Eles trouxeram para o solo americano costumes, danças e ritos originários de suas terras e seus descendentes ainda os conservam e praticam na forma quase primitiva, se bem tenham sido influenciados pelo Catolicismo.

Estudando-se esses ritos, em torno dos quais já correm lendas, pode-se observar a capacidade criadora de raças inferiores que, não obstante um grande atraso intelectual, tinham alcançado, desde tempos imemoriais, uma alta concepção da Vida e do Universo, notável, principalmente, pela sua extraordinária semelhança com a concepção bíblica. Segundo a moderna exegese dos tratadistas do Espiritismo e da Teosofia, fora do espirito dogmático do Catolicismo.

Todas as formas religiosas africanas praticadas no Brasil, com denominações várias e pequenas divergências de detalhe de dogma e no ritual conforme as regiões de onde procedam, são, na essência, variantes da *Macumba*, rito que me parece a expressão mais primitiva e rudimentar do espiritualismo.

Senão, vejamos.

O dogma

O dogma da *Macumba* é simples, ao contrário do ritual que, como o de todas as religiões no seu período primitivo, é tradicionalmente complicado.

Para sua fácil compreensão, convém ficar salientada aqui a existência das variantes a que me referi e que são seitas ou *escolas*, simples maneiras, ligeiramente diversas de se interpretar o dogma ou cumprir o ritual, peculiares às diferentes raças e a cada uma das quais os adeptos, entre si, dão a denominação de *linha* ou de *lei*. Daí, o haver a *Linha de Umbanda*, dos povos de Angola e do Congo, que é a mais conhecida nesta capital e que recebeu mais direta e profunda influência do Catolicismo; a *Linha do Candomblé*, praticada largamente na Bahia pelos indivíduos da raça *nagô*, oriunda de certa região vizinha do Dahomey, a qual etnógrafos europeus atribuem, não sei por que, uma *religião do sangue*, cuja natureza, infelizmente, não nos sabem explicar nas suas obras; a *Linha de Gege*, dos indivíduos da raça do mesmo nome; e ainda de menor vulto dada a diminuta porcentagem de representantes de outras raças negras no Brasil.

A *Linha de Umbanda*, suponho, deve ser uma forma exclusiva, pois parece uma verdadeira fusão das outras *linhas*, das quais contém inúmeros característicos. Por esses motivos, e pela dificuldade de examinar de jornal, cada uma delas de *per si*, tomo aquela para objeto deste ligeiro estudo.

Concepção do Universo e da vida

Religião de povos atrasados e incultos, a Macumba não possui uma bíblia que coordene e transmita a doutrina. O seu dogma está na tradição oral dos adeptos e vai passando, de geração em geração, sendo, por isso, absolutamente impossível assinalar lhe uma origem, um fundador, uma história.

Tendo feito no *bas-fond*[1] carioca, um inquérito meticuloso e paciente que durou anos, cheguei, finalmente, depois de muita observação e muito interrogatório, ao seguinte esboço de cosmogonia segundo os ensinamentos dos pais de santo.[2]

I

O Universo é único sob dois aspectos: um visível, outro invisível.

Todos os seres – sejam homens, animais, plantas, pedras etc. – participam dessa dupla natureza e tem, portanto dois aspectos: corpo e alma, isto é, visível e invisível.

II

Oxalá é o Rei do Universo, divindade suprema, pai e senhor, absoluto de tudo e de todos, cuja vontade criou e mantem o Céu, a Terra, o Mar, os Astros e todos os Seres.

III

Oxalá é bom porque é pai, e é justo porque é bom. Tudo que faz. Só ele sabe o que é bom, o que é justo, o que é útil.

1 Camadas miseráveis e moralmente degradadas da sociedade.

2 A expressão pai de santo, dada ao sacerdote da macumba, não é correta. Emprega-se no sentido de ancião que tem conhecimento e poderes com os quais pode forçar os santos a arriarem, isto é, a tomarem parte nas cerimônias do ritual. Um pai de santo, aliás, o mais inteligente, embora inculto, de quantos tenho conhecido, dizia-me certa vez, na sua linguagem rude e pitoresca:

- A gente anda errado chamando de pai de santo. *Cavalo de santo é que a gente é, pois os santos amonta em nós...*

IV

Oxalá mora no Céu, em palácio maravilhoso e encantado, para lá da Lua, para lá do Sol, ainda mais para lá da região azul.

V

É, de seu trono, que há de ser deslumbrante, pois que é Rei de Tudo, administra o Reino por intermédio de uma infinidade de servidores, agentes da sua vontade, fiéis executores de suas ordens, que percorrem os quatro cantos do mundo como pássaros, como ventos.

VI

Os servidores de Oxalá são entidades de ordem espiritual, dotadas de poderes proporcionais aos atingidos na hierarquia. São três esses graus: – *Tatá*, *Orixá* e *Quiumba*. Correspondem, pelas funções, na hierarquia do Catolicismo, a: *Arcanjo*, *Santo* e *Almas*.

Os *Tatás* tem a seu cargo, a direção de grandes divisões do Universo, e deles o maior é o próprio Oxalá que recebe por isso, a denominação de *Tatá Grande*.

Os Orixás são os zeladores dos reinos da Natureza e dos agrupamentos humanos, como os santos católicos são padroeiros de países, cidades e instituições.

Os *Quiumbas* são as almas dos mortos, que, separadas de seus antigos corpos, vagam no espaço, com isto esperam novo nascimento.

O *Quiumba* nasce para reparar. Morre, voltando ao aspecto invisível e, no intervalo de duas vidas, vagueia pelos lugares em que viveu, acompanha e auxilia os parentes e amigos, ou persegue os inimigos se ainda lhes conserva ódio. A proporção que se sucedem às suas reencarnações, melhora, desenvolve-se, adquire conhecimentos e poderes, e vai assim tornando-se, aos poucos um orixá. Esse, por sua vez e pelo mesmo processo, pode chegar a *Tatá*.

VII

Cada *Quiumba* encarnado, isto é, cada um de nós não está abandonado sobre a Terra, porque tem um *Orixá* (tal como o *Anjo da Guarda*, do catolicismo, e o *Protetor*, do Espiritismo), acompanham-lhe os passos atentamente, procurando orientá-lo no caminho bom. Esse *Orixá* é o santo de cada um.

* * *

Por esse esboço, reproduzindo com a mais aproximada fidelidade, as ideias e até as expressões dos macumbeiros, verifica-se quanto eles se avizinharam da concepção bíblica, criando uma religião espiritualista bastante adiantada no dogma pelo menos, relativamente ao atraso intelectual em que se encontram ainda hoje.

Hierarquia dos adeptos

A hierarquia dos adeptos comporta quatro graus: *Cafioto* (filho), simples crente que observa e cumpre as regras do rito; *Ogan* (masculino) e *Gibonan* (feminino), homem e mulher por cujo corpo, dotado de qualidades mediúnicas, os *Orixás* e os *Quiumbas* se manifestam nos atos do cerimonial; *Cambondo*, instruído nos principais mistérios da *linha* e que, por isso, desempenha as funções de auxiliar o sacerdote; e *Pai de Santo* ou *Mãe de Santo*, sacerdote ou sacerdotisa do rito, que conhece e dirige as cerimônias. Invoca os *Orixás* e os *Quiumbas* e faz e desfaz trabalhos...

O "Canzol"

A macumba não tem organização, não há, entre as diversas *linhas* como entre os próprios *pais de santo* de uma mesma linha, nenhum entendimento, nenhuma união, nenhuma ideia de solidariedade que as ligue num corpo só com um aparelhamento estabelecido, conforme sucede às outras religiões.

Por isso, não há também templos para o culto, nem escolas

onde se preparam os candidatos ao sacerdócio.

Cada *pai de santo* pontifica isoladamente perante o seu povo. Ele mesmo inicia os *cafiotos* no rito e ensina a *mironga* da sua *língua* aos que demonstram aptidão para o grau de *ogan* ou *gibonan*, como prepara estes para *cambondos* e, dos *cambondos*, escolhe, instrui e sagra os futuros *pais de santo*. Daí, as pequenas divergências que se observam dentro da mesma linha na interpretação de dogmas e na pratica do ritual.

Todo *pai de santo* tem, em sua casa, um compartimento especial, que recebe a denominação de *Canzol*, reservado para oratório, e no qual ele arma o *estado* do seu santo, espécie de altar como o das igrejas, contendo imagens e uma infinidade de objetos utilizados no culto ou no preparo dos *trabalhos*: espadas – *símbolo dos poderes dos Orixás da raça branca*, como *Ogum* (São Jorge) e *Xangô* (S. Sebastião); flores, conchas e pedras do fundo do mar – *símbolos dos Orixás das Águas*, como *Yemanjá* (Yara dos índios e Mãe d'Água, dos caboclos); arco e flechas – *símbolos dos Orixás do Mato*, como *Paô* e *Pombagira*; espingardas do tipo pica-pau – *símbolos dos poderes dos caboclos*; paus, bengalas, porretes – *símbolos dos Orixás do Congo, de Angola e da Guiné*. Além desses objetos simbólicos, há sempre no *Canzol*: facas, cachimbos, pólvora, cera, fumos, ervas, sementes, peles e chifres de animais, figas, bentinhos, giz, pedra de cevar,[3] breves, colares especiais de vidrilho ou de taquarinha, chamadas *guias de santo* e que todo indivíduo, ao ser iniciado no rito, recebe das mãos do *pai de santo* e passa a usar no pescoço, durante o resto da vida...

O *Canzol* conserva-se fechado comumente e só se abre nos dias de cerimonial, para retirada dos objetos de culto ou em reuniões especiais para a realização de *trabalhos secretos*, como *fechamento de corpo* e outros, que não devem ser executados diante de todos os fiéis.

3 Talismã constituído por duas pedras denominadas de "casal de pedras de cevar". É a pedra-ímã mais magnética de todos os minerais da Terra. Uma das propriedades que este talismã possui é o da atração já que da mesma forma que as pedras são magnéticas, quem o possuir atrai a si sorte de todo gênero de benefícios, como dinheiro, poder, saúde, amor etc. (nota do autor).

Figura 15: O Canzol.

O ritual

O ritual da *Macumba* é uma série de cerimônias de invocação aos ***Orixás*** e aos ***Quiumbas***, empregando-se cânticos, danças, encantamentos e operações mágicas para que eles, incorporando-se nos ***ogans ou gibonans***, possam entrar em comunicação com os fieis e atender aos seus pedidos.

Tudo se passa ao ar livre, no terreiro e, só em caso de chuva ou receio da policia, é que se executa dentro de casa e a portas fechadas.

Forma-se uma grande roda em que homens e mulheres tomam posição em pé ou sentados em pedras, troncos, tamboretes ou bancos, sem ordem de colocação. Apenas os tocadores de tabaques (tambores cônicos feitos de troncos escavados), ficam todos mais ou menos juntos devido à necessidade de uniformizar o ritmo, elemento de suma importância no cerimonial.

É então que o *pai de santo*, depois de ter feito algumas orações no *Canzol* aparece, acompanhado pelos *cambondos* e todo paramentado, isto é, metido numa camisa vermelha e de, em grande parte, com a cabeça enfiada em um gorro da mesma cor, tendo nos lados e no fundo uma cruz e um friso dourados, coloca-se no centro da roda e dá inicio ao cerimonial, fincando, no chão, uma vela acesa entre dois copos contendo água. Ajoelha-se ante a vela, sacode com a mão direita e atira à frente o *gongororô* (meia dúzia de búzios), cantando, ao mesmo tempo, o *ponto de licença* para abertura da *mesa*, isto é, da cerimonia a realizar-se, ponto que os fieis em coro, repetem como uma ladainha:

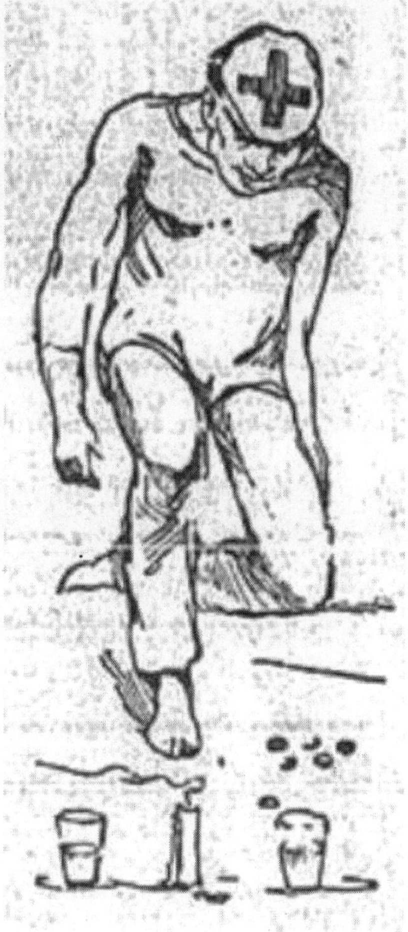

Figura 16: O pai de santo tira licença para abrir a cerimônia.

"Dá licença, oiê,
Dono do Reino?
Dá licença, oiê,
Dono do Reino?"

Conforme a posição dos búzios – caindo metade branca, metade preta ou a totalidade de uma só cor – considera-se dada a licença. Se, porem, há desencontro, repete-se a operação mais duas vezes e, segundo o resultado, faz-se a cerimonia.

Dada a licença, levanta-se, suspende o *ponto*, que estava sendo cantado e, em silêncio, reza mentalmente durante alguns minutos, certas orações que só ele sabe e só transmite aos *cambondos* quando ele sagra sacerdotes. Depois, com o dedo risca no chão o signo cabalístico do *Orixá* que vai arriar, e começa a cantar, acompanhado pelo coro dos adeptos e pelo ritmo monótono dos *tabaques*, outra oração, o *iman* desse *Orixá*, isto é, a oração especial para invoca-lo, porque para cada um há um signo e *iman* próprios. Ao mesmo tempo chama para o centro da roda e coloca, em duas filas, numa os *ogans* e noutra as *gibonans*, para a dança que então se inicia e dá a impressão de uma quadrilha bárbara em que os indivíduos se movem isoladamente, sem formação de pares, mas mudando de posição segundo o canto como se este marcasse o desenvolvimento do bailado. Os fiéis repetem o *iman*, acompanhando-o com palmas.

Em pouco tempo, começa a exaltação dos sentidos. A ladainha acelera-se, acelerando a dança e transformando a expressão fisionômica dos indivíduos, cujos olhos arregalados e fixos, parecem, então, encobertos por uma névoa vitrificada...

Aproxima-se o momento de *descida* do *Orixá*.

O *pai de santo*, sentindo essa aproximação, cujo sucesso depende, em grande parte, da firmeza e da intensidade do ritmo – pois o que se está fazendo é verdadeiro *encantamento magnético*, operação empregada, em todos os tempos, por todos os povos nos trabalhos de magia – entusiasma os fiéis, excitando-os com exclamações, para mais exaltar o canto e, assim, fortalecer a cadeia formada pela concentração de todas as atenções:

– *Eh, mias fio! Eh, guentô iman, mias fio!*

Outras vezes, e para o mesmo fim, intercala no canto o seguinte estribilho:

"Oi, chama chama,
Que ele vem!
Oi, chama, chama,

Que ele vem!"

E, de fato, vem. Lá pelas tantas, ***arria*** o ***orixá*** sobre um ***ogan*** ou uma ***gibonan***, tomando-lhe, de assalto, o corpo e incorporando-se lhe com tal veemência que quase sempre o atira violentamente no chão. Levanta-se e, mal se apruma entra a ***brincar***, isto é, a dançar, o que faz durante muito tempo. Depois, dirige-se ao ***pai de santo*** e pergunta-lhe:

– *Que que mia fio qué! Idu tá ai...*

Ouve os pedidos dos *cafiotos.* Um quer um pouco de boa sorte; outro, um conselho sobre determinado assunto, íntimo que lhe segreda ao ouvido; outro, ainda, ***pesado***, que desfaça o ***trabalho*** que lhe ***puseram em cima*** e lhe atrasa a vida; aquele deseja um remédio para tal ou qual doença que o aflige; aquela pede uma benzedura para o seu pescoço inflamado...

E há ainda quem peça muito mais...

O ***Orixá*** ouve, discute, atende, e, às vezes, recusa também. Por fim, terminada a sua missão, pede seja cantado um ***iman*** para despedida, pois deseja retirar-se. O ***pai de santo***, ou ele mesmo, tira o canto. Quase sempre é o seguinte:

"Andorinha,
Leva o meu anjo pro Céu"!

Mais alguns minutos de dança.

De repente, com a mesma violência da incorporação, o ***Orixá*** se desprende. O ***ogan***, ou a ***gibonan***, cai, então, redondamente sobre o solo, se um ***cambondo***, que deve estar atento, não o amparar no mesmo instante.

A ronda de "Ogum" ou de São Jorge

De todas as cerimônias rituais da ***Macumba***, a mais interessante, pela originalidade do fato, como pelos detalhes, ao mesmo tempo cômica e trágica, apavorante e arrebatadora, é a ***ronda de Ogum***, entidade da ordem dos ***Orixás***, que os ***pais de*** *santo*, tanto os da ***Linha de Umbanda*** como os das diversas outras identificam com o S. Jorge do Catolicismo. É, na opinião geral, um dos *orixás mais fortes*.

Todos os anos no seu dia (25 de abril) faz-se uma grande festa em homenagem a esse *santo*.

O cerimonial é o mesmo quanto à abertura dos trabalhos, mas a invocação difere da usada em outros casos.

Um *cambondo* escolhido para recebê-lo, ajoelha-se diante da vela, e, cabeça pendida para frente, estende o braço esquerdo, horizontalmente, em linha reta.

O *pai de santo* tira, então o seu *iman*:

"Ogum-ê-ê!
Ogum-ê-ê!"

Depois que todos os fiéis, formando o coro, alcançam a entoação necessária, o outro *cambondo*, a um sinal do *pai de santo*, aproxima-se do primeiro, despeja-lhe certa quantidade de pólvora na palma da mão e, em seguida, incendeia-se com um fósforo ou um tição.

Dá-se a explosão. Imediatamente, ***baixa Ogum***, apoderando-se do seu corpo, dominando-o por completo.

O pai de santo, com novo gesto, suspende o canto e muda o ponto:

"Saravá, Ogum,
Saravá!
Saravá minha coroa,
Saravá!"[4]

E o coro responde, com diferença de uma oitava no tom:

"Saravá, Ogum,
Saravá!
Saravá minha coroa,
Saravá!"

4 Corruptela de salve.

Ogum, possuidor do corpo do *cambondo*, montado nele, o conduz aos corcovos , primeiramente acurvado equilibrando-se com dificuldade, e, depois, aos poucos se aproximando, até poder dançar.

O canto continua, entrecortado, de quando em vez, pelo *pai de santo* que o reforça, recomendando:

– Eh, mias fio! Óia a ronda!
Guenta ponto mias fio. Eh, óia Ogum, mias fio, que tá no jongá...

Os fiéis, estimulados pelas exclamações do sacerdote, alteiam a voz; os tocadores redobram de energia batendo os *tabaques* com mais força; e *Ogum*, já senhor do equilíbrio, dança com mais desembaraço. Quem o observa, sente uma sensação estranha, porque vê uma criatura humana com movimentos de bonecos de engonço,[5] e membros que não tem rigidez: o ritmo é bronco, bárbaro, suave às vezes, outras violento, mas sempre mole e desarticulado...

Em dado momento, aproxima-se de outro *cambondo*, puxa-o com a mesma moleza de gestos, para o centro da roda e, segurando-lhe as mãos de modo a curvar-se para frente, esfrega-lhe a cabeça na sua até que ele, tomado por outro *Ogum*, recue, executando os mesmos movimentos desarticulados...

Então, o *pai de santo*, pegando pela lâmina, entrega uma espada a cada um. Transforma-se a dança num duelo simulado. Brilham as lâminas ao ar como raios dentro da noite, em golpes de ataque ou de defesa, vibrados sempre com os mesmos gestos estranhamente moles e característicos...

É a cerimônia que dura, às vezes, horas a fio, só termina quando os contendores, arquejantes de cansaço, um após outro, aproxima-se da vela e enterram as espadas no chão, dançando ainda. O *pai de santo*, nesse momento, para o canto bradando:

– Louvado seja *Oxalá*!
– Para sempre seja louvado.

5 Engonço é um encaixe entre peças de artefato capaz de permitir sua articulação. O boneco de engonço é uma espécie de marionete. Surge daí a expressão "desengonçado" (nota do autor).

– Louvado seja os *Tatá*!
– Para sempre seja louvado.
– Louvado, os *Orixás*!
– Para sempre seja louvado.
– Louvado o Céu que nos cobre!
– Para sempre seja louvado.
– Louvado a Terra que nos cria!
– Para sempre seja louvado.
– Louvado o Mar que nos alimenta!
– Para sempre seja louvado.
– Louvado o mato que nos esconde!
– Para sempre seja louvado.
– Louvado o sol quem nos aquece!
– Para sempre seja louvado.
– Louvado a Lua que nos alumia!
– Para sempre seja louvado.
– Louvado as Estrelas que nos espiam!
– Para sempre seja louvado.
– E louvado, *mias fio*, seja Ogum!
– Para sempre seja louvado.

Finda a série dos louvores, canta-se então o *iman* de despedida:

"Angó, angó, mia cambondo,
Eu já vai embora.
Fica com Deus,
Com Nossa Senhora."

De novo recomeça a dança, mas ao fim de vinte a trinta minutos, cada um, de sua vez, desprende-se, deixando os *cambondos* extenuados.

Canta-se o ponto de encerramento:

"Encerra a mesa,
Com licença de Congo,
Encerra a mesa,
Com licença de Congo."

Mais um gesto do *pai de santo*. Cala-se o coro. Emudecem os *tabaques*.

Esta finda a cerimônia.

Figura 17: Ronda de Ogum. Cena de duelo.

Feitiçaria e Macumba em São Paulo

No final do século XIX os noticiários dos periódicos em São Paulo eram recheados de notícias sensacionalistas. Um prato cheio era a perseguição policial aos cultos mediúnicos e a feitiçaria.

Vejamos um exemplo. O jornal ***Província de São Paulo***, de 06/03/1879, publicava:

> Feiticeiro – Lêmos no "Guaripocaba de Bragança": Para o lado das Pedras mora um preto velho, tido e havido como tal. Sua casa é frequentemente procurada por forros e cativos que vão consultar ou receber lições de bruxaria, havendo mesmo reuniões em certas noites com caráter de sessão fatídica. Admira que nesta época haja quem ainda acredite em feitiçarias que, quando muito, podem ser, sob certas fórmulas e aparato, a aprendizagem de saber conhecer drogas nocivas ou plantas venenosas, com o fim de fazer mal à vida dos senhores ou desafetos.
>
> Esses focos, em que se alimenta a credulidade estúpida de pessoas ignorantes e mal intencionadas, devem ser banidos dentre nós. À autoridade compete não permitir tais reuniões, obrigando este embusteiro, explorador de magras algibeiras a assinar termo de bem viver, e no caso de continuar com suas imposturas fazer sobre ele o rigor da lei.

Assim como no Rio de Janeiro, das primeiras décadas do

século XX, São Paulo também tinha um número razoável de Terreiros de Macumba e como tal eram perseguidos pela Policia e pela Imprensa. O Jornal *A Folha da Manhã*, de 05/11/1927, trazia uma matéria sobre o tema relativa á visita de um repórter desse periódico ao Centro Espírita dos Quinze Auxiliares de Nosso Senhor Jesus Cristo – Corrente Africana, onde poderemos perceber um relato bem preconceituoso e distorcido do repórter:

> Nossos sentidos foram dominados de chofre por três fortes impressões que se transformaram em desagradáveis sensações: um cheiro horrível, característico da pretidão corpórea pouco asseada e a visão de uma mulher acabocla-da, desgrenhada e esquálida sentada num banco, no qual estava a perna esquerda, descoberta até acima do joelho. Sentamos a um canto e ficamos concentrados.
> Estávamos numa pequena sala. Pelas paredes, quadros de santos e de um mulato de gaforinha pretensiosa,[6] tipo perfeito de pernóstico,[7] além de uma tabuleta com o nome do centro.
> A um lado, uma mesa rodeada de cadeiras e, sobre ela, uma vela apagada cheia de ornatos. Em frente à mesa, dois grandes bancos corridos. A assistência era diminuta: quatorze pessoas. A sessão já principiara e coisa curiosa – os seus dirigentes e médiuns não sentaram à mesa: estavam misturados com os assistentes. O presidente do centro era a mulher que percebemos logo à entrada. Meio amodorrada, perna estendida sobre o banco, cabelos revoltos, ela entreabria os lábios para cantarolar alguma coisa muito lânguida, ritmava com um monótono balancear de corpo. Os assistentes a acompanhavam nos cânticos e então, percebemos que entoavam eram versos religiosos.
> Um dos médiuns, uma moça de cor, espadaúda e forte, cuja transudação contribuía para a composição de um horrível ambiente, recebeu um espírito familiar da casa. Era este quem receitava e beneficiava os crentes. Um por um, todos os presentes se aninhavam para o médium a fim de receber os passes, rematados por fortes pancadas nas costas. Tivemos grande vontade de nos submetermos também aos passes, mas só a ideia de sentirmos em nossos cabelos e faces aquelas mãos que já tinham passado por várias cabeças de

6 Juba, topete (nota do autor).
7 Pretensioso, metido (nota do autor).

asseio muito hipotético, nos fizeram desistir dessa demonstração de religiosidade.

Antes de se despedir para o espaço, o referido espírito solicitou que tivessem pena do "aparelho", pois que ele saíra de casa pela manhã, bem cedo, e ainda não voltara a ela, por andar distribuindo o seu auxilio por toda parte. Todos os espíritos, como já dissemos, se manifestavam em termos idênticos, num cassange capaz de tornar louco o mais inócuo dos gramáticos.

Indo-se embora, o médium dos passes, um e outro, uma negra robusta, que se encontrava na extremidade do nosso banco, posse a bater nervosamente, no assoalho com o tacão do sapato. O nosso companheiro, dirigindo a palavra ao médium, perguntou-lhe porque não esticava a perna. "Não posso", respondeu o médium. E, pressurosa, [8] a presidente explicou que aquilo era sinal de aproximação de um espírito. Daí a pouco, o médium falava, "pu... pu... pu... digui...." A presidente pôs-se então a argumentar com o espírito de modo que demonstrava enorme grau de sua ignorância.

Como o espírito só pronunciava frase de três ou quatro palavras, sempre precedidas do tal "pu... pu... dizium, eu não sei". "Porque tu não fala portugueis?" "Pu... pu... dizu, porque eu sou gago". E a farsa, muito mal representada, continuava. Felizmente, alguns minutos mais tarde, mais algumas cantilenas, e a missão estava terminada.

8 Impaciente (nota do autor).

Em Vila Isabel

João de Freitas [1]

Após o Primeiro Congresso Brasileiro do Espiritismo de Umbanda ocorreu uma rápida proliferação dos livros de escritores umbandistas, que tentavam propor codificações rituais e doutrinárias, aparecendo catecismos, manuais de condução dos trabalhos etc., que, por vezes, conflitavam em suas interpretações. Um dos primeiros escritores dessa fase foi João de Freitas.

Publicou, em 1941, *Umbanda*,[2] a sua primeira obra, em moldes de reportagem e entrevistas como fazia Leal de Souza, onde relata as práticas de terreiro do Rio de Janeiro. Utiliza uma linguagem popular e reproduz cenas das tendas de Umbanda, explicando os mistérios e segredos da iniciação umbandista. Das visitas aos terreiros, o autor extraiu farto material para a elaboração da obra, que foi o marco inicial da literatura umbandista após o Primeiro Congresso do Espiritismo de Umbanda. Na reportagem *Em Vila Isabel* esclarece uma dúvida muito comum que é o fato de diversos médiuns incorporarem "a mesma entidade" (o autor).

De posse do convite do presidente do Centro Espirita São Sebastião, Senhor Péricles, julguei de bom alvitre não adiar tão ótima oportunidade que me oferecia, não só pelas credenciais

1 Na época era presidente do Supremo Órgão de Umbanda (S.O.U.).
2 Obra publicada pela Editora Espiritualista e disponível apenas em sebos.

que me foram apresentadas, como também em virtude de, nessa ocasião, ser travada, pela imprensa e pelo rádio, forte polêmica em torno do espiritismo.

Enquanto as figuras mais proeminentes, representativas da grande doutrina, afirmavam a existência do espirito, os seus efeitos e as suas causas, baseadas todas em documentos e provas fidedignas; do outro lado, da tribuna da Sociedade de Medicina e Cirurgia, ouvia-se a palavra fluente de um médico atacando violentamente a doutrina, o seu codificador e seus adeptos.

Estávamos na Praça da Bandeira saboreando preciosa rubiácea[3] quando de nós se aproxima o vice-presidente, Senhor Rodrigues, médium de grandes possibilidades...

Feita a indispensável apresentação, partimos para a Rua Moju, 43, local onde se achava instalado o Centro.

– A Umbanda tem muita milonga, meu amigo. Nascido e criado nesse ambiente, – inicia o Senhor Péricles – tenho, modéstia à parte, conhecimento profundo da doutrina que abraço. A campanha que movem contra o espiritismo é, talvez a melhor propaganda em torno de uma seita[4] que através dos séculos e gerações vem prestando relevantes benefícios à humanidade. Lutar contra ela é enfrentar setenta falanges, compostas de povos da Índia, Mongóis, Chineses, Egípcios, Árabes etc.

Muito jovem ainda, simpático, dotado de olhar vivo e penetrante, o Senhor Péricles contou-me como e porque fundou o Centro São Sebastião...

O livro de presença acusava noventa e sete assinaturas, sendo a maior parte sócios quites. Havia ao lado, uma lista contendo nomes de pessoas que desejavam tomar passes.

Eram precisamente 20 horas e 30 minutos quando, sob a ação maravilhosa de um odor agradável de defumador, como quem convidava a viver por uns minutos esses sonhos misteriosos em terras lendárias, ouvi o pedido de concentração.

Silêncio sepulcral.

É lida pelo vice-presidente a prece de abertura dos trabalhos, finda a qual, cai em transe o presidente.

'Meninos, que Deus vos abençoe. Salve as estrelas; salve os

---

3 Café (nota do autor).

4 Nessa época muitos ainda consideravam o Espiritismo e a Umbanda como seitas (nota do autor).

ventos; salve as águas; salve o sol; salve os que têm fé; salve os que não têm fé'.

E, em seguida:

Boa noite filhos da terra,
Boa noite, Eh...

E a assistência, acompanhando num recolhimento sacro essas palavras que vinham do além, prorrompia em coro:

Boa noite, Eh...

O vice-presidente aproxima-se do médium e entrega-lhe o barrete de cetim branco em cuja parte dianteira via-se bordado um símbolo.

Colocando-o sobre a cabeça, continua:

– 'Meninos, em nome das Sete Linhas de Umbanda; em nome de todo povo que habita as regiões etéreas; em nome de Ogum; em nome de Oxóssi, patrono desta Casa, dou por abertos os trabalhos da Tenda Espirita São Sebastião'.

Feita ligeira preleção sobre os deveres do homem para com os seus semelhantes, vasados em princípios eminentemente cristãos, afasta-se do aparelho para dar lugar à outra entidade.

É então entoado este lindo ponto[5] cuja melodia cria na alma da gente qualquer coisa sobrenatural:

De quando em quando,
Quando eu venho da Ruanda,
Trazendo pemba
Pra salvar filhos de fé...
Oh! Pescador olha as costas do mar.
Oh! Japonês, oh! Marinheiro...
Olha as costas do mar!
Eh!...

Ogum, Ogum
Ogum é Tiriri

5 Ponto originário da Tenda Nossa Senhora da Piedade (nota do autor).

Olha as costas do mar...
Oh! Tiriri!

O entusiasmo se apodera da assistência e, dentro em pouco, todos cantam. Recebendo fortes descargas fluídicas, alguns médiuns em desenvolvimento se esforçam por merecer a graça da mediunidade.

Em seguida, é entoado também com muito ritmo o ponto do Caboclo Ubirajara:

Serra que serra
Serrador...
Ubirajara
Já chegou!...

Segundo médiuns videntes, essa entidade é de porte majestoso, é caboclo forte e musculoso e se apresenta todo ornado de penas multicores. É portador de todos os seus instrumentos de guerra, inclusive um animal, semelhante ao tamanduá, no ombro direito.

Descarregando o ambiente de fluidos pesados, parte para o espaço.

É então cantado o famoso ponto para a falange da Jurema:

Estrela d'Alva é nossa guia,
Clareia o mundo sem parar,
Ilumina a mata virgem,
Cidade de Juremá!

Vinde, vinde companheiros,
Có-có-ró-có-có...
Companheiros da Juremá,
Aí de mim tem dó!

Todas as médiuns, em geral, tem afinidades com a Cabocla Jurema. De sorte, quando é cantado esse ponto, torna-se um espetáculo grandioso pelas saudações estilizadas das entidades. São características próprias com as quais se identificam mutuamente.

Dessa falange constam caboclos de grande força fluídica como Arranca Toco, Rompe Mato etc., cujo ponto é cantado com o mesmo brilho e entusiasmo pelos presentes:

Na minha aldeia,
Onde sou caboclo!...
Sou Rompe Mato,
Sou Arranca Toco!

Na minha aldeia,
Lá na Jurema,
Não se faz nada
Sem a lei suprema!

Entre os assistentes, uma solteirona[6] de cinquenta e poucos anos que se fazia acompanhar de um menino de nove, exclama para outra senhora, de cor,[7] que se achava ao seu lado:

– Eu não acredito nesta história de Cabocla Jurema aos punhados. Se a cabocla é uma só, como então uma porção? Qual a verdadeira?

– Todas! – respondeu a outra em tom humilde. Aquilo que a senhora viu foi a falange da Cabocla Jurema. São enviados que baixam para atender a todos. Imagine se o Presidente da Republica for convidado para assistir cerimonias oficiais em vários postos do país e todas, por coincidência, à mesma hora? Que faria ele?

– Far-se-ia representar por elementos de sua imediata confiança – retrucou a solteirona.

– Aí está a explicação – prossegue a bondosa criatura. – O mesmo sucede com todos os Orixás que não podem baixar simultaneamente aqui e nas demais sessões.

Nisto aproxima-se o fiscal e pede silêncio. Faz sentir a necessidade de boa concentração para não prejudicar os trabalhos.

Aquela explicação tão rápida e concisa provocou minha

---

6 Preconceito típico da época em relação às mulheres solteiras com mais de trinta anos de idade (nota do autor).

7 Era comum e preconceituoso, até algum tempo atrás, as pessoas referirem-se às pessoas de etnia negra como pessoas de cor (nota do autor).

curiosidade. Tive desejos de interpelá-la acerca de algumas dúvidas que permaneciam em penumbra, mas, a severa advertência do fiscal ainda se mantinha viva no meu espirito.

O meu pensamento desligado e a minha ideia alheia não mais me permitiram sentir aqueles impulsos estranhos. Esperava a todo o momento falar àquela humilde criatura. Desejava crivá-la de perguntas.

Nisto o presidente reclama concentração e pede que todos acompanhem os pontos cantados, pois com o pensamento firme, criar-se-ia uma corrente fluídica capaz de realizações magnificas.

É que ali estava um rapazinho que precisava de caridade. Segundo a medicina, era caso de histeria, ou melhor, de neurose obsessiva na linguagem de Freud.

Chamado à mesa,[8] cujo corpo de médiuns era composto de dez pessoas, o presidente da forte pancada sobre ela e grita:

Eh, povo de ganga, eh!

E, entre ranger de dentes e punhos cerrados, gritos alucinantes e gemidos estertorosos, palavras desconexas e uivos de angústia, baixou a falange de obsessores que acompanhava aquele irmão.

Com grande custo, o presidente fez ver o estado de cada um e solicitou a falange de Oxóssi, guia espiritual do Centro, para encaminhá-los para o espaço.

Dentro em pouco era ouvido o mais belo ponto cantado nos terreiros, cuja melodia, inspirada e emocionada, trouxe ao ambiente uma névoa de bem estar:

Bumba na calunga,
Ele é caboclo,
Ele é flecheiro!
Bumba na calunga.
É matador de feiticeiro!

Bumba na calunga,

8 Era comum nos terreiros de Umbanda a mesa para os trabalhos de desobsessão. Na Tenda Nossa Senhora da Piedade ela é mantida até hoje (nota do autor).

Meu caboclo já chegou...
Bumba na calunga,
Este congá já saravou!...

Deveras grandioso é, também, o sentimento de fé que anima essa gente que não mede distancias nem sacrifícios ao prestar o seu concurso para debelar o mal que aflige o seu semelhante.

Se nos fosse permitido pelos guias apontar à execração publica os elementos perniciosos que infestam essas casas de caridade, o espiritismo não seria olhado com indiferença e de soslaio.

Hora de entendimento

Edgard Armond

Diário de Notícias, **24 de abril de 1942, n. 9348**

Estabelecido com clareza, como tem sido pela imprensa, rádio e tribuna, nosso ponto de vista de que Umbanda não é Espiritismo, convindo por isso marcar-se limites entre uma coisa e outra, julgamos agora que se tornaria útil e, mesmo, aconselhável a realização de um entendimento fraterno, honesto e sincero no sentido de ou filiar a Umbanda ao Espiritismo ou, contrariamente, oficializar essa delimitação.

Para isso sugerimos alternativas:

1) A Umbanda se comprometeria a rever sua ideologia em certos pontos; alteraria suas práticas, suprimindo certos ritos e exterioridades ridículas e materializadas como, por exemplo, as danças, o fumo, as bebidas etc. e, como finalidade principal adotaria não a satisfação de interesses pessoais, mas a reforma íntima, a elevação moral dos adeptos, que é imperativo fundamental do Espiritismo. Ou:

2) Não concordaria com essas modificações e continuaria como está.

No primeiro caso poderia ela ser filiada ao Espiritismo, como um degrau preparatório, de adaptação, para futuros avanços no entendimento espiritual; e no segundo, se comprometeria a não se utilizar do nome do Espiritismo na fachada de suas instituições e de seus cultos como abusivamente, vem acontecendo.

Em qualquer dos casos, entretanto, seriam feitas declarações publicas recíprocas, pelos órgãos representativos próprios, visando o esclarecimento do povo interessado.

Este entendimento serviria não só para definir claramente as respectivas posições e limites de atividades de cada uma das correntes, como também evitaria a necessidade que tem as entidades espíritas de estarem periodicamente fazendo publicações a respeito e colocando a verdade em seu devido lugar. Pelo item nº 1 Umbanda ganharia uma estabilidade doutrinária que não possui e veria no esforço que o Espiritismo desenvolve de redenção da humanidade. Por outro lado ingressaria, com dignidade, no rol das correntes espiritualistas nacionais e romperia as amarras que a prendem às correntes inferiores, de baixa expressão espiritual, retardadoras da evolução.

Quanto a esta Federação, que é a casa espírita que iniciou a atual campanha de esclarecimento do povo, certamente estará ela pronta a realizar estudos a respeito com órgãos representativos da Umbanda em nosso Estado ou no País, devidamente credenciados.

(Transcrito do *O Semeador* de março de 1953).

Inaugurada festivamente a nova sede da União Espiritista de Umbanda

Jornal de Umbanda, **fevereiro/março de 1953, n. 29**

No dia 27 de dezembro ultimo, às 17 horas em ponto, realizou a União Espiritista de Umbanda a inauguração de sua nova sede social à Rua do Acre, 47 – 6º andar – Sala 608.

Organização que congrega as associações que praticam a religião de Umbanda em todo Brasil, teve a abrilhantar a cerimônia os maiores expoentes que ali compareceram representando inúmeras tendas filiadas.

Os trabalhos transcorreram com grande alegria e animação causando mesmo entusiasmo quando o presidente da União, Dr. Jayme Madruga, com grande eloquência, que não excluía de seu estilo a simplicidade de exposição, fez um relatório sucinto de sua gestão no ano que terminava e a seguir apresentou um esboço de seu programa de realizações para 1953.

O programa para o ano próximo é em linhas gerais o seguinte:

– Divisão do Distrito Federal em zonas, superintendidas por diretórios locais, os quais manterão o controle, fiscalização e assistência mais estreita com as Tendas no perímetro.

– Instalação de várias Uniões Estaduais.

– Criação de uma comissão de representação para em conjunto com o Presidente comparecer as festividades e visitar as Tendas em geral.

– Campanha para a construção da sede própria da União.

– Aumento da tiragem do *Jornal de Umbanda* para 10.000 exemplares.

– Concentrações e confraternização de Tendas.

– Publicação do livro contendo o ritual da Religião de Umbanda.

– Outras publicações de interesse da religião.

Ao champanhe foram trocados diversos brindes tendo a solenidade terminado em um ambiente de grande fraternidade.

Que seja a nova sede um símbolo de uma nova era, de novas realizações para a Religião de Umbanda, são os votos deste jornal.

Infelizmente o Presidente da UEB, Jayme Madruga, esteve envolvido em grande escândalo financeiro em 1955. O Jornal *O Mundo Ilustrado* publicou uma reportagem (*Os falsários do câmbio*), de Alberto Conrado, sobre o fato na sua edição n. 12, de 20 de abril de 1955. Vejamos alguns trechos da reportagem:

> O Decreto de prisão preventiva expedido pelo Juiz da 12ª Vara Criminal, Dr. Oduvaldo Abrita, está fundamentado nos seguintes termos: "O Senhor Delegado de Roubos e Falsificações representa sobre a necessidade de ser decretada a prisão preventiva de Jayme Stanzione Madruga, Luiz Manoel Pacheco Filgueiras, Isaac Israel, Natanael Israel, Nilton Cunha, João Alegro Pereira Bravo Henriques, Mario Bordalo, Júlio Barbosa Matos, Sebastião Alves Ferreira, Emil Egg, Arino Costa e Luis Araújo Silva, indiciados em inquérito policial instaurado para apurar fraudulenta evasão de divisas por meio de ardilosas operações de câmbio, conforme pedido fundamentado do presidente do Banco do Brasil S. A.
>
> O inquérito trás provas da existência do crime de falsificação de documento público e indícios suficientes da atividade criminosa atribuída aos acusados pelo uso de papéis falsificados como meio empregado para a realização dos seus objetivos.
>
> A quadrilha era grande e de importância. Em primeiro plano se destaca Jayme Madruga, subchefe da Fiscalização Bancária que permitiu a realização dos negócios ilícitos,

> pois era o encarregado de apor o visto em todas as licenças de importação.

Em um dos trechos da entrevista, o Delegado narra:

> Ora, a licença de importação e despachos alfandegários constituem documentos essenciais para que os câmbios sejam autorizados pela Fiscalização Bancária. Tais ordens de câmbio dependiam de Madruga cuja assinatura deveria sempre ser precedida das de dois outros funcionários encarregados da conferência de documentos sem cuja existência nenhuma ordem de câmbio podia ser dada. A suspeita inicial recaiu sobre os três, mas, acontece que foi verificado apenas ser verdadeira a assinatura de Madruga e ele próprio confessou.

Entrevistado, Jayme Madruga afirmou que acreditava que os espíritos iriam livrá-lo da cadeia.

Em 5 de abril de 1955, o Jornal *Ultima Hora* noticiava: ULTIMA HORA informa com absoluta segurança, que parte da quadrilha está foragida na Argentina, em Mar del Plata. No dia 31, por via aérea, embarcou no Galeão, o outro *scroc* Isaac Israel, chefe da firma Rivoli S. A., à Rua Gonçalves Dias. Posteriormente seguiu para Buenos Aires, o Sr. Jayme Madruga, ficando todos hospedados no palacete à Rua Gazcon, 24.

O periódico *Diário da Noite*, de 10 de maio de 1955 noticiava: Jayme Madruga deverá transferido para uma prisão especial.

O Jornal *Correio da Manhã*, de 29 de junho de 1955, noticiava que o Tribunal Federal de Recursos concedeu habeas corpus a Jayme Madruga, Isaac e Nataniel Israel, desta forma restituídos à liberdade. O fundamento da decisão foi que a prisão dos mesmos se deu sem nota de culpa, sem prisão em flagrante e sem ordem judicial emanada de autoridade competente.

O mesmo periódico em 1 de novembro de 1955 noticiava que o promotor apresentou as alegações finais pedindo 40 anos de prisão para os acusados e o sequestro de seus bens.

O *Diário da Noite*, de 6 de dezembro de 1955, noticiava que Jayme Madruga tinha sido condenado a 11 anos e 8 meses de reclusão. O mesmo jornal, de 11 de dezembro do mesmo ano, noticiava que: Acompanhado de seu advogado, Sr. Jairo Alves e Barros, esteve, ontem, na 12ª Vara Criminal, o jornalista Jayme Stanzione Madruga, recentemente condenado pelo Juiz Oduvaldo Abritta ao cumprimento da pena de 11 anos e 8 meses de reclusão, como um dos participantes do "escândalo dos francos franceses".

Figura 18: Jayme Madruga. Fonte: Jornal *O Mundo Ilustrado*, n. 12, de 20 de abril de 1955.

Um pouco da história da União Espiritista de Umbanda

***Jornal de Umbanda*, maio/junho de 1953, n. 31**

Homenagens as Tendas fundadoras da Federação Espírita de Umbanda e Primeira Diretoria.

Fundada em 26 de agosto de 1939:

Tenda São Jorge, São Jorge e São Miguel, Jesus Nazaré, São José, Humildes de Jesus, Nossa Senhora da Guia, São Jerônimo, Santa Bárbara, São Benedito, Nossa Senhora da Conceição, Coração de Jesus, Fé e Humildade, São Miguel, Nossa Senhora da Piedade, São Thomé, Senhor do Bonfim, Praticantes da Caridade, Antonio dos Pobres, São Jerônimo (de Ana Teles), Humildade e Caridade.

Começam a chegar as primeiras respostas ao RECENSEAMENTO UMBANDISTA

JORNAL DE UMBANDA

4,00

A UMBANDA ★ Em Foco

TERRENO DILUVIANO

Festa de Oxalá

A propósito de uma homenagem dos umbandistas à memória de Allan Kardec

Figura 19: Facsimile *Jornal de Umbanda*, n. 31, maio/junho de 1953.

Primeira Diretoria

Presidente, Professor José Venerando da Graça Sobrinho; Primeiro Vice-Presidente, Dr. Jayme S. Madruga; Segundo Vice-Presidente, Dr. Mauricio Marques Lisboa; Primeiro Secretário, Eurico Lagden Moerbeck; Segundo Secretário, Diamantino Coelho Fernandes;

Primeiro Tesoureiro, Mirandolino de Miranda; Segundo tesoureiro, Isidoro Honório Doin; Primeiro Procurador, Oscar Pinto Sampaio; Segundo Procurador, Alfredo Antonio do Rego Filho; Primeiro Bibliotecário, Durval Vaz; Segundo Bibliotecário, Antenor Luiz da Rocha.

João Severino Ramos, Médium Chefe e Diretor dos Trabalhos da Tenda São Jorge – Rua Dom Gerardo, 45.

Umbanda não é Espiritismo I

Deodato Moraes

Jornal de Umbanda, **agosto de 1953, n. 33**

Umbanda não é Espiritismo. Há, por certo, e como estamos fartos de ver uma grande confusão entre os adeptos de Umbanda em considerar as entidades que baixam nos terreiros como sendo almas desencarnadas ou espíritos de mortos, desencarnados após terem vivido neste planeta.

Isso nasceu, sem dúvida alguma, da influência do chamado Kardecismo, mal assimilado por aqueles que na sua lamentável ignorância das práticas africanas não quiseram ou não puderam fazer estudos mais profundos a respeito das manifestações que se observam nos terreiros, nas tendas ou cabanas.

Quer com relação às linhas denominadas africanas, quer relativamente às linhas dos Caboclos, os elementos que aí se manifestam nada tem a ver com desencarnados. São forças da natureza em conjugação com a maior ou menor capacidade receptiva das pessoas sensitivas, com o maior ou menor poder de entrarem os vários plexos do nosso sistema nervoso em sincronização com os fluidos que se irradiam das plantas, das águas, dos animais e do próprio homem.

Todos sabem que a chamada linha africana nós a recebemos através dos pretos escravos que para aqui trouxeram seus usos e costumes. E quem estuda essas manifestações jamais encontra referência sobre espírito de mortos e sim forças da natureza. Os próprios nomes das entidades que descem nos terreiros trazem em si referências claras e precisas de rios, matas, pedras, raios etc. A mitologia riquíssima que herdamos desses abnegados servidores da humanidade está cheia de ensinamentos a respeito dos Orixás (contas), otás (pedras), calunga (mar), pegi (altar). Qualquer elucidário yorubano (nagô) afirma ser Oyá (Yemanjá),[1] deusa do rio Niger. Shangô, deus das nuvens, das tempestades, do trovão; Ogum, do nagô Ogú, deus da intrepidez, da guerra; Orixá, do nagô Orisa, imagem; Oxum, do nagô Oxu, deusa das águas; Iansan, do nagô Ian, senhora e Shan de Shangô; Xapanan, do gege, Orixá-Ponan, deus da bexiga; Oxóssi vem de Ossonhe, do nagô Oxê, sacerdote possuído por Shangô, e Ossonhe, castigado pelo mesmo.

Se voltarmos a nossa vista para as entidades da chamada linha dos Caboclos, temos a ver que: Jurupari, enviado do Sol, é o garganta apertada, ou melhor, o que guarda segredo; Mamãe Sereia é a rainha do mar; Yara é a mãe ou dama das águas; Uíara é a cobra grande; Tupã para ensinar a agricultura aos índios; Araribóia, a cobra d'água ou da tempestade; Araci, a mãe do dia; Izi um filho do Sol (Jurupari); Jurema, suco do espinheiro, o suco que faz sonhar; Jandira, a onça de pé, a onça vigilante; Yurutau, a ave fantasma, queixosa; Mairatá e Mair-Puxi, os gêmeos e assim por diante.

Ora, se a base suprema da Umbanda firma-se nessas entidades africanas ou indígenas brasileiras, como dizer que essa crença é Espiritismo?

O fato de aparecerem nos terreiros entidades com os nomes de Pai Joaquim, Tio Antonio ou Vovó Luiza nada quer dizer, pois, qualquer principiante sabe que esses pretos que aí aparecem são entidades da linha de Xangô que também é um preto conforme diz a mística africana e que oportunamente daremos nestas colunas.

A Umbanda, porém, como tudo na vida, sofre as naturais alterações do tempo e do meio. E, assim, como no próprio continente africano ela apresenta variações, sob a influência muçulmana (mussurumi) e atualmente egípcia e cristã, também no Brasil apresenta variedades que em nada desmerecem o seu valor espiritual.

1 Percebemos aqui a confusão feita pelo autor, pois, Oyá é Inhaçã e não Yemanjá (nota do autor).

Se na Bahia, Pernambuco e norte do país, por exemplo, há os cultos de Candomblés, Xangôs e Catimbós apresenta-se com o caráter gege-nagô, gege-nagô-mussulmi, gege-nagô-banto, gege-nagô-mussulmi-caboclo, gege-nagô-caboclo-católico, já no Estado do Rio de Janeiro, São Paulo e Estados do Sul sofreu profundamente a influencia cabocla-espírita-oriente-católica. Esse é o motivo pelo qual encontramos nas tendas e centros de Umbanda, não apenas sistemas, curimbas, danças ou manifestações diversas das linhas africanas, como mediunidades outras, inteiramente diferentes e novas que nada perdem para as linhas fetichistas estudadas. Estão nestes casos a magnifica instalação dos altares com santos, as materializações dos caboclos, as curas e operações cirúrgicas, os transportes e, muito principalmente, os extraordinários trabalhos da chamada linha de Miguel das Almas e manifestações dos Bacororos e Mestres Orientais, que se caracterizam pelas suas feições particularíssimas.

Tudo isso, porém, não leva a dizer que seja Umbanda Espiritismo, tomando como tal a doutrina kardecista, à qual pertence uma plêiade respeitável de ilustres abnegados espiritualistas e aos quais prestamos, nestas linhas, as nossas mais elevadas e justas homenagens.

Em palestra já realizada em Centro Espírita de Kardec tivemos a oportunidade e o prazer de confraternizarmo-nos com os nossos queridos irmãos do Espiritismo, salientando a grande virtude da fraternidade em crenças tão distintas, que, longe de se digladiarem, merecem darem-se as mãos, o cérebro e o coração.

Umbanda não é Espiritismo II

(Considerações sobre o artigo desse título publicado no número anterior, de autoria do ilustre Professor Deodato de Moraes)

Jayme Madruga

Jornal de Umbanda, setembro de 1953, n. 34

Inúmeras foram as críticas que recebemos de leitores deste jornal e de dirigentes de organizações filiadas pela publicação do artigo que ora vamos analisar.

Em que pese a cultura do ilustre professor, não concordamos com a sua douta opinião a respeito da manifestação de africanos e caboclos na Umbanda.

O nosso ponto de vista tantas vezes repetido através das colunas deste jornal, tem sido sempre no sentido de que só não consideramos Umbanda como sinônimo de Espiritismo dentro de uma lei física e de outra de matemática, isto é, que sendo a Umbanda um composto de Espiritismo e Magia Branca, praticada pelos espíritos, não pode caber dentro das limitações estabelecidas pelos kardecistas ortodoxos – fora de Kardec não há Espiritismo – e não pode ser ligado ao Espiritismo por um sinal de igualdade porque a reciproca não é verdadeira.

Daí a não admitir a manifestação dos espíritos é avançar além do nosso ponto de vista, com o qual concordam os próprios kardecistas que a esse fenômeno chamam de mediunismo para defender seu sofisma e nos classificarem de praticantes de Espiritismo sem doutrina.

A tese do ilustrado signatário daquele artigo talvez tenha fundamento em se tratando da seita denominada "Candomblé". Sem que essa nossa afirmativa constitua menosprezo, crítica ou ato inamistoso a seus adeptos, é no Candomblé que encontramos os Orixás representados por elementos da natureza. Ali também encontramos uma nomenclatura nagô e riquíssima mitologia de origem puramente africana. A bem da verdade, não queremos afirmar que os "Santos" que lá baixam não sejam espíritos, mas é lá que se podem encontrar os "Orixás" em forma de elementos da natureza, sendo que esses elementos são objeto de seu culto.

Contraria essa tese também a evidencia que não é privilégio nosso e através da qual temos tido oportunidade de ver claramente a forma, a vibração e a luz de muitos espíritos que baixam como Caboclos ou Pretos Velhos e africanos, na Umbanda.

Se forças simples da natureza, mesmo que se admitisse uma auto sugestão no médium que se manifesta, essa sugestão não iria atingir aos videntes, aos sensitivos, aos intuitivos que cada um dentro de sua modalidade alcançam o mesmo objetivo, debaixo do mais rigoroso controle.

Respondendo também aos confrades que seja pela palavra escrita ou falada me procuraram e não se conformaram com a publicação desse artigo, queremos chamar a atenção para o caráter ***sui generis*** da religião de Umbanda, que não é dogmática, não admite o regime do "crê ou morre", dando, portanto ampla liberdade de concepção a seus adeptos.

A publicação desse artigo é lógico que determinava a presente resposta, a qual viria esclarecer dúvidas.

Houve quem alegasse que um menos avisado que o lê-se passaria a fazer enorme confusão. Ora, a confusão sempre houve e haverá enquanto não tivermos uma biblioteca à altura da evolução e do desenvolvimento que a Umbanda tomou.

Um esclarecimento sobre um ponto concreto é sempre melhor compreendido que sobre matéria abstrata.

A orientação do JORNAL DE UMBANDA é pautada num princípio democrático e o autor do artigo é chefe de uma corrente de Umbanda e portanto está apto a escrever e ver publicada a sua colaboração, o que não impede a nossa crítica e a nossa contradita.

Como alertamos em outro local deste número os artigos da primeira página, os assinados pelo presidente da União, os de redação acompanham a orientação doutrinária da organização de que é órgão oficial, mas é preciso admitir a tribuna livre sob pena de sermos considerados fanáticos ou intransigentes, quando o que é necessário é ouvir para depois esclarecer e a melhor maneira de atrair é justamente respeitar os pontos de vista e com lógica desapaixonada discuti-los e procurar chegar a uma conclusão de acordo.

Aos que discordarem dessa nossa orientação, estamos prontos também a ouvir, a discutir e a aceitar seus pontos de vista desde que fiquemos convencidos do erro em que porventura tenhamos incorrido, mas para isso é necessária uma aproximação mais estreita com a União, que muito a deseja e então terá mais cabeças para pensarem e orientarem a fim de corrermos um risco menor de cair em erro.

A indiferença é que não pode prevalecer nem é construtiva e podemos afirmar que o artigo em foco, se provocou reação e daí surgiram críticas e manifestações embora de desagrado, ainda assim valeu pelo interesse despertado, que por certo frutificará.

Nossa orientação tem sido serena e sempre procuramos acertar, mas como sempre procuramos acertar, mas como humanos que somos, somos passíveis de erro e não nos consideramos nenhum papa nem iluminado, pelo que estaremos sempre prontos a bater no peito e a pedir perdão pelos erros e faltas cometidas.

O que é imprescindível é lutar, é trabalhar pela Umbanda, é pugnar pela elucidação de todos os adeptos, sem intransigência, mas com perseverança, respeitando o ponto de vista de cada um para sermos também respeitados.

Essa a lei da fraternidade e do respeito ao próximo.

Fora desses princípios, incorremos nos mesmos erros que tanto lamentamos quando praticados pelos adeptos dos outros credos.

Carta aberta para o conhecimento de todos os umbandistas

A propósito de um artigo publicado no "Jornal de Umbanda" do mês de agosto, de Deodato Moraes, sobre "Umbanda não é Espiritismo"
João Severino Ramos

Jornal de Umbanda, **dezembro de 1953, n. 37**

Como médium espírita de Umbanda, não seria justo deixar de enviar ao "Jornal de Umbanda" meus argumentos sobre o ponto de vista do irmão Deodato Moraes. É tão flagrante a identidade de princípios de que a Umbanda é o verdadeiro Espiritismo doutrinário que ensina e pratica a caridade, que nada mais seria preciso aduzir para chegarmos à conclusão desta verdade meridiana: a doutrina pregada pelos espíritos na Umbanda é exatamente a mesma que promoveu a evolução moral nos centros espíritas. Agrada-nos sobremodo esta oportunidade que nos foi proporcionada, de podermos evidenciar tão alto grau de afinidades entre o Espiritismo de Umbanda e as mais famosas doutrinas filosóficas do mundo. Sobretudo, pelo esclarecimento de que Umbanda é Espiritismo, verdade de grande envergadura moral e espiritual e acendrado[1] amor aos luminosos ensinamentos dados pelos guias espirituais nos terreiros e tendas Espíritas de Umbanda e mais ainda nos agrada poder dizer com o pensamento voltado para Oxalá que somos espíritas de Umbanda. Queremos ressaltar com muita razão da afinidade existente entre os preceitos do Espiritismo de Umbanda e os que a história das religiões nos relata com fundamentais provas dos caminhos seguros ao aprimoramento dos espíritas. Conclui-se, deste fato, que os guias espirituais dirigentes das Tendas Espíritas de Umbanda são os Caboclos e Pretos Velhos que tomam essa forma

1 Depurado, afinado (nota do autor).

numa demonstração de humildade e simplicidade a que já estamos habituados: são guias altamente evoluídos, no desempenho da nobre missão de despertar em nós o desejo de transpormos o profundo lodaçal de misérias em que vivemos. É o princípio científico, unanimemente aceito pelas mentes esclarecidas, que todo estudo levado a cabo pela inteligência humana tem de ser irrevogavelmente, o prosseguimento da evolução.

A Umbanda que hoje nos congrega tem perfeita similitude com numerosas outras religiões. Os adeptos de Umbanda, que é a nossa religião se encontram estreitamente ligados aos sete planos do Universo. É uma das fontes mais abundantes de conhecimentos existente na terra e sem dúvida, pela vastidão do seu próprio manancial, a que nos socorremos em busca do aprimoramento moral, sob várias formas ou modalidades de trabalhos espirituais dentro dos terreiros das Tendas Espíritas de Umbanda pela doutrinação dos nossos companheiros mais novos, pela demonstração da verdade perante aqueles cujo ceticismo lhes não permite ir busca-la por si mesmo dentro do próprio Ego. A proposição de que Umbanda não é Espiritismo, sempre que queremos defender o nosso ponto de vista, lançamos mão da pura verdade que é uma força espiritual infinitamente grandiosa. A Umbanda ou os umbandistas devem cumprir sempre o seu dever relativamente à elevação de cada pessoa. Não é preciso provar as qualidades morais que possui a lei de Umbanda e a utilidade de sua prática nos tempos modernos. As religiões, leis, ritos etc. não perdem o seu valor ou razão de ser, quando se enquadram em ordens espirituais. Não há elementos fundamentais para substituir os seus princípios, pois, eles são espirituais e não materiais. Suas práticas não prejudicam seu curso normal e moral que são os elementos necessários à pratica da caridade. É esse o sentimento que constitui o eixo de todas as religiões.

Tributo de flores à senhora das águas

Achilles Camacho

O Mundo Ilustrado, **5 de janeiro de 1955, n. 101**

A superstição sempre dominou o homem e, desde os primórdios de sua existência, vem ele tributando aos mais vários deuses os melhores momentos de sua vida. A água, o fogo, a lua, as estrelas já tiveram seus altares erguidos pelas mãos do Homem. O sol talvez tenha sido a divindade que maior prestígio tenha desfrutado. Durante séculos e séculos foi adorado como o maior dos deuses, e, incrível como pareça, até hoje existem adoradores do astro rei. O terror supersticioso pelo incomensurável ou pela ignorância do Nada, tem trazido o Homem preso a uma série ilimitada de "tabus", obrigando-a as mais extravagantes reverências para com os seus deuses. Na própria Bíblia, são várias as citações sobre sacrifícios de sangue, até mesmo de vida humana, tudo oferecido em holocausto para aplacar a fúria dos deuses sanguinários. Os romanos foram, sem duvida, os mais supersticiosos de todos os povos. Tinham deuses para tudo e para todos os momentos, até mesmo deuses familiares. Nem por isso deixaram de ter sob seu jugo quase todos os povos do mundo. O poder de Roma não teve limites. Porém, seus generais curvavam-se respeitosamente ao caprichoso fastio de suas galinhas sagradas. O oráculo de Delfos contrariou os grandes da antiga Grécia, por vezes várias. O que nos parece interessante são os pontos em comum que as diversas seitas mantem entre si. Ou por herança ou por assimilação, o fato é incontestável. Na própria vida de Cristo, segundo a opinião de alguns historiadores, encontramos princípios decalcados da tragédia de Dionísio, fato esse que vai endossar a tese abordada.

A seita afro-brasileira

Os padres jesuítas trouxeram para o nosso continente os sagrados dogmas da fé católica, naquele tempo professada com a rigidez do Santo Ofício. Os negros nos legaram os seus batuques e um sem número de divindades, que, com o decorrer do tempo, se foram confundindo com os santos da Santa Madre Igreja. O Senhor do Bonfim, ou seja Jesus Cristo, identificou-se como Oxalá; São Jorge recebeu o nome de Ogum, São Sebastião o de Oxóssi, e assim por diante, e até o diabo foi chamado de Exu; todas as divindades do paganismo africano se transformaram em santos, anjos e arcanjos da Igreja Católica.

Os filhos desta seita conservam até hoje o costume de seus antepassados de oferecerem sacrifícios e presentes às suas divindades. É por esse motivo que vemos ao bater da meia noite do dia 31 de dezembro toda orla marítima juncada de flores, principalmente brancas; flores essas que naquele dia são vendidas por preços estratosféricos, havendo quem cobre por um botão de rosa branca a "bagatela" de 50 cruzeiros. Porém os adeptos da seita jamais deixariam de salvar a Rainha das Águas, de tributar hosanas à Yemanjá, ou seja, a Nossa Senhora da Conceição.

O culto de Yemanjá na Guanabara

A partir das 22 horas, considerável número de pessoas se acercou do cais Faroux, a fim de conseguir lugar nas barcas e lanchas que cruzam a baia ao badalar da meia noite. Espetáculo interessante foi dado a observar no interior das embarcações. Quase todos de roupa branca, ao espoucar dos fogos, ao ruído das sirenes e sinos anunciando o advento de 1955, se debruçavam lançando ao mar os seus "presentes", sempre acompanhados de flores. Uns rezavam, outros entoavam cânticos, outros acendiam velas à Yemanjá, Rainha do Mar, Senhora das Ondas.

E numa alegria histérica se confraternizavam, mesmo sem se conhecerem. Eram todos da mesma seita, eram todos irmãos. As embarcações superlotadas se arrastavam vagarosamente por entre as ondas deixando para trás um vasto tapete de flores, as mais variadas.

Nas praias

Na orla marinha, como todos os anos acontece, também foi grande o número de pessoas que ali foram pedir "maleme" pelas faltas cometidas, agradecer as graças recebidas e suplicar melhores dias para o ano que se iniciava. Até em Copacabana foi grande a afluência dos arredores de Yemanjá. Do posto 0 ao posto 6, inúmeros grupos, indiferentes a tudo, chegavam a realizar verdadeiras sessões espíritas, na decantada areia da mais bela praia do mundo. Os mais recatados davam-se ao luxo de lavar simplesmente os pés, na pura convicção de se libertarem da "urucubaca" do ano velho. Não podemos afiançar se todos aqueles que ali se encontravam eram "filhos de fé", pois existe uma classe de indivíduos que são "araqueados" [1] por excelência, embora façam tudo para se livrarem do "caiporismo". [2] Esses não perdem um 31 de dezembro na praia nem deixam de comparecer aos "barbadinhos" [3] toda primeira sexta feira de cada ano.

Nas praias

Atendendo à convenção da Federação, vários Centros se reuniram na praia do Arpoador, que desde cedo mostrava desusado movimento. Centenas de adeptos daquela seita se estendiam até o Leblon, com suas roupas brancas, em singular homenagem a Yemanjá. As manifestações se prolongaram até tarde, houve batismo, que muito se nos assemelhou ao banho, rezas e cânticos em profusão. E neste ambiente de fé e alegria raiavam, para aquela gente simples, as esperanças de um ano melhor.

1 Pessoas sem sorte (nota do autor).
2 Falta de sorte constante ou que se manifesta com frequência (nota do autor).
3 Importante evento católico do Rio de Janeiro (nota do autor).

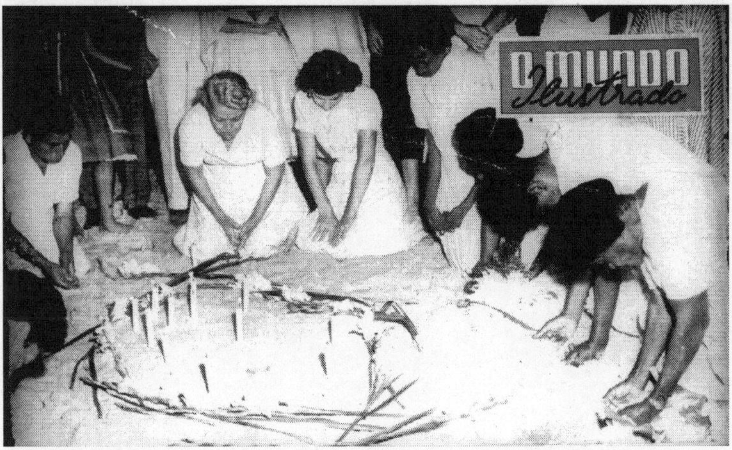

Figura 20: Oferenda à Yemanjá. Fonte: *O Mundo Ilustrado*, 5 de janeiro de 1955, n. 101.

Dula Paes Leme e o famoso quadro de Yemanjá

De acordo com o escritor José Beniste esta imagem de Yemanjá usada pela Umbanda, da mulher pairando sobre as ondas, foi criada na década de 50 como uma forma da Dra. Dala Paes Leme ser homenageada pelo marido. Ela era magra e tinha traços indígenas, por isso o quadro que foi pintado a óleo, era de uma mulher morena de cabelos longos e negros. Este quadro percorria casas e terreiros, dentre os quais o de Benjamin Figueiredo, da Tenda do Caboclo Mirim e a casa de Alziro Zarur que na época era ligado ao espiritismo. Este mesmo quadro foi que deu inicio às giras de fim de ano promovidas pela Umbanda nas praias cariocas e cultuada no dia 02 de Fevereiro pelo Candomblé.

Outra versão diz que a Dra. Dala Paes Leme teve a visão de Yemanjá e que um artista teria feito a pintura.

Tudo isto teria acontecido em 1955 e, a partir desse quadro surgiram inúmeras imagens de Yemanjá presentes no imaginário dos umbandistas.

Na edição 62, de janeiro de 1956, do *Jornal de Umbanda*, aparece a seguinte legenda referente ao quadro:

> Este quadro, que está percorrendo os Estados, está à disposição dos Presidentes e Chefes de Terreiros dos Centros, Tendas, Terreiros, Cabanas etc.
> Aqueles que queiram receber a visita do Quadro de Yeman-

Figura 21: Quadro da dra. Dala Paes Leme

já da Bahia, ou adquirir gravuras do respectivo quadro, dirijam-se a D. DALA – Rua Visconde de Rio Branco, 38 (centro) – Rio – Tel. 22-2689 – Livraria Freitas Bastos – Largo da Carioca – Bazar Santa Sofia – Rua Santa Sofia, 2 – Tijuca e em diversos Centros e Tendas.

O *Jornal de Umbanda*, número 78, de abril de 1958, registrou a presença do quadro de Yemanjá em Niterói:

Desde o dia 25 de janeiro, quando tiveram início as festividades de 6º aniversário de fundação da Tenda Espírita Tujupiara, que se encontra na cidade de Niterói o belo quadro de Yemanjá, para lá levado em procissão marítima pelos componentes do Centro Espírita São Thiago de Circular da Penha. No dia 21 de fevereiro a Tenda Tujupiara fez levar em bela procissão, à noite, sob as luzes de milhares de velas, com enorme acompanhamento o referido quadro para o Centro São Sebastião, sito à Travessa Filgueiras, no bairro do Fonseca, e que obedece à direção material do irmão Custódio, seu presidente e que tem como Babá a irmã Maria de Oliveira. Ofereceram os componentes deste conceituado terreiro uma magnífica manifestação à chegada do quadro e a todos que acompanhavam a procissão. Foi aí, igualmente homenageada a Comissão de Divulgação do Quadro de Yemanjá, na pessoa da Dra. Dala Paes Leme, que, junto com os demais membros, acompanhou a procissão até aquele local. No dia 1º de março o Centro São Sebastião conduziu o quadro de Yemanjá para a Casa de Caridade Nossa Senhora da Glória – Terreiro do Caboclo Tupinambá – à Rua Álvaro Neves, 121, também no Fonseca, em bela romaria que reuniu mais de uma centena de filhos de fé, apesar do temporal que caiu na ocasião.

A Dra. Dala Paes Leme presidia a COMISSÃO DE DIVULGAÇÃO DA IMAGEM DE YEMANJÁ. Era uma umbandista fervorosa, filha de Yemanjá, muita ativa nos eventos umbandistas. Apresentamos uma matéria do número 82 do *Jornal de Umbanda*, de agosto de 1958, relativa à homenagem à Rádio Guanabara e ao jornalista Attila Nunes.

Homenagem um radialista

Realizou-se domingo, dia 10, singular homenagem à "Rádio Guanabara" e ao radialista Attila Nunes. Prestou-a a "COMISSÃO DE DIVULGAÇÃO DA IMAGEM DE YEMANJÁ".

Na ocasião, fazendo surpresa ao homenageado, a Dra. Dala Paes Leme, presidente daquela comissão, ocupou o microfone e fez uma saudação à Rádio Guanabara e ao Sr. Attila Nunes. Enalteceu a colaboração do conhecido locutor à divulgação da Imagem de Yemanjá, ressaltando as suas qualidades de umbandista e homem publico e salientando, com propriedade, a sua cooperação na obra daquela comissão de confraternização entre todos os terreiros e centros do Distrito Federal e do Interior do Brasil. Fez questão de mostrar, numa demonstração autêntica de sinceridade umbandista, a gratidão da "Comissão de Divulgação da Imagem de Yemanjá" ao homenageado.

Terminando a sua alocução, a Dra. Paes Leme, em nome da "Comissão de Divulgação da Imagem de Yemanjá", ofereceu ao Sr. Attila Nunes a primeira imagem que veio a publico. Trata-se da imagem esculpida com grande arte e que representa a verdadeira Yemanjá. Attila Nunes, dirigindo-se a todos os presentes agradeceu aos presentes a homenagem e, grandemente emocionado pela subtileza da deferência com que lhe distinguia a "Comissão de Yemanjá", enalteceu o grande trabalho de fraternidade que vem realizando sob o signo de Yemanjá e sob a presidência da Dra. Dalla Paes Leme, cujas prendas de grande umbandista e espírito de luta de confraternização entre os meios de Umbanda, salientou com entusiasmo, concitando à todos os umbandistas a formarem sob a bandeira da fraternidade desfraldada pela "Comissão".

Estiveram presentes à homenagem, vários centros e terreiros, bem como numerosos umbandistas.

Encerramos este capítulo com um belo poema da Dra. Dala Paes Leme à Yemanjá, publicado no número 75 do *Jornal de Umbanda*, de dezembro de 1957.

Yemanjá

Dala Paes Leme
(Agosto de 1954)

A tarde ia descendo
E, contra as areias da praia arrebentando,
E os pescadores, cansados,
As suas redes pesadas recolhendo;
Despreocupados, uns iam cantando...

Nisto, uma onda que, ao longo, em segredo,
Aos poucos vinha se formando,
Foi-se avolumando, avolumando...
E, contra as areias da praias arrebentando,
Causou aos pescadores grande medo.
E, quando, enfim, desceu
E em espumas se perdeu...
Misteriosamente,
Encantadoramente,
Uma linda mulher apareceu.

Uma estranha mulher! Calma, serena,
Que serenamente parou:
– Olhos verdes, cabelos acastanhados,
Não era branca, nem cabocla, nem morena;
Tinha o semblante para, lívido, mestiço,
Com muito de quebrante e muito de feitiço
Não sorria. Não falou.

Os pescadores, pasmados,
Entreolharam-se,
Interrogaram-se tanto... tanto...
Depois... unidos pelo espanto,
Foram-se chegando...
Se chegando...

Nisto, outra onda que ao longe se formou,
Rapidamente foi-se avolumando, avolumando...

E, bem á frente dos surpresos pescadores,
Contra as areias da praia, desceu
E em espumas se perdeu...
Ninguém... Somente o chão coalhado de flores...

No ar, uma suavidade,
Uma alacridade,
Um halo de amor e piedade...

A tarde ia descendo
E os pescadores, cansados,
Maravilhados,
Suas redes repletas recolhendo.

No Céu brilhava a primeira estrela;
Nuvens misteriosas
Disputaram a graça de envolvê-la...

E o ar ficou cheio de amor...
E o mar ficou cheio de rosas...
E o chão ficou cheio de flores...

O Exu Pássaro Preto e a procissão de Ogum

Em 1955, Pai Jamil Rachid participou da fundação da União de Tendas Espíritas de Umbanda do Estado de São Paulo. Assumiu o cargo de fiscal e, em 1957, Ao lado do Dr. Moura Accioly, assumiu o cargo de secretário.

A festa de Ogum e sua procissão são tradicionais na cidade de São Paulo. Tudo começou em 1956. José Dalmo Ribeiro Ribas entrevistou Jamil Rachid, como parte do trabalho da sua dissertação de mestrado em Ciências da Religião pela PUC-SP.[1] Mostramos a seguir a entrevista onde Pai Jamil narra como tudo aconteceu.

> "Nos anos 50, a perseguição religiosa à Umbanda tornou-se insustentável. Nas missas os padres atacavam a Umbanda. Nos jornais, muitos crimes eram atribuídos à Umbanda. A policia alegava que a Umbanda era responsável pelo uso de ervas e dentre essas havia a famigerada *comigo ninguém pode*, planta que nós da Umbanda também sabíamos que era tóxica e venenosa. Pois até isso tentaram fazer proibir a Umbanda por difundir o plantio de *comigo ninguém pode*.[2]

1 Saravá Ogum: a Umbanda em procissão.

2 *Dieffenbachia seguine,* conhecida também como aningapara. Em algumas regiões do mundo, a sua popularidade como planta doméstica é acrescida devido à fama que a planta carrega de espantar mal olhado e maus espíritos. Nas folhas e no caule dessa planta ocorrem células denominadas idioblastos que contem uma quantidade significativa de oxalato de cálcio em forma de agulhas que são responsáveis por uma parte da toxicidade do vegetal. Quando ingerida provoca uma grande irritação mecânica caracterizada por dor intensa e inchaço (nota do autor).

A imprensa sensacionalista estampava o caso de uma criança ou animal que comera o comigo ninguém pode e em seguida vinha a censura: isso é coisa de macumbeiros.

Nesse ambiente hostil, em 1956, nós resolvemos comemorar no dia 23 de Abril, a homenagem a São Jorge.

O maior número de terreiros, à época, ficava lá para os lados da Penha, Guarulhos, São Miguel, justamente onde se concentrava o povo mais simples da classe trabalhadora. Percebendo que ali seria difícil a realização da sessão, um irmão nosso ofereceu um lugar que, segundo ele, parecia seguro. Ficava do outro lado da Zona Leste, nas adjacências da Lapa. Sábado à noite para lá seguimos. O lugar era espaçoso, mas um pouco tenebroso. Ficava no porão de uma fábrica de móveis falida, na Rua Clélia, perto daquele prédio da *União Fraterna*.

Havia dentre os presentes, mais de 40 pessoas. Chovia. No ambiente um pouco abafado, pelo calor do incenso e fumaça dos charutos, os atabaques eram tocados bem de leve para não chamar atenção.

A comemoração seguia animada quando em um determinado momento, o Preto Velho que estava incorporado em Pai Jau, pediu silêncio. Ele referia-se a policia como os "canelas secas",[3] aludindo aos coturnos usados pelos soldados.

– Silêncio, porque os "canelas finas" estão nos farejando, disse o Preto Velho.

Sua recomendação foi prontamente acatada. Durante uns dez minutos, todos ficaram quietos, aguardando o que poderia acontecer. De repente, a ordem foi suspensa: 'podem tocar agora porque eles já foram embora'.

Em seguida, na sequencia à incorporação do Preto Velho, Pai Jau recebeu o *Exu Pássaro Preto.* Esse Exu era danado. Quando se manifestava no Pai Jau, o homem se transformava. Falava com bastante autoridade e, embora o Pai Jau tivesse um sotaque forte de Preto Velho, quando incorporava esse guia ele até mudava de voz e falava em um português cem por cento correto, com todos os erres e esses, como se costuma dizer.

Pois foi do *Exu Pássaro Preto* que veio a revelação da Procissão de São Jorge. Primeiro o Exu pediu a união dos umbandistas e avisou que a Umbanda só se tornaria respeitada no dia que fosse para a rua em procissão, levando São Jorge à frente.

Aquilo nos soou como um desafio. Nos meses que se seguiram, eu não conseguia pensar em outra coisa. Tínhamos

3 Ou canelas finas (nota do autor).

uma imagem de São Jorge. Aliás tínhamos várias imagens de São Jorge. Com dragão; sem dragão; dava para o freguês escolher.

Foi aí que me veio a ideia. Conversando com Pai Jau, com o Décio, com Seu Joaquim e Dona Olga, que tinham um terreiro grande lá em São Miguel, estabelecemos que em 1957 faríamos uma procissão.

O ponto de partida seria o terreiro do Seu Joaquim, que ficava na Estrada de São Miguel, ali na *curva da morte* e o destino seria o Jardim Buturuçu, na Ponte Rasa, onde ficava nosso terreiro.

Temendo alguma represália da polícia que porventura impedisse o cortejo, pedi para um irmão nosso que era investigador ali na Delegacia do Belém, que ele falasse com o delegado pedindo uma autorização. Passados dois dias, veio a resposta:

– 'Não pode. Não é permitido fazer procissão de particulares'.

Os preparativos continuavam. Alguém teve a ideia de que sair apenas com São Jorge poderia parecer provocação. Deveríamos juntar ao cortejo uma imagem de Santo Antonio, santo mais identificado com a Igreja Católica e mais fácil de obter simpatia das pessoas que nos vissem passar.[4]

Preparamos dois andores. Um menor, armado em uma base de bolo de casamento, foi para Santo Antonio. São Jorge, considerando que a imagem era maior, teve como andor a porta do quarto de um rapaz que era inquilino do Seu Joaquim.

Tudo pronto, enfeitado, domingo de sol, lá estávamos nós às 10 horas da manhã, prontos para a "desobediência" às autoridades. Na hora de sair a procissão, surge um debate entre os participantes.

Dona Maura, senhora do bairro que segundo algumas pessoas diziam ter sido freira, insistiu que a imagem de Santo Antonio fosse à frente. Logo se formaram duas opiniões. Uma a favor de São Jorge, outra por Santo Antonio. Como as opiniões estavam equilibradas, alguém, não me lembro agora, contou um caso que se passara em Minas. Segundo essa pessoa, em uma cidade do interior mineiro, se dera a mesma coisa; deixaram Santo Antonio em segundo lugar, precedido por Nossa Senhora da Escada. O resultado foi terrível. Foi tanta confusão que a procissão, sem condições de avançar, voltou para a Igreja. Se não bastasse. No dia

4 Na Bahia Ogum é sincretizado, na maioria das vezes, com Santo Antonio (nota do autor).

seguinte o padre foi embora da cidade e houve incêndio no prédio da Prefeitura.
O argumento em favor de Santo Antonio foi fulminante. Assim, a primeira procissão realizada pela Umbanda em São Paulo, mesmo contrariando a recomendação do Exu Pássaro Preto, teve à frente, como batedor, abrindo os caminhos para São Jorge, o bom e sempre lembrado Santo Antonio.
Mas no fim ficou tudo certo, comentou Pai Jamil, porque Santo Antonio na Bahia é Ogum e, portanto foi o Ogum baiano que abriu os caminhos para a Umbanda em São Paulo.
A procissão seguiu pelo acostamento da Avenida São Miguel, uma das avenidas mais movimentadas da época. Era por ali que todo o trafego de automóveis e caminhões tinha acesso à Via Dutra, rodovia que ainda estava começando a se tornar importante. Guarulhos tinha somente a base aérea de Cumbica e o restante era tudo mato. Concluída a procissão, estávamos todos eufóricos. Parecia que tudo estava resolvido e de que não precisaríamos realizar outras tantas. Pelo que eu me lembre, Pai Jau não participou dessa primeira procissão. Recordo-me que após sua realização, eu e o Décio fomos até a casa dele informar o ocorrido como se fosse um relatório.
No ano seguinte, 1958, já localizados à Rua Teodoro Sampaio, Pinheiros, as condições para a procissão já eram bem diferentes. No dia estabelecido para a sua realização, domingo, até chegar o momento do inicio, não tínhamos ainda o itinerário que ela devesse fazer.
Por iniciativa do Pai Jau, juntando suas aptidões de Babalorixá com jogador de futebol, propôs que fossemos em procissão da Rua Teodoro Sampaio até os portões do Estádio do Pacaembu, coisa que assim foi feita com muito brilhantismo.
Lembro-me que neste dia, o número de participantes era bem maior do que da primeira vez, tendo contribuído para isso a mobilização de terreiros feita pela União de Tendas, que tinha à frente o Dr. Moura Accioly.
Vestidos de branco tendo nas mãos flores de palmas vermelhas e brancas, cantamos, soltamos foguetes, e ninguém se intimidou quando nos demos conta de que uma viatura da policia seguia o nosso cortejo.
No terceiro ano fizemos o mesmo itinerário, mas, desta vez, partindo da Rua João Moura, onde já estávamos acomodados em novas instalações. Essa procissão, já estava bem

mais organizada e como nas vezes anteriores, portávamos apenas um andor com a imagem de São Jorge, o qual era levado nos ombros.

A quarta procissão de São Jorge foi em 1960. Fizemos um estudo da região e descobrimos que era mais interessante, partindo de onde estávamos descermos rua abaixo. E assim foi feito. O ato religioso teve inicio na Rua João Moura, caminhou pela Cardeal Arcoverde, até a Avenida Brasil e de lá até a marquise em frente à Avenida Pedro Álvares Cabral, no monumento dos heróis de 1932.

No percurso, atraíamos a atenção dos passantes, dando vivas ao Senhor Ogum. *Sarava Ogum! Saravá Ogum!*

Sob a marquise do Ibirapuera, realizamos uma espécie de sessão de Umbanda publica. As pessoas se aproximavam meio ressabiadas, mas logo após, estavam dançando conosco. Muitas pessoas, principalmente mulheres, formavam filas para que fosse testado neles a capacidade de incorporação, sua mediunidade. Assim, batendo nossos atabaques, ao mesmo tempo homenageamos São Jorge e descobrimos vários médiuns que depois prosseguiram conosco.

No quinto ano, as coisas se passaram mais ou menos do mesmo jeito, mas foi nessa oportunidade que eu me dei conta de que aquilo iria bem longe em termos de duração; não seria saindo para as ruas algumas vezes que a Umbanda seria respeitada como tradição religiosa. Acho que foi nesse ano, ou no seguinte, que a nossa procissão coincidiu com o dia em que o Presidente Jânio Quadros estava em São Paulo. Nós rumávamos na direção do Parque do Ibirapuera e exatamente ali havia uma comemoração do Governo. As ruas estavam policiadas pela Força Publica e pelo Exército, mas não era ocupação por motivos de revolução nem nada; era apenas alguma solenidade pública ali naquele Mausoléu do Soldado Constitucionalista de 1932 e que contava coma presença do presidente da Republica.

No percurso, quando nos aproximávamos da Brigadeiro, cruzamos com um caminhão cheio de *boias frias*, que nos saudaram levantando ferramentas e pedindo reforma agrária.

Pelo que percebemos, eles estavam sem rumo; tentaram chegar até o Presidente, mas foram 'recomendados' a ir embora. Ficamos numa *sinuca*. Precisávamos de apoio popular, mas não queríamos nos encrencar com a policia e o exército logo naquela situação (risos). Aí, não tivemos duvidas... Lembrando de que São Jorge é o patrono dos militares, passamos a dar vivas ao Exército Brasileiro e a Policia

Militar. Nessa época nós já tínhamos muitos militares que eram nossos aliados. O tenente Aguirre, por exemplo, veio desses tempos. Começou na Guarda Civil, passou para a Policia Militar, e nos dias de hoje, já na reserva, é um dos mais antigos Babalorixás de São Paulo. Seu compromisso com a religião sempre foi muito forte. Mocinho, ele já tocava a sua Tenda de Umbanda e na atualidade é Presidente do Superior Órgão de Umbanda do Estado de São Paulo.
Antigamente tivemos também a figura incrível do General Nelson Braga Moreira. Umbandista e patriota soube utilizar como ninguém suas influências politicas para tornar a Umbanda bem aceita no meio das autoridades, isolando assim a influência danosa da Igreja Católica. Foi um homem que prestou um serviço intenso no reconhecimento da nossa religião no conjunto da sociedade. Mas voltando ao incidente da procissão, no fim acabou tudo bem. Foi nessa oportunidade que aparecemos pela primeira vez na imprensa de São Paulo, com fotografias nos jornais ***Ultima Hora*** e ***Diário da Noite***.
Nesse dia, eu fiz minha promessa: enquanto eu tiver forças, não desprezarei a ajuda que Ogum está nos dando através dessas procissões. Avaliei o que estava acontecendo e percebi que a atividade devesse prosseguir pelo menos por mais dez anos.
Mal sabia sobre o tempo de duração e de todo o restante que nos estava reservado. A Umbanda cresceu em São Paulo e em todo o Brasil. Foi reconhecida como uma religião entre as outras e alguns anos depois daqueles tempos de ilegalidade, foi convidada pela Secretaria de Esportes e Turismo do Estado para ocupar o Ginásio do Ibirapuera nas comemorações de Ogum. Foi como em um sonho, deixamos de ser uma procissão proibida de 'particulares', para virmos figurar no Calendário Oficial de Eventos de um órgão público do Estado."
Em 2009, a partir da 52ª comemoração, o destino da Procissão de Ogum passou a ser o Vale dos Orixás, no Município de Juquitiba. Com 21 alqueires, este sítio mantido por Pai Jamil Rachid, possui mais de 7 barracões que ficam a disposição para serem realizadas giras e eventos religiosos, o Vale dos Orixás dispõe de cachoeira, córrego, cruzeiro, capela, enfermaria, lanchonete, e locais destinados à cultos e oferendas aos Orixás.

Figura 22: Sessão solene de fundação do Superior Órgão de Umbanda do Estado de São Paulo (1961). Jamil Rachid, General Nelson Braga Moreira e Dr. Estevão Montebello.

Município de São Paulo

Título de Cidadão Paulistano

A Câmara Municipal de São Paulo, atendendo ao que dispõe o Decreto Legislativo nº 15/2009, concede ao Senhor Babalorixá

Jamil Rachid

o título de

Cidadão Paulistano

Palácio Anchieta, 29 de junho de 2009

Antonio Carlos Rodrigues
Presidente

Francisco Chagas
1º Secretário

Jamil Murad
Vereador Proponente

Figura 23: Título de Cidadão Paulistano concedido a Jamil Rachid pela Câmara Municipal de São Paulo, em 29 de junho de 2009.

“Gente bem” em massa nas 3.2000 “tendas” da cidade!

Reportagem de Eloy Dutra

Ultima Hora, **11 de outubro de 1955, n. 1141**

João de Freitas, jornalista da velha guarda, estudioso das religiões afro-aborígenes e autor de vários livros, entre os quais Xangô-Djacutá, de edição recente, teve a gentileza de levar o repórter às primeiras Tendas visitadas. Não me preocupo aqui em averiguar se o Espiritismo é o caminho mais curto para o hospício, como asseveram alguns psiquiatras, ou se é uma religião evoluída que esparge sobre a humanidade o bálsamo do Amor e da Consolação. Interessa-me o fato objetivo. E o fato é que o problema do Espiritismo no Brasil é uma realidade concreta, palpável, evidente.

3.200 Tendas e Terreiros

Apenas no Distrito Federal três mil e duzentas Tendas e Terreiros estão registradas no cadastro da Polícia, e isso sem contarmos as que funcionam clandestinamente. Sem intenções destrutivas ou incensadoras, procurarei descrever as atividades dos milhões de espíritas espalhados por todo território nacional. Esses três mil e duzentos Centros do Distrito vivem de força de vontade. Lutam contra a incompreensão, o ridículo, o ódio. É gente humilde, é gente de posses, que se organiza com os seus próprios recursos, na ânsia incontida de praticar a religião para a qual sentem-se atraídos inexoravelmente.

Da África para o Brasil

Certos ritos espíritas embarcaram da África para o Brasil. E da África vieram os "alufãs", sacerdotes africanos com a sua cultura e as suas tradições. E trouxeram "Olorum" ou "Zambi", o deus supremo, com a sua nobre e altiva corte. E com eles vieram Xangô, Ogum, Olobá e todos os deuses do Panteon africano.

Umbanda, uma das subdivisões da seita espírita, resistiu heroicamente à codificação feita por Allan Kardec à luz dos Evangelhos e conservou sua liturgia e os seus rituais. Na Tenda São Jerônimo, da linha branca de Umbanda, o Sr. José Alvares Pessoa, corretor, com 67 anos, desdobra-se na assistência aos seus filiados.

Mensalmente são distribuídos dezoito mil cartões de frequência nesta Tenda, fundada há 27 anos pelo atual Presidente. Dali partiram discípulos que fundaram quinze outras Tendas. E muita "gente bem" já bateu cabeça diante do Pegi (Altar) da Tenda São Jerônimo.

Repito que não me interessou averiguar até onde vai a verdade e onde começa o trabalho de imaginação. Preocupou-me observar na Tenda São Jerônimo o fator humano, o fator psicológico, até porque a verdade é introduzível, espontânea, atemporal. E a verdade integral é inacessível ao homem em face das suas naturais deficiências. Interessou-me na Tenda o fato de saber que dezoito mil pessoas mensalmente lá comparecem em busca de consolo, de esperança, a força motriz, que no dizer de Oscar Wilde, impulsiona o homem do berço.

"Pegi", pontos e médiuns

O pegi (altar) da Tenda, com as suas imagens e fetiches, é ornamentada singelamente. Os "cambonos" e as "sambas" vestem balandraus brancos. Junto às paredes laterais os médiuns prostram-se em filas. São uns vinte mais ou menos. Geralmente gente humilde e de cor preta.

Começam a cantar, ajudados pelos visitantes, os chamados "pontos". Equivalem aos hinos sacros de outras religiões. E à medida que os cânticos vão crescendo os médiuns incorporam os seus guias. Os cânticos enchem a sala, são lamurientos e místicos e parecem quebrar as moléculas do ar. Uma vibração estranha invade a sala e arranha a sensibilidade dos assistentes. A África parece ter se deslocado para ali com os seus mistérios e as suas lendas. E as incorporações começam. Os médiuns entram em transe. Gritam que "Xangô" é rei de Umbanda e se contorcem e dançam. Perdem as características próprias e adquirem as dos guias. Mudam de fala, de atitude, e ganham inexplicável resistência, a ponto de um deles ter ingerido meia dúzia de garrafas de cachaça, dose suficiente para fazer qualquer mortal entrar em coma alcoólico. E no entanto continua dançando e cantando como se tivesse bebido um simples copo de água.

E já com os guias "incorporados" sentam-se em banquetas, acendem os cachimbos e começam a atender a um publico impaciente, ansioso em consultar os "guias". Senhoras ricamente vestidas e homens de aspecto austero sentam-se humildemente diante dos "pretos velhos".

"Pai Benedito" bate papo

"Pai Benedito" é um deles. Simpatizou comigo. Quis bater papo. A preta gorda que o incorporava tinha o aspecto das velhas "babás".

Fala macio e com certa lógica.

A Umbanda, explica o "Pai Benedito", tem por finalidade principal unir os homens pela espiritualidade a fim de despertar-lhes com mais vigor e sentimento de fraternidade. Na sua linguagem arrevesada explica-me que ele fala errado e pensa certo e muita gente fala bonito e pensa errado.

Gostei da comparação. Em uma sala a parte, um rapaz moço e musculoso está se contorcendo terrivelmente, tomado por uma força negativa.

Com um raminho de planta e alguns gestos sobre a cabeça do moço, um dos médiuns incorporados o faz voltar à calma. O dirigente explicou-me que as forças negativas procuram atormentar as criaturas sem serem percebidas aqui fora. Lá dentro, por questões vibratórias, são descobertas e obrigadas a se identificar.

Onde a verdade?

Abstenho-me de opinar sobre a autenticidade ou não desses fenômenos. Não me sinto com qualidades para ser o "dono da verdade". A tese e antítese são idênticas em natureza, mas diferentes em grau: os extremos se tocam e toda a verdade é meio falsa, sentenciou Hermes, o iniciado egípcio de priscas eras. Tudo no Universo é duplo; tudo tem dois polos; todos os paradoxos podem ser reconciliados. E os pretos velhos da Tenda São Jerônimo podem muito bem ser "estados" dessa vibração cósmica que os espiritualistas chamam de Mente Universal. O culto é brilhante. Padre Negromonte, no seu livro "O que é o Espiritismo", não nega os fenômenos espíritas mas os considera como arte do demônio. Uma coisa, todavia confesso: é que o "demônio" que estava incorporado com o nome de "Pai Benedito" e que comigo conversou, além de ser um "demônio" muito simpático, anda pregando a bondade e a união dos homens. E pode ser que o "senhor das trevas" esteja evolvendo para o bem, pois a Deus nada é impossível, na Sua infinita e refulgente sabedoria.

Autêntico "Ballet" de médiuns nos caminheiros da verdade"

Reportagem de Eloy Dutra

Ultima Hora, **18 de outubro de 1955, n. 1327**

No Centro Espírita "Caminheiros da Verdade", a dança dos médiuns impressionou-me de saída. A dança é filha do gesto, expressão primeva do amor, medo e fome. O primeiro homem temeu o sol e a tempestade, escondeu-se em um gesto, e transformando-o pelo medo, dançou. E a fome fê-lo dançar seus ritmos de angustia. E o homem, obediente, dançou. E os deuses primitivos fizeram-no dançar seus ritmos bárbaros. Depois rolaram os séculos. E o ser humano renegou-se a si mesmo, construiu o pudor dos gestos e dos sentimentos e estilizou a dança.

Perdido já para tudo o que é autêntico, o homem sente ainda de quando em vez aquela ânsia do velho, gritos de sofrimento, dos gestos largos, dos amplos risos, daquela fonte viva que os milênios vividos coercitivamente e as sucessivas podas fizeram secar. E então dança. E então recupera por instantes a plenitude e novamente sente o amor e se confunde com os deuses.

O "ballet" dos médiuns

No grande salão dos "Caminheiros da Verdade" cento e oitenta médiuns dançam febrilmente um estranho e suntuoso "ballet". As saias rodadas se tocam mas os corpos não se encontram. Dançam de olhos semicerrados, quase sonhando. Recuperam pela dança o sabor do gesto. Espíritos as animam e elas dançam até ao suor e as lágrimas. E depois da dança mística, uma infinidade de criaturas desfila diante dos espíritos incorporados e lhes pedem conselhos e orientações.

O Presidente dos "Caminheiros da Verdade", o oficial reformado do Exército João Carneiro de Almeida resumiu no prédio da Rua Atalaia, 133, a sua vida e o seu ideal. À frente dos médiuns incorporados, ele atende à multidão que lá comparece. Muitos "obsessores" são afastados de criaturas que ali vão, mediante trabalhos de magia. Mas não apenas nesses trabalhos subjetivos limita-se a ação dos "Caminheiros da Verdade". Vamos aos fatos.

Perfeita assistência social

Dirigidos pelos doutores Vicente de Bones Neto e Armando Veloso, um completo gabinete médico atende aos dez mil associados. Contam ainda com assistência dentária, a cargo do Dr. Luis Carlos Junqueira e com um Departamento Jurídico chefiado pelo Dr. Joel Mayrink, especialista, inclusive, em leis trabalhistas. Setenta mil pessoas mensalmente comparecem ao "Centro", fundado em 1932, quando contava, então, com apenas vinte e cinco associados.

Tradição dos "Caminheiros"

Solicitei da compacta assistência que levantassem o braço aqueles que tivessem sido espiritualmente beneficiados pelos "Caminheiros". Dois mil braços responderam ao meu apelo.

Diante desses espetáculos de fé consciente somos obrigados a meditar na infinita Energia Universal que se derrama por todas as coisas, todos os seres e todos os mundos. O homem terá que se adaptar a essa Energia até que possa suportar-lhe o calor intenso. Essa energia é muitas vezes desprezada ou falsamente interpretada. Os sarcásticos escarnecem-na, os incrédulos desprezam-na, os ignorantes não podem interpretá-la, mas o homem que tem fé sente-lhe comovido a magnitude do sentido profundo. E essa fé palpável, concreta, incontestável, eu a tenho observado nas pessoas que frequentam os 'Centros" e "Tendas" que tenho visitado, e, mui principalmente, na legião dos "Caminheiros".

Kardec e Umbanda

Nos "Caminheiros" tanto se pratica a "Umbanda" como o Kardecismo. Kardec, o missionário do Espiritismo moderno, com a "linha dos trabalhos de mesa", tornou-se o ponto de referência, a expressão máxima na codificação da Doutrina.

A Umbanda que significa "banda da terra",[1] busca em muitas das suas cerimônias, nas energias da natureza, forças e meios de atingir certos fins. Dentro das ciências espirituais Allan Kardec é como um Sol central, servindo de agente entre todas as linhas do Espiritismo. Assim, pelo menos, falaram-me alguns doutores no assunto.

"Magia Branca"

A um toque dado na testa dado pela mão magnética de João Carneiro, as pessoas despencavam sem nenhuma reação. Se eram "médiuns" desenvolvidos em ambientes negativos logo os "espíritos" se identificavam, esmagados pela força vibratória do ambiente. Estou falando em uma linguagem "espírita" por força de condições jornalísticas, pois como já disse no princípio destas reportagens, apenas descrevo sem opinar e sem deixar que as minhas elucubrações filosóficas interfiram nestas linhas. Mas entre as dezenas de pessoas que compareceram aos "Caminheiros" pela primeira vez naquele dia, não vi uma sequer que não se tornasse dócil ao ambiente, integrando-se instantaneamente na mente coletiva ali formada.

A corrente magnética esmagava qualquer vontade contraria aos interesses do "Centro" e, muitas vezes, trazidas inconscientemente por criaturas fracas ou mal orientadas. E, mal comparando, lembrei-me das multidões místicas e silenciosas da lendária e longínqua Índia, jogando-se nas águas limosas do Ganges para lavar pecados.

---

1 Interpretação falsa. Vide o primeiro volume para ver o real significado. (nota do autor).

"Lar Antônio de Pádua"

Crianças... a gente vai escrever sobre elas e engasga, porque percebe, de saída, que criança não é assunto de reportagem. É senhora discricionária. O "Lar Antônio de Pádua" funcionando no quarto e amplo andar do prédio dos "Caminheiros", abriga no momento vinte e cinco crianças. Ali funciona escola primaria que, além das internadas, é frequentada por outras crianças pobres.

As internadas recebem também lições de piano e acordeom de acordo com suas tendências artísticas.

Em um país em que existe uma pocilga como o SAM[2], escola de crimes e depravações, o "Lar Antônio de Pádua" impressiona e comove. A Diretoria é composta por um Conselho Diretor, do qual é Presidente Dona Azenir Alencar Silva e por um Conselho Fiscal. A limpeza e a organização do "lar" são perfeitas, e basta dizer para se ter uma noção disso que os banheiros das meninas são em ladrilhos de cor e as refeições rigorosamente controladas por médicos especialistas, auxiliados por Dona Azenir, que possui cursos de puericultura, obras sociais etc.[3] Uma riqueza o "Lar Antônio de Pádua".

* * *

Quem poderá definir ou compreender a Inteligência Universal? Antares é um milhão de vezes maior do que Orion que, por sua vez, é um milhão de vezes maior do que o Sol. Poderá o homem, grãozinho de areia, perdido na imensa sinfonia sideral compreender os desígnios do seu Criador?

Enquanto o espírito aguarda, dentro do ritmo evolutivo, maior receptividade às coisas do eterno, deve aceitar o calor do Sol Central, sem tentar contar-lhe os raios. O Sol divino é infinito. Os raios são inumeráveis. Se o homem iniciar a contagem, seus olhos se perderão em um mundo de luz. Contará um deles, mil, dez mil, mas não poderá prosseguir. O cérebro pesar-lhe-á demasiado.

2 Serviço de Assistência a Menores (nota do autor).

3 Naquela época eram raros os nutricionistas no mercado de trabalho. Em 1939 foi criado o primeiro curso de Nutrição no Brasil, na Universidade de São Paulo. A profissão de nutricionista foi criada pela Lei nº 5.276, de 24 de abril de 1967 (nota do autor).

Perderá o ritmo. Os olhos, os nervos, os músculos ficarão esfalfados e se perderão na vertigem do infinito. A Luz do Sol Eterno poderá ser útil ou fatal. Depende de lhe gozar o homem o calor ameno ou de tentar contar-lhe os infinitos raios.

Eloy Dutra[4]

4 Jornalista. Foi Deputado Federal e Vice-Governador na Guanabara. Foi cassado pela Ditadura Militar. (nota do autor).

Religião que vai se alastrando dia a dia pela massa sofredora

Engenheiro A. Rodrigues Monteiro

O Semanário, **14 de março de 1957, n. 49**

Fomos surpreendidos com uma pastoral de D. Jaime Câmara, o Representante Máximo da Igreja Católica Apostólica Romana nesta Capital, a respeito do culto professado à Yemanjá, a Deusa do Mar, Mamãe Gaiomar, a Deusa das Conchas dos que cultuam a Umbanda.

A virulência da linguagem e a censura às autoridades não condizem nada bem para um homem que se diz representante de Jesus Cristo na terra. Jesus, todo perdão, amor e caridade, o meigo Nazareno que aqui, no nosso planeta, compareceu, para dar o exemplo de humildade e de fraternidade, não deve haver inspirado no sacerdote católico no triste momento em que voltou as suas armas contra os seus irmãos umbandistas.

O perdão das ofensas foi valentemente preconizado pelo Divino Mestre e não nos achamos aqui para revidar, e sim, apenas, para estranhar que um representante de Cristo se volte contra seus irmãos de cristianismo, simplesmente pelo fato de estes não lerem pela mesma cartilha... Várias são as moradas de meu Pai, dizia Jesus e nós cremos que vários são os caminhos para atingir essas moradas.

Se a D. Jaime o caminho que lhe parece certo é o da prática do catolicismo, este catolicismo que se diz ser seguido pela maioria dos brasileiros e que está nos levando a essa triste situação moral em todos os aspectos da vida brasileira, inclusive na vida administrativa do país, que ele a pratique, o siga e levante a sua bandeira em busca de prosélitos, mas acaba a caridade – essa caridade de que tanto falou Jesus, para com os seus irmãos também em Cristo e que procuram esses caminhos, julgados mais certos, para irem ao encontro da Divina Luz – caminho certo que é pratica segura do Evangelho de Cristo.

Na Umbanda, quando aparece pela primeira vez um ser humano a solicitar essa caridade, não cogitamos de saber se é católico, protestante ou espírita; vemos ali apenas um irmão necessitado de auxilio, quer material, quer espiritual, e que dentro das nossas possibilidades é atendido. Não o catequisamos para que fique conosco ou volte a nos visitar. Feita a caridade, esta não nos pertence e sim Aquele que nos ensinou o – Amai-vos uns aos outros. E, se assim procedessem nossos irmãos católicos e protestantes, talvez a humanidade fosse menos sofredora.

No catolicismo romano, um espírita e um protestante não podem servir de padrinhos a uma criança na pia batismal. Igualmente, no protestantismo, um espírita ou um católico não podem ser padrinhos em um casamento. Por quê? Todos nós, protestantes, católicos e espíritas somos cristãos, visto cremos na religião cristã, a religião pregada por Cristo, tem a mesma base, o Evangelho de Cristo. Mas o atraso em que vive a humanidade, a falta de compreensão dos seres humanos e o egoísmo de que todos estamos possuídos nos levam a esta cegueira, triste, mas verdadeira, dos irmãos em Cristo guerrearem-se entre si.

Volvem-se os pontífices da religião católica contra o Governo porque este autorizou uma emissão de selos comemorativos do centenário do codificador do espiritismo, Allan Kardec. Tem razão para isso? Não. O Governo reverencia um dos grandes espíritos que, por ordem do alto, trouxe ao conhecimento da humanidade uma das doutrinas mais consoladoras, assim como tem reverenciado outros homens que se tenham destacado pelos seus feitos em favor de seres humanos sofredores, como Pasteur e muitos outros.

Não são estes os métodos mais corretos para se combater uma religião que dia a dia vai se alastrando pela massa sofredora, que é a maioria desta humanidade faminta e mal orientada espiritualmente. Outros métodos deverão vir e daqui elevamos nossas preces ao Supremo Criador do Universo para que ilumine estes espíritos que se dizem condutores de almas a fim de que eles sejam mais bem orientados no sentido da verdadeira religião que é a Fraternidade Universal.

Umbanda, a magia e os seus mistérios

José Alvares Pessoa

O Semanário, **11 de julho de 1957, n. 66**

A magia é um tema que me fascina e sobre o qual resolvi tecer algumas considerações. Considerações ligeiras, porque mesmo que eu dispusesse das vinte e quatro horas do dia para discorrer sobre matéria tão relevante não a esgotaria.

Antes de tudo: o que é magia?

Para os letrados do século em que vivemos é superstição grosseira, ignorância e exploração da credibilidade humana.

Mas, nós que lidamos com a magia que a realizamos, que vemos os seus milagres diários, sabemos que magia é a ciência da vida e da morte, é a ciência do bem e do mal, é a arte magna que nivela o homem aos deuses.

A magia, segundo o sábio Adolfo Weiss, que a estuda à luz das ciências oficiais, revela-se irmã maior da moderna física dos raios e seu domínio é aquele mundo conhecido ou material e o do éter, sobre o qual apenas se podem fazer conjeturas.

E acrescenta aquele ilustre sábio, a magia é, portanto, uma ciência dos fluidos, que constituem um ramo conhecidíssimo das ciências naturais.

O que fazemos nós em Umbanda? Aproveitamos por processos de magia os fluidos, que a ciência reconhece e que enchem o espaço que nos rodeia para aplicá-los em benefício da humanidade sofredora.

E de que meio nos valemos para a aplicação desses fluidos?

Todos nós que frequentamos as Tendas de Umbanda, sabemos como se realizam as suas sessões de magia e como chamamos os nossos Guias, que outra coisa não fazem senão manejar esses fluidos com sua incomparável maestria.

. Realizando a difícil tarefa de impor-se num meio em que certa maioria lhe é hostil, Umbanda revive em pleno século XX os milagres da magia eterna que durante quase dois mil anos o poder da Igreja de Roma procurou esmagar e que, apesar da luta sem tréguas floresceu sempre, ora em uma, ora em outra parte, sob o mais rigoroso sigilo em meio fechado e só acessível a iniciados.

Hoje a grande magia é feita às claras e o reconhecimento dos direitos do homem e a liberdade que a este é assegurada pelo domínio da liberal democracia dão a Umbanda a oportunidade de aparecer, realizando na sua humildade incomparável, a missão de defender os que a buscam dos temíveis efeitos da magia negra que pelos mesmos motivos, também é hoje é praticada às claras.

A magia é quem move o mundo. É a grande força invencível que pode ser manejada para o bem ou para o mal. É uma força viva, como a eletricidade ou a energia atômica, da qual só duvidam os que não querem ter o trabalho de raciocinar um pouco.

"A magia – diz Eliphas Levy – encerra, em uma mesma essência, o que a filosofia pode ter de mais certo e o que tem a religião de infalível e do eterno. Ela concilia perfeita e incontestavelmente estes dois termos que à primeira vista parecem tão opostos: fé e razão, ciência e crença, autoridade e liberdade. Ela dá ao espírito humano um instrumento de certeza filosófica e religiosa exato como os matemáticos e corroborando a infalibilidade das próprias matemáticas. A alta ciência, a ciência absoluta é a magia".

E é esta força viva, esta "ciência absoluta" que Umbanda maneja magistralmente, através dos seus poderosos guias, por intermédio dos humildes instrumentos dos terreiros – os nossos irmãos médiuns, que com o mais absoluto espírito de sacrifício tudo deixam para prestar o auxílio que lhes é pedido. Mas, não há sacrifício sem compensação; a infinita misericórdia divina se derrama sobre os que chamados, acorrem ao apelo, sem restrições proporcionando o bem aos que humildemente procuram os terreiros de Umbanda.

A bondade divina aplica as dificuldades e remove os obstáculos do caminho dos que ajudam aos seus semelhantes. E aquele que de coração se dedica ao serviço do bem nada falta porque Deus é opulência, Deus é o dono de tudo, das riquezas, da saúde, da felicidade, da alegria, que fartamente, distribui aos que o servem com dedicação e sem um instante duvidar de sua magnanimidade.

A Umbanda, que é, como magia, o instrumento por excelência de que o Rei do Mundo se serve para resolver os problemas dos seus devotos, não se acolhe em templos sublimes cobertos de ouro e pedrarias para a realização dos seus ritos simples e algumas vezes altamente complexos, com que promove o bem estar e a felicidade dos que a buscam. O "terreiro" é o seu humilde templo. E "terreiro" significa "espaço de terra", "largo ao ar livre" e ainda mais simplesmente "terra".

"A mãe terra é o primeiro, o melhor, o único templo", diz Roso de Luna, o grande teósofo espanhol. E acrescenta: "De suas entranhas imortais saímos antes mesmo de existirmos para a vida física como simples gérmen, e a seu casto regaço voltaremos quando ressoar ao nosso ouvido, já cerrado às grosseiras vibrações do mundo exterior, a chamada para a eternidade com aquelas palavras do Mestre: "Teu caminho de espinhos terminou por enquanto; para, pois oh! Lanu – oh! fiel discípulo, a recolher o fruto de tuas dores e de teus anseios".

E na humildade dos terreiros acolhedores vai-se realizando silenciosamente a obra maravilhosa de bondade cristã que cura os enfermos do corpo e da alma, alivia as dores, cicatriza as feridas, arranca do abismo os que dominados por forças cegas se rebelam contra a determinação do próprio destino e tentam destruir as suas vidas.

Lemos ainda em Adolfo Weiss que "no Universo existem forças encarregadas por Deus, que se chamam anjos ou demônios, gênios ou espíritos. São inteligências imateriais. Esses gênios possuem faculdades peculiares com as quais podem exercer, sob certas condições, uma influência relativa sobre a natureza. Cada um dos gênios tem nome, número e signo determinados. Estas três características servem para chamar o gênio respectivo a fim de que cumpra algum encargo na esfera dos fenômenos naturais que lhe são adequados".

Nunca ninguém disse tanto em tão pouco, que melhor pudesse caracterizar a verdadeira natureza dos admiráveis Guias, que sob a denominação irrisória de Caboclos e Pretos Velhos vem fazer caridade nos terreiros de Umbanda aos orgulhosos senhores da Terra.

São os nossos guias, gênios ou inteligências imateriais, como os qualifica o sábio alemão, os Mestres da Magia Natural, os manipuladores dos fluidos que curam as moléstias físicas ou psíquicas, os trabalhadores do laboratório do astral, este mundo intermédio a que já aludimos, que em Umbanda chamamos Linha das Almas.

E a manipulação desses fluidos, boa ou má, com objetivo de curar ou de matar, de fazer a felicidade ou a desgraça de alguém, é o que se chama magia.

O tema é empolgante.

A magia que é tão velha como o mundo, ou mais velha, tem tido seus períodos de fastígio e decadência, tem imperado sobranceira e vivido ocultamente, sob mil disfarces, em terríveis épocas de perseguição. Mas nunca deixou de ser exercida, fosse qual fosse a sorte reservada aos seus adeptos, ora chamados de alquimistas, ora de bruxos, feiticeiros, magos negros etc.

Não sendo religião, todas as religiões a praticam, mesmo inconscientemente ou ignorando que a fazem os seus sacerdotes (como os da Igreja Católica que perdeu a chave dos mistérios), quando realizam suas cerimônias, que outra coisa não são senão operações de alta magia.

Na Igreja Católica, já citada, que tanto combate nos tem feito, procurando o nosso aniquilamento, são outros atos mágicos. A missa celebrada diariamente nos seus altares, os batizados ou casamentos, as encomendações dos defuntos e todos os chamados sacramentos.

O padre invoca ao realizar qualquer cerimônia litúrgica, os seus santos, para nós espíritos, gênios ou inteligências imateriais, que tem um nome, um número e um signo ideográfico determinados.

Reparemos os símbolos usados nas igrejas, os objetos de culto, as imagens e roupa ritualística bordada com signos misteriosos que os sacerdotes vestem, as palavras que pronunciam ou cantam, absolutamente cabalísticas, as essências olorosas que queimam, a água com que se aspergem, os mil e um passos ritmados (a dança sagrada) que dão ao realizar a cerimônia, os gestos mágicos que fazem etc.

Tudo isto é magia, com outro rótulo para o povo ignorante.

E não se pejam de dar-nos combate e insultar-nos!

Como sabemos que o homem nada pode realizar por si só e que, como diz ainda o sábio Adolfo Weiss, tem que conformar-se com as leis da força de que deseja aproveitar-se. Invocamos humildemente as poderosas inteligências imateriais, que constituem os Guias de Umbanda que acorrem ao nosso chamado feito com a mais pura e sincera fé e que realizam, sob os olhos atônitos dos que os invocam, os milagres diários que dão vida aos condenados à morte pela ciência, que proporcionam felicidade aos desesperados da vida, que confortam o coração dos aflitos com as palavras de amor e esperança que sabem dizer quando é necessário, que levantam os espíritos abatidos pela dor e que nos mostram, a cada passo, como é vã e tola a vaidade dos que se julgam alguma coisa.

Umbanda cobre hoje grande parte desta cidade em que vivemos com mais de um milhar de Tendas, Centros e Cabanas, trabalhando intensamente, dia e noite, e já se espraia vitoriosa além da fronteira da nossa capital para atingir até mesmo longínquos Estados da Federação.

Os nossos patrícios tocados por uma centelha que os ilumina, movidos pela dor que os atormenta, aflitos pela falta de consolação que humildemente buscam em outros templos e lhes é negada, viram, com olhos abertos pelo espanto que entre os humildes, de Umbanda lhes é reservado um lugar onde encontram alivio para os seus sofrimentos, consolo para as suas dores, esperança para a realização de uma vida melhor e onde sôfregos alimentam-se espiritualmente na fé dos Pretos Velhos e dos Caboclos que, sem alarde, lhes vão distribuindo bênçãos e graças.

É a vitória da Umbanda! É a nossa vitória. E no entanto,

quando poucos são os que sabem o que é a Umbanda, quão pequeno é o numero dos que se detém para meditar nos mistérios em que ela se envolve para realizar, com uma simplicidade que não desperta a atenção, os milagres que diariamente dão saúde aos enfermos, desoprimem o fraco, encarreiram os sem trabalho, fazem despertar no coração dos céticos a chama da fé que os torna seus fervorosos adeptos.

Umbanda é o milagre vivo diante dos nossos olhos deslumbrados; Umbanda é a ação do Cristo na sua jornada pelo planeta, realizando a magia divina em favor da humanidade que se debate no sofrimento e na dor.

Umbanda é magia, e magia é a mola que move este mundo.

Magia não é hoje a palavra tabu que levou milhares de criaturas à fogueira. Magia é a palavra que, bem pronunciada, transforma a treva em luz, a dor em prazer, a doença em saúde, a pobreza em riqueza, a morte em vida...

Magia não é uma coisa sobrenatural e, no entanto, é preciso para poder realizá-la, a ela devotar-se de corpo e alma. Magia é arte e ciência.

Repetimos o que já citamos de Adolfo Weiss que a magia é uma ciência dos fluidos que constituem um ramo conhecidíssimo das ciências naturais. Acrescenta aquele sábio que os altos magos aspiraram a dominar e utilizar as forças naturais de ordem fluídica.

Pergunto eu, então, o que fazem os Pretos Velhos, os Caboclos, as Crianças, o povo das encruzilhadas, o povo do Cruzeiro, nos terreiros de Umbanda, senão dominar e utilizar as forças naturais de ordem fluídica? Como agem eles, através das entidades dos quatro elementos – ar, fogo, água e terra – senão manejando esses fluidos, dirigindo-os com maestria rara e com uma consciência perfeita, ora para a realização do bem, ora para a destruição do mal?

A nossa religião – a Lei de Umbanda, outra não é senão a religião que se perde na noite dos tempos dos gloriosos antepassados da humanidade, a mesma que com rituais mais ou menos diferentes foi praticada pelos patriarcas bíblicos. Abraão, Isac e Jacob; a mesma que os instrutores do mundo, que viveram em pura lei divina, ensinaram aos hierofantes do Egito, aos vogais da Índia, lamas do Tibet, aos beduínos errantes dos desertos, aos eremitas cristãos da Tebaida, aos cabalistas judeus; a mesma daqueles três reis que um dia, há dois mil anos, viram brilhar nos céus uma estrela e a acompanharam para prestar homenagem e adoração ao Rei dos Reis que vinha de nascer em uma manjedoura – na mais humilde condição – para salvação da humanidade; a mesma que deu a Moisés o poder de libertar o povo hebreu escravo no Egito, mantendo-o durante 40 anos no deserto antes de entrar na Terra de permissão; a mesma dos reis hebreus David e Salomão, a dos alquimistas astrólogos e magos de todos os tempos e de todas as regiões.

O que Umbanda faz é reviver uma multidão aquilo que sempre se praticou no mistério dos santuários e para um pequeno número de privilegiados. Adoramos um Deus único e supremo e veneramos as grandes figuras de todas as religiões que se impuseram à devoção da massa pelos benefícios que fizeram. Não nos deixamos fanatizar por criaturas de carne e osso que se pretendem fazer passar por deuses ou coisas semelhantes, mas que são tão pecadores na sua vida terrena como o mais ínfimo dos mortais. Nem tampouco ficamos escravizados à palavra de espíritos que incorporam nos nossos médiuns. Fazemos, pelo contrário, uma séria análise das manifestações e das realizações nos terreiros das entidades que se apresentam para trabalhar antes de permitir que realizem qualquer missão junto do povo sofredor.

Há perto de 40 anos venho diariamente dedicando parte do meu tempo a estudar as coisas da magia que tanto me seduzem, a cada dia que se passa, ao desvendar novos segredos, a aprender a aplicação de novas fórmulas, mais me espanto de ver o quão pouco me foi dado saber de uma ciência tão difícil e tão intrincada. Porque quanto mais me aprofundo mais se desdobram as perspectivas de novos mistérios a desvendar nessa arte de tão difícil manejo. Inúmeros cuidados são requeridos a par da mais severa circunspecção porque quem uma vez pisa esse terreiro arrisca-se a mergulhar em um dos princípios que circundam o seu caminho.

Não é impunemente que se peneira nos mistérios da magia e à entrada do sagrado recinto onde ela se realiza devia haver um anjo com espada de fogo que fizesse recuar os inconscientes que tentassem nele penetrar!

Como já vimos, a magia é tão velha como o Cosmos e a humanidade, que nesses últimos séculos tem se envolvido em um materialismo que cada dia se torna mais grosseiro, está demasiado afastado da prática da arte magna que equipara o homem a um deus.

Combatida no ocidente pelo poder da Igreja Católica, cujos primeiros sacerdotes mal podiam pressentir a sua grandeza e que imaginaram que podiam destruí-la com os castigos que impunham nos que ousavam praticá-la, vem a magia, através dos tempos, realizando as suas maravilhas e não há de ser hoje que o combate que pretendem dar-lhe vai conseguir o que as fogueiras da Inquisição não obtiveram.

Umbanda não desafia ninguém, mas não esmorecerá na luta que se iniciou através da imprensa e dos púlpitos da Igreja Católica que se sente abalada até os seus fundamentos pela sua implantação no Brasil e pela sua fulminante propagação nesses últimos anos.

Estamos firmes nos nossos postos e não abriremos mão dos nossos direitos assegurados em igualdade de condições pela Constituição que está em vigor.

Ninguém ignora o mal estar que vimos causando aos padres católicos com a prática diária da nossa religião nas nossas Tendas, onde não se pede dinheiro, onde o ritual é gratuito, onde cada filho é atendido solicitamente pelos nossos amados Guias que não regateiam o tempo dos seus médiuns para fazer a caridade que os padres católicos fazem pagar a preço de ouro. E isso não pode ser perdoado. Para eles isto é uma concorrência desleal e tanto mais imperdoável quanto impossível de vencer, porque cresce dia a dia o número de Tendas de Umbanda, não só no Rio de Janeiro mas, ainda mesmo nos Estados em que há pouco menos de dez anos Umbanda era quase desconhecida.

A Igreja Católica está em profundo desespero. A campanha que iniciou contra nós isto o prova. Não se combate neste mundo tão mesquinho, senão aqueles que nos fazem sombra. E é de causar dó lermos em *O Globo*, no *Diário da Noite* e em outros órgãos da imprensa diária, os argumentos que os seus defensores invocam contra nós. Chegam mesmo a esquecer que vivemos em um regime democrático em um país SEM RELIGIÃO OFICIAL, cuja Constituição garante a plena liberdade de cultos. Esquecem-se de que gritam dia e noite, pedindo misericórdia contra a perseguição que sofrem na Hungria e em outros países da Cortina de Ferro e imitando os seus perseguidores pleiteiam perseguição policial contra nós. Esperneiam e ao espernear fazem-nos rir...

Mas nada podem nem poderão contra nós porque a divina magia dos Pretos Velhos e Caboclos de Umbanda irradia-se por toda parte, levando os seus milagres aos lares aflitos, curando os enfermos, solucionando velhas questões de família, levando às casas onde não há pão o emprego para os seus chefes e consequentemente, conforto às famílias desesperadas pelo sofrimento. A magia de Umbanda socorre até mesmo os que se julgam poderosos pelas posições de mando que ocupam, e que são, apesar de tudo, bastante humildes para a ela recorrer nas suas aflições.

Extraordinária é a obra que se realiza nos terreiros de Umbanda! Incomensurável a caridade que seus bondosos guias realizam na humildade de suas tarefas diárias por intermédio dessa plêiade de boa vontade e abnegação que são os seus médiuns. Não há de ser uma campanha de vil despeito que destruirá uma obra realizada sob a proteção do próprio Deus.

Não somos crianças que se amedrontam com caretas.

Temos orgulho em mais uma vez repetir que somos uma religião de magos. Somos umbandistas e a nossa missão é fazer a boa magia, a magia divina, com o único objetivo de fazer a caridade. Quem faz essa magia são espíritos, entidades de sabedoria profunda, que se escondem na maior humildade em roupagens de Pretos Velhos e de pobres Caboclos das selvas, para nos ensinar que de nada valem nomes pomposos, nem ricas indumentárias, neste pobre vale de lágrimas. O que há entre nós, fazemos questão de repetir, é humildade: o que se vê nos nossos terreiros é caridade. Não fazemos concorrência a ninguém e não permitimos, nem permitiremos que nos humilhem. Reagiremos com a nossa ação, mostrando aos que pretendem perseguir-nos que não há mais clima para campanhas de ódio e destruição da nossa religião que se firmou, se propagou e é hoje vitoriosa em grande parte do território de nossa pátria.

Atendemos a todos sem qualquer preocupação de fazer concorrência a quem quer que seja, católico, protestante ou a que outra religião pertença, porque o nosso único objetivo é um só: fazer o bem sem olhar a quem como manda o Evangelho de Cristo, que é a nossa doutrina.

“Conversando com Frei Boaventura”

Tancredo da Silva Pinto

O Semanário, **11 de julho de 1959, n. 167**

Temos acompanhado, com interesse relativo – apenas relativo – a série de artigos que vem sendo publicados no conceituado jornal *Diário da Noite*, artigos esses escritos pelo Frei Boaventura Kloppenburg.

Confessamos que não nos despertou maior atenção, pois que os umbandistas já o conheciam, assim como as suas intenções e modalidades de raciocínio, através de artigos anteriormente publicados em *O Globo*. De modo que não nos despertou nenhum interesse, a nós, umbandistas. Entretanto, tendo em vista pedido que nos fora formulado, por este jornal, vamos dizer algumas palavras sobre o assunto. Não desejaríamos, de fato, fazê-lo. Melhor seria que o caso ficasse com a importância que realmente tem: – nenhuma... Mas, vamos tratar do assunto para encerrá-lo.

Frei Boaventura diz não desejar cometer injustiças, nem proferir injúrias ou provocar polêmicas. Nem nós! Mesmo por que, se polêmica se esboçar, não encontrará eco de nossa parte. Isso, por dois motivos muito importantes. O primeiro é que nossa religião tem determinados pontos que são de caráter absolutamente reservado – tal como o catolicismo ou outra qualquer religião, – conhecidos, apenas, pelos nossos Babalorixás ou Yalorixás,

E não seria, apenas, para “tirar teima” de ninguém que iríamos trazê-los à publico. O segundo motivo é que nós gostamos dos bons conselhos, venham de quem vierem. Assim, preferimos seguir o que aconselhava São Paulo, aos membros da Igreja, quando dizia:

"Contudo se alguém quer ser discutidor, nós não temos tal costume, nem tampouco, as Igrejas de Deus" (I - Coríntios, 11:16).

Além do mais, esse negócio de julgar a religião dos outros, nunca deu certo. Mas, o fato é que para esclarecer certos pontos, não podemos nos ater, só, ao presente, conforme deseja Frei Boaventura... Não se pode retirar o caldo, sem matar a galinha. Dessa forma, vamos ter de voltar, um pouquinho atrás.

Em primeiro lugar, concordamos em que não sejamos "cristãos". De fato, poderemos não sê-lo! Nossa religião é milenarmente mais antiga que o nascimento de Cristo!

Mas, os atuais católicos, também, nem sempre o foram, segundo nos informa a Escritura Sagrada:

"Em Antiochia, os discípulos, pela primeira vez, foram chamados cristãos" (Atos – 11:26).

E antes? O que eram eles? Eles, pois passaram a ser chamados "cristãos" porque seguiram a doutrina de Cristo. Mas, não, especialmente, os católicos.

Ser cristão é seguir uma doutrina, um principio e não uma religião.

Que dirão os Evangélicos (os protestantes), a respeito disso? Não serão eles, por acaso, "cristãos". Nós poderemos não seguir a doutrina de Cristo, mas uma doutrina muito semelhante. Tal como é semelhante à ela a doutrina budista, muito anterior à Cristo.

E se formos comparar as histórias de ambos – Cristo, certamente, era um continuador de Buda!

Nós seguimos um princípio, uma ideia, um ideal de bondade, uma norma de amor. Pouco importa que Cristo tenha tido essas mesmas ideias, esses mesmos princípios. Nós já o tínhamos antes dele. Não somos, talvez, cristãos... Muito menos, como muitos "cristãos" que se veem, ultimamente. Não vamos brigar, por causa de "Cristo", com histórias do "Cristo é Nosso", como se se tratasse do caso do "Petróleo" etc.

Com relação à permanência de imagens – ou ídolos – católicas em nossos altares (roncós), não somos os culpados disso.

Os culpados, efetivamente, foram os membros da Igreja Católica Militante que nos forçaram a assim proceder para – em épocas antigas – podermos continuar dentro da nossa religião, o que era punido com castigos corporais de toda ordem.

Aliás, diga-se, de passagem, Frei Boaventura confirmou isso... que vivemos longe proclamando à toda hora. Nós não adoramos imagens feitas pela mão do homem.

Entretanto, para manter uma tradição e, ainda, em agradecimento por, através dessas imagens de barro ou gesso, termos podido continuar cultuando nossos Orixás, temos deixado que as mesmas permaneçam em nossos altares. Hoje em dia, felizmente, já não são elas necessárias.

A Carta Magna do País, a Constituição da República, nos garante o direito de praticarmos a religião que desejarmos..

Já vai longe o tempo em que a Igreja tinha muito à ver com o Estado Temporal. Hoje, cada macaco está no seu galho, direitinho!

E, cremos, a Igreja até lucrou com isso. Muitos dos que se afastaram dela, o fizeram por vê-la praticar atos de todo alheios as suas atribuições...

Mas, há um ponto que desejamos frisar: nós, umbandistas, não ligamos os santos católicos com os nossos Orixás. Absolutamente!

Apenas são identificados para que, conforme se fazia antigamente, seja mantida aquela tradição.

Mas santos, são Almas, almas do outro mundo, se preferem.

Nossos Orixás são anjos, em falta de palavra melhor.

Não se assustem, pois, os católicos. Os umbandistas não se assustam...

E a própria Igreja Católica usou o sincretismo, como método de catequese, afirmam escritores.

Com relação ao ponto em que Frei Boaventura transcreve trechos de alguns livros, apontando discordância diversas, reconhecemos ser verdade, mas, desejamos que também ele reconheça que dentro da própria Igreja Católica isso acontece.

Por volta de 1401, havia Urbano VI, em Roma, sucessor

de Gregório XI. Houve, também, o Papa João XXII, a partir de 1410, sem a abdicação do Papa reinante. Em Avignon, havia o Papa Benedito XIII, sucessor de Clemente VII. Mais tarde, em 1417, houve o Concílio de Constança e o Papa Martinho V solucionou tudo, assumindo o posto.

Por aí poderemos ver que nem todos pensaram sempre do mesmo modo, dentro da Igreja Católica.

E os protestantes que protestaram, tão veementemente, contra a Igreja Católica, que dela se separaram, definitivamente?

E que dizer dos diversos pontos defendidos por este ou aquele Santo ou Papa, que vive a alterar as disposições do Papa anterior?

Lemos, frequentemente, nos jornais que o atual Papa, João XXIII, o segundo, com esse nome – tem alterado uma série de coisas e praticando atos que seus antecessores não acharam que deveriam ser praticados.

E perguntamos nós: não são infalíveis os Papas, segundo a opinião católica? Então, porque essas alterações?

Assim não há que estranhar discordâncias, entre nós, umbandistas. Além do mais, nós não dispomos da força das "leis Canônicas" que tornam bons todos os atos por elas achados bons.

Umbanda não tem "dogmas de fé" que obriguem ninguém a pensar do mesmo modo! Deixemos, pois, que alguns escritores de Umbanda – aqueles que não estejam à altura de sê-lo – escrevam suas tolices de quando em vez...

Há aqueles que se tornam escritores umbandistas, apenas porque, como Frei Boaventura, estiveram de visita a alguns terreiros.

Alguns, porém, o são de fato, mas são obrigados a ocultarem muita coisa.

De qualquer modo, a Umbanda não tolhe a liberdade de ninguém dizer ou pensar o que quiser, sobre Ela! Não damos importância a essas coisas. O que se aprende na Umbanda, não está nos livros... Nem se conta a visitantes.

Ainda sobre o ponto da divergência, encontrada nos rituais da Umbanda, essa, ainda pode ser olhada como divergência de origem da tribo africana, à qual, de princípio, pertenciam os seus componentes. Essa divergência foi até estimulada, no Brasil, para que os pobres negros escravos, desunidos, não formassem uma força demasiado grande...

O medo fez com que muitos Senhores – Senhores! – fomentassem os cânticos, as danças, os rituais, as roupas etc., de cada grupo de escravos, para eles que não fossem bastante fortes, para uma revolta. É isso que explica, hoje, muitas das discordâncias, dentro da Umbanda.

Entretanto, como podem ver, a causa disso os escritores imparciais já assinalaram na nossa história. Como assinalaram muitas e muitas coisas que, talvez, não sejam tão fáceis de explicar, por parte da Igreja Católica, como o são para nós umbandistas.

O articulista, o nosso pobre irmão Frei Boaventura falou, como algo de muito estranho e perigoso, algo de criminoso, de pecaminoso, vergonhoso, sobre os nossos "otás".

E lhe perguntamos se a Igreja Católica, também, não possui o seu "otá", sem o qual não é possível celebrar a missa?

E que dizer da sua "Pedra D'Ara"? Recordamos a infinidade delas, distribuídas pelas casas de família, onde se encontravam hospedados, quando do Congresso Eucarístico Intencional, realizado no Rio, em 1956, Cardeais, Bispos e Arcebispos, os "Príncipes" da Igreja Católica e que nelas erguiam suas capelas particulares.

Era indispensável a célebre "Pedra D'Ara", sem a qual não haveria o "Santo Sacrifício". Qual, pois, a diferença?

Bem podem ver, os amigos, que "cá e lá más fadas há"!

Eles, também, tem o seu "Otá" sobre os seus altares, onde se encontram imagens "feitas pelas mãos dos homens, e lá escondem, dos olhos profanos, a sua "pedrinha sagrada"..

Mas, vamos falar dos nossos "feitiços" tão espalhafatosamente apontados e engraçadamente descritos.

Nossos "feitiços" tem a mesma força, o mesmo poder que tem as "águas bentas" – expostas à vontade, dentro das pias de "água benta" das igrejas – o mesmo poder que tem os "bentinhos", os "breves" com parte de madeira ou de roupa, deste ou daquele Santo... E muitas e muitas outras coisas. O mesmo poder que é transferido pelo padre aos "breves", aos "bentinhos", aos rosários, às "imagens", é, também, transferido aos nossos "feitiços"... Será maléfico? Será portador, de fato, de força? Cremos que sim, pois que Sua Santidade, o Papa Bonifácio VIII, era portador de uma imagem mágica, usada como "talismã" que lhe dera Arnold Villanova, amigo do Papa Clemente V...

Se o Papa não acreditasse nessas "baboseiras", como disse o bom Frei, não desejaria um "talismã", dessa espécie, para seu uso particular!

Mas, poderemos concordar com Frei Boaventura, de que, nem sempre, essa força é usada para o bem. Os maus umbandistas usam-na para o mal. Poderão fazê-lo, de fato, tanto quanto um mau padre também poderá fazer mau uso das suas prerrogativas, das suas qualidades, dos seus poderes de sacerdote, do poder que lhes foi transmitido. E todo mundo sabe que isso acontece em proporção igual ao que ocorre com os sacerdotes de qualquer religião do mundo. Mas, o fato, é: esse "poder" existe!

Não adianta usar de subterfúgios, nem de filosofias!

Podem fazer como aquele espanhol que, certa vez, dizia:

– Eu não acredito em bruxas, mas que elas existem, lá isso existem!

Cremos que Frei Boaventura tem toda razão em proibir, em desaconselhar que seus fiéis compareçam aos nossos terreiros.

Mas, não nos deve culpar, por isso.

Nós, umbandistas, não chamamos ninguém, salvo aos umbandistas, para as suas cerimônias. Nós não "roubamos", não "surrupiamos" ovelhas do rebanho. Aqueles que nos procuram, o fazem por terem chegado à conclusão de que a verdade está conosco, o amor está conosco, a caridade conosco está, a paz também está conosco, com a Umbanda!

Entretanto, todos, nesta Capital, já receberam apelos, feitos pelo telefone, pelos rádios, para que compareçam às festas, tais ou quais, realizadas no Maracanã etc... Convites, pelo telefone, sem perguntar, primeiramente, se o ouvinte do outro lado do fio é católicó...

Convite feito em massa, através do Catálogo Telefônico, com entrada franca... Quem é, afinal, que vai buscar "ovelhas" no aprisco alheio? Somos nós, umbandistas? Não! Mas, o fato é que quem procura a Umbanda, não o faz atraída por ninguém! Vem porque quer. Fica porque gosta. De quem é a culpa? Nossa? Não, meus amigos, a culpa não é nossa.

Quanto ao nosso Exu, tão atacado, afirmamos que ele não é o Diabo da Igreja Católica.

Conforme já temos dito, muitas vezes, e, quem quiser se aprofundar um pouco, acabará descobrindo, o nosso "Exu' é muito diferente! Não adianta fazerem para Ele imagens com expressões e feitios demoníacos...

Quem as fabrica são os "santeiros" que pouco entendem de Umbanda.

Que temos nós com isso? A Umbanda não possui "Diabo", felizmente, para nós e para os umbandistas em geral. Não podem ser tidos como "possessos", pelo demônio, e nem ameaçados com os "fogos do Inferno"...

Isso não dá resultados no Século XX. Eu creio que só deu no tempo da Inquisição.

Se cada um dos leitores procurar ler a Bíblia – até bem pouco proibida, pela Igreja Católica, aos seus fiéis – excluídos os livros tidos por apócrifos, pelos "protestantes" ou dos tidos por apócrifos, pelos católicos, excluídas as partes que Santo Agostinho admite a hipótese de ter havido adulterações, ou excertos, convenientes... – podem crer os leitores que se nós não somos "cristãos", Cristo, certamente, era umbandista!

Sim, amigos, realmente, sendo a Umbanda muito mais antiga que o cristianismo e observados tantos pontos de contato entre ambos, quem nos dirá que Cristo não era umbandista? Sim, amigos, pois que Cristo também fazia os seus "feitiçozinhos", com "saliva e lama", para curar cegos etc...

Cristo acreditava e afirmava a reencarnação – veja o que disse, a respeito de Elias – assim como "evocava" os mortos. Sim, "evocava", pois que foi para um alto monte, isolado, transfigurado, para falar com Elias e Moisés. Ou isso não é verdade? Bem. Se formos duvidar de tudo, poderemos, também, acreditar, como afirma este escritor que os jornais há poucos dias noticiaram, dizendo que Jesus, em realidade, não ressuscitou. Foi retirado do tumulo por alguns discípulos, em segredo, tratado por seis meses quando então faleceu...

Sim, pode-se acreditar em tanta coisa quando se deseja acreditar nelas! Assim, poderão acreditar muita coisa a respeito da Umbanda, se desejaram acreditar nelas... Também fazer o mesmo, a respeito do Catolicismo, se o desejarem. Uma dessas coisas, por exemplo, é o que afirma Frei Boaventura, com tanta certeza e que é, na verdade, bem diferente...

Mas, não seremos nós que nos tornaremos "discutidores"... Poderá ele dizer o que quiser. Não assustará aos umbandistas, como a Igreja se assustou com as informações do IBOPE. Ou pensam que tudo isso tem outra origem? O IBOPE, certamente, mostrou de que lado está o POVO. E isso assustou muita gente. A verdade é essa.

Para terminar, desejamos, nós, umbandistas, tornar nossas as mesmas recomendações, feitas por Frei Boaventura, em seu artigo final. Isso é, que os umbandistas não compareçam às igrejas, que não se batizem, que não se casem em Igrejas Católicas. Que deem esmolas aos católicos pobres e desgraçados, famintos ou doentes, que lhes peçam. Mas que não ajudem as Instituições Católicas, não concorram para as construções de maior número de templos, que não atendam aos constantes, reiterados, frequentes, amiudados pedidos de dinheiro, feitos através de jornais, emissoras de rádio e televisão.

Quando quiserem ajudar ao próximo, façam-no diretamente, dando ao seu irmão aquilo de que ele necessita. Ou ajudem aos terreiros, às casas de caridade umbandistas... Vamos dar aos nossos e deixar que os deles deem a eles.

Nós não atacamos ninguém, não provocamos ninguém, não injuriamos ninguém. Desejamos, unicamente, como última pergunta, saber por que a Polícia não invade, em inspeção, os conventos católicos, onde as freiras noviças têm suas cabeças raspadas e não os consideram "cárcere privado"... Por que não consideram isso "sevícias", como fazem os nossos terreiros? Quem é o culpado?...

Assim, caros amigos, vamos chegar ao ponto de que Frei Boaventura não entende de Umbanda, nem a décima parte do que pensa que entende.

E não seremos nós, umbandistas, para "tirar teima", que iremos instruí-lo!

Pode continuar com seus artigos – não sabemos se remunerados ou matéria pagas – que nós não nos deixaremos impressionar, nem um pouquinho.

Conforme dissemos, no principio, não pretendemos voltar no caso.

Cremos que sorrir é melhor. E é o que nós todos, umbandistas, fazemos.

Umbandistas unem-se contra Padilha: Tenório solidário

***Ultima Hora*, 20 de agosto de 1960, n. 3114**

– Gira, gira, filho de Olorum!

Com esta patética exclamação, que na linguagem umbandista é uma frase que condena o espírito a não mais encontrar o caminho do êxito, o sacerdote de Umbanda conhecido por "Bangolé[1] Brasileiro" e "Babalorixá Sussu", exprimiu toda a sua revolta ante a campanha que o delegado Deraldo Padilha[2] vem movendo contra as "tendas", "cabanas", 'terreiros" e centros espíritas dentro dos limites de jurisdição do 22º DP, do qual é titular.

Enquanto isto, em outros pontos da cidade, a reportagem de *Ultima Hora* ouvia outros pronunciamentos. O deputado Tenório Cavalcanti, por exemplo, afirmou: "Padilha não tem condição funcional para prosseguir no Caso do Crime do Sacopã. Não é Delegado, não estando, portanto, credenciado para assumir tal responsabilidade".

"Lutarei até à morte"

É o repórter de UH quem pergunta ao 'babalorixá" Urussu Silva do Amaral, casado, 40 anos, rua João Pessoa, 407, mais conhecido por "Sussu" e que foi candidato a Deputado Estadual fluminense:

1 Espécie de feiticeiro no Congo (nota do autor).

2 O delegado era temido pelos criminosos, cafetões e malandros; ficou tão famoso que inspirou o samba de Moreira da Silva "Olha o Padilha!". Tornou-se popular. (nota do autor).

– Se o delegado Padilha estivesse lotado aqui nesta Jurisdição, o sr. Fecharia seu "terreiro"?

– Absolutamente – respondeu de pronto "Sussu" – só a força ele conseguiria cerrar as portas deste modesto templo umbandista. Nós, espíritas, não aceitamos a morte, pois cremos na vida eterna. Assim, posso afiançar-lhe: "Só deixarei de trabalhar quando quendar"!

E mais adiante:

– Quero que fique claro o seguinte: estou solidário com meus irmãos. Sinto a mesma dor que estão sentindo e estou pronto a lutar lado a lado, ombro a ombro, neste terrível transe por que estão passando.

Durante a entrevista rápida que concedeu à nossa reportagem, "Sussu" disse ainda que aperfeiçoou seus conhecimentos umbandistas na África – Angola e Moçambique – e que está prestes a fundar a "União Afro-Ameríndios do Brasil" que terá a finalidade de proteger todos os centros ou terreiros contra as arbitrariedades policiais. É filho de outro babalorixá, talvez o mais antigo do Rio de Janeiro: Nenê do Realengo. Milita há 31 anos na Umbanda e garantiu que Padilha, mais cedo ou mais tarde, arrepender-se-á de ter perseguido os adeptos da seita umbandista.

"Padilha é assim mesmo"

Na delegacia do 21º DP, fomos ouvir o delegado Silvio Martins de Barros. Ali é a sede também do 4º Setor de Fiscalização que, entre outros abrange o 22º DP, do qual é titular o delegado Deraldo Padilha. Sem dar o caráter de entrevista, disse a autoridade:

– O Padilha é muito meu amigo. O que o estraga é o gênio terrivelmente incompreensível e neurastênico. Em qualquer delegacia que esteja lotado, fará sempre a mesma coisa: violência. Até o momento não recebi nenhuma queixa neste setor contra sua ação. Mas, por outro lado, já recebi ordens e já comecei a instaurar um processo contra ele: espancamento. A vítima, um motorista, não é marginal, e apenas chegou à sua delegacia para resolver um problema de rusga de família. O motorista descreveu o Padilha. As coisas vão ficar pretas para ele.

– E a campanha contra e os centros espíritas, doutor? – perguntou o repórter.

– A frente do meu distrito e do setor de fiscalização nunca "apertei" centros espíritas ou outras quaisquer associações religiosas. Sou pela liberdade de culto e só interfiro quando a parte apresenta queixa-crime no distrito policial. Neste caso, se estão sendo cobrados ingressos ou há misticismo com finalidades financeiras, restrinjo-me a aplicar a lei, encaminhando à Delegacia de Costumes e Diversões, para as devidas providências. Este é o outro caso que não deve terminar bem para o Padilha.

Tenório x Padilha

O "affaire" Padilha tomou, nas ultimas horas de quinta feira ultima, novo aspecto. Tenório negou-se a continuar com o "Caso Bandeira", se Padilha for conservado à frente do inquérito. E é o próprio deputado caxiense que diz:

– Padilha não tem capacidade para estar presidindo nenhum inquérito, de vez que não é delegado e sim comissário. Por outro lado, é um megalomaníaco. Creio que mais cedo ou mais tarde, ficará louco. E depois?

Quem irá entender o caso Bandeira, já tão confuso nesta altura dos acontecimentos e agora com a "colaboração" Padilha?

E o deputado não se restringiu às declarações: foi ao governador Sette Câmara e pediu urgentes providências do chefe de policia.

Na redação

Para expressar toda a sua revolta contra a profanação de seus terreiros, tendas e cabanas, estiveram na redação de *Ultima Hora* os senhores Renato Lima (advogado) e Carlos Romeiro da Silva (Pai de Santo). Falando ao repórter, disse o dr. Renato Lima:

– É arbitraria a situação do delegado Deraldo Padilha que, longe de se basear em qualquer lei, chega a desrespeitá-la, bem como a própria Constituição Federal. Além de sermos obrigados a registrar na Delegacia de Costumes e Diversões nossos centros espíritas, somos agora incomodados, humilhados e finalmente violentamente impedidos de praticar nossa religião. Padilha arromba portas, quebra nossos congás (altares).

Quando somos chamados a sua delegacia, o arbitrário delegado não respeita nem as senhoras que nos acompanham proferindo palavrões. Estamos solidários com a campanha de esclarecimento que os jornais vêm fazendo a respeito, especialmente *Ultima Hora*.

Dois mil umbandistas: "Padilha tem dias contados no distrito"

Ultima Hora, **24 de agosto de 1960, n. 3117**

As horas de Padilha como delegado do 22° DP, estão contadas – a UH o "Bangolé Brasileiro", Urussu da Silva Amaral, mais conhecido como "Babalorixá Sussu", representando 2000 umbandistas.

– Quero que *Ultima Hora*,[1] entreviste um dos "orixás" mais conceituados da linha de Umbanda, sobre este assunto. É um depoimento bastante importante, como preparação da grande festa que faremos, em regozijo a saída de Padilha da delegacia do 22° DP, ocasião em que estarão presentes mais de duas mil pessoas e serão oferecidos: 1500 charutos, 500 garrafas de marafa, 3000 velas e outras oferendas – disse.

"Oxó Pena Branca"

O babalorixá Urussu, levou o repórter ao terreiro de Ilka dos Santos (casada, 43 anos, doméstica, rua Deputado Andrade Figueira, 1328), conhecida por "Mãezinha de Nilópolis" e "cavalo" do preto velho africano "Odé Taló". Estabeleceu-se o diálogo:

> Repórter – Você já sabe que alguns centros espíritas e terreiros foram fechados lá pelos lados de Vila da Penha e Braz de Pina?
> Oxó – Eu sei de tudo. E sei mais: quem está fazendo isto é o

1 *Ultima Hora*, 24 de agosto de 1960, n. 3117.

delegado Deraldo Padilha. Eu sei de tudo. Quando a cobra morde a gente, a gente mata ela.

Dona Ilka, o "cavalo" de "Oxó[2] Pena Branca", tira grossas baforadas que tem aos lábios. Na vida diária, fuma cigarros e não suporta nem a fumaça dos charutos. Dona Ilka, por outro lado, não bebe.. quando 'atuada", vira (pelo gargalo) três ou quatro goles de marafa (cachaça). Depois de uma pausa, o "Oxó" completa seu pensamento:

– Quando aparece gente dessa natureza, nós, os lá de cima, pensamos: ou se aquieta ou some. Se ele não se aquietar, vai sumir!
Repórter – O senhor só, vai resolver?
Oxó – Que se juntem todos os "galos capão". Unidos defenderemos nossos filhos, para isto nós estamos com eles.

A fotografia

O fotógrafo se movimenta, prepara-se para o "flash". Oxó Pena Branca tira o charuto da boca e exclama:

– Isto não, não quero. Não quero minha careta no jornal.
O repórter insiste. Ele pondera que se quiserem tirar fotografias do meu "cavalo", não me oponho; mas só quando eu "subir". Agora não.

O repórter aceita e, despedindo-se de todos com os cumprimentos de praxe, Oxó Pena Branca se retira para o reservado. Quando dona Ilka volta a falar com o repórter, é simplesmente ela. Oxó já subiu.

A Grande Assembleia

O "Bangolé Brasileiro" convida dona Ilka para comparecer à Grande Assembleia Geral dos Chefes de Terreiros e Estado Maior da Umbanda, que deverá realizar-se na próxima quinta feira, amanhã, às 20 horas. E dá os detalhes:

– Será a maior reunião de Umbanda de todos os tempos.

2 Caçador (nota do autor).

"Babalorixás", "Babaribós", [3] "Babalaôs", "Yalorixás", enfim todos os pais de santo, estão desde já convidados para esta monstruosa reunião, na qual a ordem do dia será: "Guerra ao Padilha"!

O objetivo dos trabalhos era obter a demissão do delegado Deraldo Padilha. No início de novembro de 1960, ele foi transferido para o 2º DP, que abrangia Copacabana, Ipanema e Lagos.

Em 29 de Setembro de 1961 renunciou ao cargo de delegado, motivado pelas ações movidas pelo juiz de menores Alberto Augusto Cavalcanti de Gusmão. Foi transferido para a Policia Central. A imprensa o criticava veementemente, até que ele foi afastado das funções, sem comando na polícia civil. Voltou em 1968 e no mesmo ano foi cassado pelo AI-5, por repreender a mulher de um general que cometera infrações de trânsito. Em 19 de janeiro de 1973 foi aposentado com base no AI-5

Em maio de 1981 foi anistiado e reintegrado aos quadros da Secretaria de Segurança Publica do Rio de Janeiro. Faleceu em 24 de outubro de 2007 na mesma cidade.

3 Decano (nota do autor).

Moab Caldas - O primeiro deputado umbandista do Brasil

A mais antiga Tenda de Umbanda do Rio Grande do Sul é o Centro Espírita Reino de São Jorge, fundado em 1926 por Otacílio Charão, tendo sido registrado em cartório em 1932.[1] De lá para cá o crescimento da Umbanda nesse Estado é bem significativo.

O Rio Grande do Sul teve em Moab Caldas o primeiro Deputado Umbandista eleito na história do país, e lá começou algo muito importante para o desenvolvimento da religião.

Moab Caldas foi um jornalista, político, umbandista e africanista que se tornou um ícone da luta pela liberdade religiosa no País.

Foi eleito, em 3 de outubro de 1958, deputado estadual, pelo PSD, para a 41ª Legislatura da Assembleia Legislativa do Rio Grande do Sul, de 1959 a 1963. Foi reeleito nos anos de 1964 e 1968. Foi cassado em 1968. Desencarnou em 1997.

O lema de Moab Caldas era: "Não cobrar, não matar, usar o branco, evangelizar e utilizar as forças da Natureza – Eis a Umbanda."

No prefácio do livro ***Divagações sobre um culto - Aspectos da Umbanda***, de Alfeu Escobar (1975), Moab faz uma interessante abordagem dos primórdios da Umbanda No Rio Grande do Sul. Vejamos alguns trechos desse prefácio:

---

1 Para maiores detalhes vide o capítulo 32 do primeiro volume..

Figura 24: Capa do livro *Divagações sobre um culto - Aspectos da Umbanda.*

Vamos dar um mergulho no túnel do tempo e nos situarmos no ano de 1926, na cidade marítima de Rio Grande, quando foi fundado por Otacílio Charão o nosso primeiro Centro estadual. Centro Espírita de Umbanda Reino de São Jorge. Ele trabalha, vestindo um macacão branco, igual ao hoje utilizado pela Tenda Espírita Mirim, do Rio de Janeiro, a maior do pais. Aliás, o tipo de fardamento tem valor intrínseco, pois o médium é um operário, um mecânico da espiritualidade. Utilizava, também, em vez da pemba (giz ovóide), ponteiros (punhais) para firmação magnética. Seu caboclo se chamava Giramundo. Sua história pode assim ser resumida. Fora embarcadiço e, nesta condição rumou para a África, levando mercadoria. Descendo ali começou a vasculhar as ruas e... perdeu o navio. Morou na África durante dez anos, quando reembarcou e regressou à sua cidadezinha, para se transformar no primeiro Diretor Espiritual de Umbanda do Rio Grande do Sul. Sua fotografia deveria estar em todos os Templos. Àquela época, São José do Norte – hoje município – era distrito e, um pouco antes, na casa de uma família de portugueses, em segredo e à noite, eram realizadas sessões kardecistas, quando liam – ***O Livro dos Espíritos***, ***O Livro dos Médiuns*** e ***O Evangelho Segundo o Espiritismo***.

Em segredo e à noite por causa da inquisição clero-policial. Sobre a mesa colocavam imagens e velas que seriam acesas (escondidos os livros) em casos de flagrante, quando argumentavam estar realizando uma novena pro Santo de devoção. Todos os cuidados eram poucos, inclusive, nas imediações ficavam os vigilantes e guardas do templo que advertiam com assobios e sinais convencionados em casos de perigo.

Otacílio Charão, para não ser flagrado deslocava seus trabalhos, realizando sessões móveis, isto é, mudando de bairro todas as semanas. Existiam na cidade dezenas de Parás, denominação àquela época, das Casas de Nação ou Batuque e que não viam com bons olhos o seu sacerdócio, por causa da denominação semelhante dos Orixás. Na cidade de Rio Grande ainda funciona o primeiro Centro Espírita Kardecista estadual e que tem este nome, fundado um pouco antes de 1900. Charão faleceu há mais de vinte e cinco anos. Seu Centro fechou, estando as imágens e demais apetrechos distribuídos com alguns confrades locais.

Começava a Umbanda a ser conhecida e discutida, inclusive incrementada em casas de família e grupos – ainda que em reserva, quando em 1932 aqui chegava, na Capital, o 2º Tenente da Marinha Mercante, Laudelino de Souza Gomes (o "Padrinho" – como era tratado na intimidade) e fundava, na Rua Lima e Silva, imediações da Praça Garibaldi, a Congregação Espírita dos Franciscanos de Umbanda, Linha Branca. Ritual Semiromba.[2] O fardamento era branco, alguns com capas coloridas e todos marcando o compasso das rezas com maracás, bastões e dois pequenos tambores tocados por baquetas, como em Angola.

Laudelino era um mulato retaco,[3] muito simpático, enérgico e integralmente convencido de sua missão espiritual renovadora. Tivemos a satisfação de conhecê-lo pessoalmente pelos idos de 1940. Ele costumava levar a Congregação a rua, em lindos préstitos, fazendo apresentações cívicas no Castelo, da Azenha, então o maior de nossos cinemas. Recordamos que havia uma criança de doze anos, Gilda, de longos cabelos e por muitas vezes a plateia estrugia em palmas prolongadas ao ouvi-la declamar Castro Alves, sobretudo o Navio Negreiro!...

O "Padrinho" faleceu há muitos anos e sua substituta, a irmã Núbia, ocupou-lhe o lugar, ajudada por aquela menina Gilda, conservando até nossos dias o mesmo ritual. Hoje ocupam um próprio nas imediações da mesma praça, Rua Sebastião Leão, 180.

2 Raízes do Céu ou homem santo (nota do autor).
3 De baixa estatura, atarracado (nota do autor).

No final da década de 1940, o babalorixá carioca Tancredo da Silva nos visitou e foi fundada então a Federação Espírita de Umbanda do Rio Grande do Sul. Pelos estatutos aprovados, a diretoria seria indicada por ele o que em seguida desgostou nossa gente. Essa Federação adormeceu, ficando a documentação guardada pela irmã Marisa – uma de suas integrantes – em Novo Hamburgo, até que em 1953, foi fundada a União do Estado, órgão que mobilizou, acionou a Religião, dando-lhe nova dimensão, pois foi percorrido todo o Estado na difusão da Boa Nova. A integramos desde então, na presidência do Conselho de Orientação Espiritual. Poucos foram os homens que à época tiveram coragem de se identificar como umbandistas.

O Dr. Leopoldo Bettiol, muito citado nesta obra que prefaciamos, foi um homem verdadeiramente fora de série. Possuía dezenas de títulos. Escrevera milhares de páginas, inclusive alguns livros sobre Umbanda e Batuque. Todas as teses que apresentou (oito por sinal) no Segundo Congresso Nacional de Umbanda, na Guanabara, em 1962, foram aprovadas com distinção. Aos setenta e cinco anos, muitas vezes transportado nos braços ou em cadeiras, era levado aos Centros, em lugares inóspitos, onde pontificava magistralmente. Ele, um dos sete hierólogos[4] da América.

Ao falecer, minutos antes, pediu que seu corpo fosse depositado nu, na cova e, se possível, em pé. No derradeiro instante fomos visita-lo, acompanhado de uma comissão maçônica que formou ao derredor de sua cama uma "cadeia de união". Quando ele despertou do estado de sonolência profunda em que se encontrava e, ainda sem a visão física que já perdera, sorrindo pediu que o deixassem partir, pois já havia cumprido sua missão.

4 Hierologia é um tratado ou conhecimento das religiões (nota do autor).

Figura 25: Moab Caldas.

Alerta umbandistas!

Lobos em pele de ovelhas rondam sinistramente os centros de Umbanda do Rio de Janeiro

Raphael Molina

***Jornal de Umbanda*, maio de 1960, n. 97**

Como é melhor prevenir do que remediar é que chamamos a atenção dos umbandistas em geral para que se precavenham contra elementos interessados em conspurcar a Umbanda, para isso usando de meios que nem sempre justificam os fins. Sabemos que em diversos lugares desta cidade, espíritas estão proibidos de frequentarem igrejas católicas, de batizarem seus filhos, de casarem ou de praticarem o simbólico ato da comunhão. Em várias igrejas católicas existem mesmo, cartazes afixados com avisos acintosos, proibindo a entrada de espiritas naquelas Casas do Senhor.

Cremos ser obra de algum pobre de espírito que usa batina para amedrontar e denegrir os adeptos de outras seitas. De alguém que, pelo simples fato de usar batina se julga por demais santo e caridoso, como se estas coisas fossem prerrogativas dele apenas.

E assim se julga no direito de defender dogmas, que por si só já não carecem de defesa nos dias em que vivemos. Tenciona passar aos olhos dos outros por santo e caridoso, quando seu ideal é apenas auferir lucros e vantagens que lhe poderão proporcionar meios religiosos menos esclarecidos. E o que estamos fazendo, desde que é a nossa missão, é esclarecer os que necessitam de certos conhecimentos tanto católicos, como espíritas e protestantes, esoteristas ou umbandistas, estão perfeitamente enquadrados em nossa magna Constituição, desfrutando de personalidade jurídica e gozando da proteção das autoridades constituídas.

Não se justifica, pois, que elementos atrabiliários, usem do veneno e da falsidade para desmerecer perante incautos, organizações que muito já fizeram em prol do bem da humanidade, em exato cumprimento de suas diretrizes superiores. Melhor seria que cada religião ou seita, se compenetrasse do seu alto destino no seio da humanidade e melhor aproveitasse o tempo e o espaço na concessão de obras que viessem de fato contribuir para maior desenvolvimento do espírito, em trajetória efêmera pela terra.

Assim que chamamos a atenção dos espíritas e umbandistas para que se precavenham contra certos elementos que estão usando de todos os meios possíveis para se infiltrarem em Escolas dos Centros com a finalidade de ensinarem às crianças o seu catecismo nem sempre claro e às vezes cheio de omissões prejudiciais ao fiel desenvolvimento.

O que de fato, tencionam esses elementos é embutir às mentes infantis povoando-as de fábulas e medo para que não conheçam as verdades espirituais. Ao mesmo tempo se aproveitam para adquirirem informações preciosas do que se passa no meio das outras religiões para aplicá-las em difamações prejudiciais aos nossos altruísticos propósitos.

Attila Nunes eleito deputado estadual

Attila Nunes, trabalhador incansável pelos cultos afro-brasileiros e criador do "Melodias de Terreiro", programa radiofônico mais antigo no ar no Brasil, candidatou-se a uma cadeira na Assembleia Legislativa do Estado da Guanabara, não tendo sucesso da primeira vez.

Em 1960 candidatou-se novamente. Antes da eleição disse que confiava nos votos dos umbandistas e no apoio dos colegas radialistas. Dizia após a eleição: "Xangô me deu a vitória. Os "bacuros de pemba" (umbandistas) foram leais, como eu esperava". Foi o deputado com maior votação no PSP.

Transcrevemos alguns trechos da matéria publicada pelo *O Mundo Ilustrado* de 1º de setembro de 1961, n. 184.

> Attila Nunes foi eleito pelo PSP. Mas a sua preocupação maior como politico é o espiritismo. Desse assunto não se desliga. Usa óculos de grossas lentes, pouco vai à tribuna e quando comparece para falar ao plenário é para protestar contra ameaças que pairam ao livre culto do espiritismo. Ou para pedir voto de louvor a uma Tenda Espírita. No mais, ocupa-se em presidir as sessões nos impedimentos do presidente. Parece ser homem ponderado, desde que não lhe pisem os calos. Perde, então, as estribeiras, grita, estrila. Pouco depois volta à serenidade e é visto fumando tranquilamente pelos cantos do plenário o seu cigarrinho.

Figura 26: Deputado Attila Nunes, 1953.

O mesmo periódico publicou em 11 de novembro de 1962, n. 225.

> O radialista Attila Nunes elegeu-se com os votos dos adeptos do espiritismo. Fez um acordo com o líder do governo na Assembleia de apoiar o sr. Carlos Lacerda, desde que ele se comprometesse em não perseguir os terreiros de macumba. O governador cumpriu a palavra e contou sempre com o voto de representante da Umbanda na assembleia.

Isaltina dos milagres

Em 1935, nasceu a médium Isaltina Cavalcanti, natural de Natal, filha de Genésio Cabral de Lima, Coronel da Policia Militar do Rio Grande do Norte, e Maria das Mercês Cavalcanti. Ainda jovem começou a trabalhar nos Correios e Telégrafos. Casou-se, em 28 de maio de 1958, com Esdras Alves Cordeiro e tiveram um menino, George Rivus.

Depois de algum tempo passou a sentir esquisita com muitas dores que lhe consumiam as noites de sono. Começou a ter visões, pesadelos e outros e outros sintomas mediúnicos. A sua saúde começou a se deteriorar rapidamente causando angústia e apreensão de todos os familiares e amigos.

Esdras, já em desespero, procurou um centro espírita onde lhe contaram que um famoso babalaô carioca se encontrava em Natal. Era Sebastião dos Santos, mais conhecido como Sebastião Pedra d'Água. Depois de muita relutância, Isaltina pegou o endereço que Esdras havia escrito em pequeno pedaço de papel, e foi procurar o babalaô. Algumas horas de espera na fila e finalmente foi atendida.

Depois de uma longa conversa, Pedra d'Água aplicou-lhe alguns passes e mandou-a para casa dizendo que aguardasse ser chamada por ele. Alguns dias depois Sebastião foi até a casa dela. Depois de rápida conversa ele disse: "Isaltina você me deixou impressionado. Em meus trabalhos espirituais nunca encontrei ninguém como você". Explicou-lhe o que era mediunidade e da necessidade do seu desenvolvimento.

Isaltina ficou de dar uma resposta em três dias. Apesar do medo, sentia-se segura. Contou à família que iria seguir aquele caminho e escandalizou a todos.

Isaltina quase desencarnou alguns dias depois. Quando teve alguma melhora foi com a mãe até a casa de Pedra d'Água. Mesmo a contragosto da mãe, aplicou-lhe passes e explicou da tarefa que a aguardava. Continuou a frequentar os trabalhos espirituais e, em pouco tempo, estava curada.

Isaltina havia sido "escolhida" para servir de médium a um médico alemão, Dr. Artz Scovsck e logo começaram a fazer cirurgias espirituais com bastante sucesso. Assustada, recebeu a noticia de Pedra d'Água que iriam para o Rio de Janeiro. Sebastião conversou com a família e duas semanas depois viajavam de avião para o Rio de Janeiro.

Foram recebidos pelo Major Lari de Brito, da famosa Tenda Espírita Santo Antonio de Pádua, em Engenho de Dentro. Em breve Sebastião e Isaltina começaram os atendimentos na Tenda e muitos "milagres" ocorreram. Gradativamente milhares de pessoas procuravam a médium em busca de uma cura para os seus sofrimentos. Caravanas de diversos Estados chegavam diariamente ao Rio de Janeiro.

Como sempre ocorre nestes casos, Isaltina começou a receber retaliações da imprensa, da Igreja Católica e de alguns setores do espiritualismo. Recebeu a solidariedade de alguns líderes dos cultos afro-brasileiros e seus organizações como: Tancredo da Silva Pinto (Confederação Espírita Umbandista), Supremo Conselho Sacerdotal Afro-Brasileiro e outros. Um apoio de peso veio por meio do Capitão de Fragata Dr. Armando Cavalcanti Bandeira, Presidente do Instituto Cultural Afro-Brasileiro. Como acontecia com Seu Sete da Lira e Dona Cacilda de Assis, muitas celebridades procuravam Isaltina e o Dr. Artz Scovsck.

A convite do radialista Hilton Gomes, Isaltina fez operações fluídicas na televisão. Vários médicos estiveram presentes para testemunhar o fato: Pena Ribas, Luiz Lomba, Hugo Cota, Carlos Madeira, Fernando Cunha, Natalino de Souza e João Cool que vislumbrou o espírito do médico alemão fazendo as cirurgias.

Isaltina e Sebastião sofreram perseguições de seus detratores e da imprensa ávida pelo sensacionalismo, mas continuaram a sua tarefa de caridade e curas espirituais.

Um relato mais completo e abrangente sobre o tema pode ser encontrado no livro ***Isaltina - O Caminho dos Milagres***, escrito pelos jornalistas Rossini Rossi e Costa Cotrim, publicado pela Editora ECO em 1966.

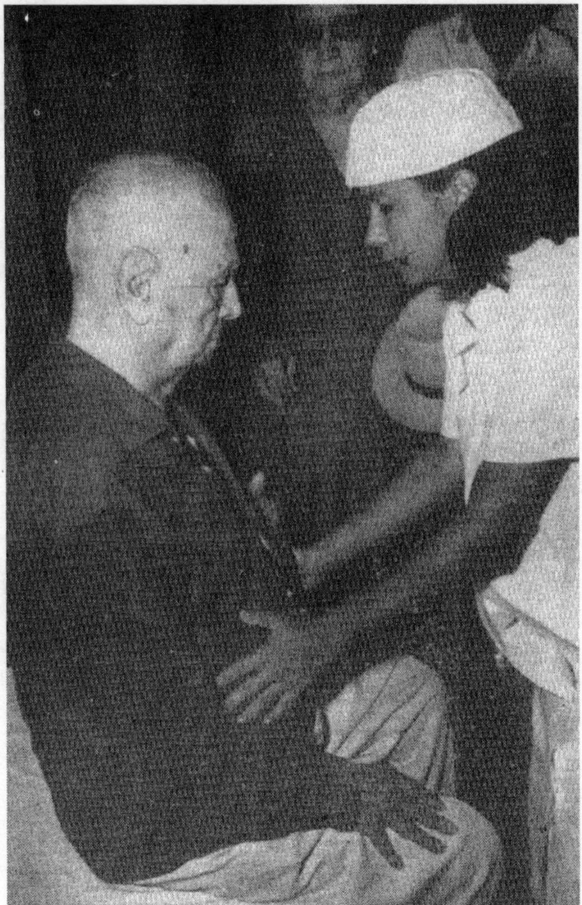

Figura 27: Um velho General do Exército sendo consultado pelo médico alemão. Confessou-se curado. Fonte: *Isaltina - O Caminho dos Milagres* (Rossini Rossi e Costa Cotrim).

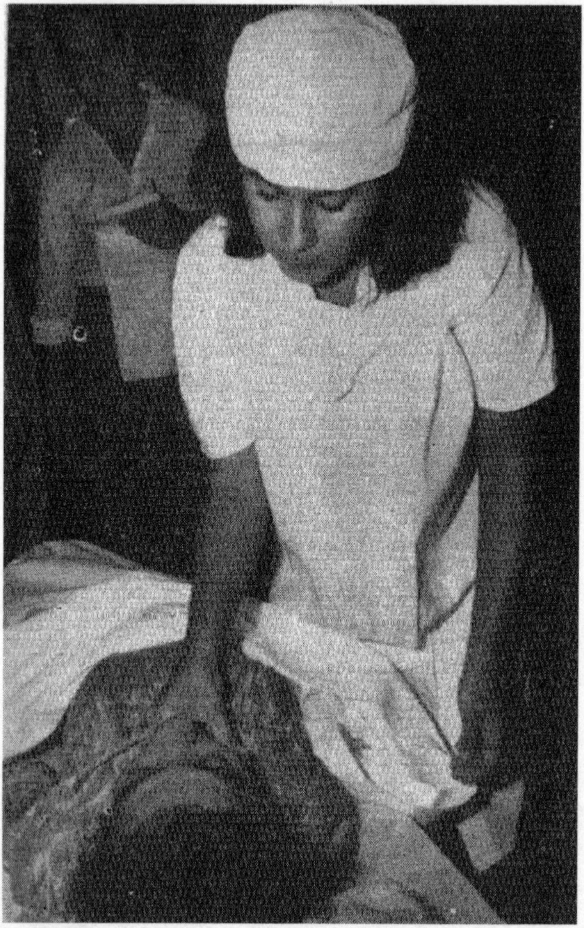

Figura 28: Dona Maria das Mercês, mãe de Isaltina, sendo atendida pelo médico alemão. Disse ter sido curada da surdez permanente. Fonte: ***Isaltina - O Caminho dos Milagres*** (Rossini Rossi e Costa Cotrim).

Quem entra na linha de Umbanda

Ronald de Carvalho

Revista *Fatos & Fotos Gente*, 22 de abril de 1967, n. 325

Porque está crescendo tanto uma religião popular que chegou ao Brasil a bordo dos navios negreiros e se transformou através dos tempos

A cada quase três minutos, um novo umbandista se inicia no Brasil. Quer dizer: por hora, 18 brasileiros tiram os sapatos e entram para os rituais de terreiro. Esses números, indicativos da média do crescimento da Umbanda, baseiam-se no fato de que, em 30 anos, cerca de 5 milhões de umbandistas foram registrados em todo o pais. Que força religiosa é essa que tão rapidamente se propaga? Que motivos levam um homem a abandonar sua religião de origem para iniciar-se na Umbanda?

Entrevistando mais de 50 filhos de santo, ouvindo explicações de nove orixás[1] e anotando os conhecimentos do Dr. Armando Cavalcanti Bandeira, o homem que foi convidado para codificar a Umbanda no Brasil, F&F penetrou na intimidade dessa religião. Conta agora a história dos que abandonam suas tradições para cultuar os orixás (santos), história comum aos 115 mil brasileiros que saem anualmente dos templos para os terreiros de Umbanda. "Eu precisava de um alivio". "Na Umbanda o resultado dos nossos pedidos é mais positivo". "Só mesmo santo podia ter curado aquela minha dor de cabeça". Estes são

1 Referência a entidades espirituais e não, propriamente, Orixás (nota do autor).

os motivos por que três pessoas se passaram para a Umbanda.

Outras se chocam com o culto de Umbanda, por desconhecerem suas bases. Se um homem *incorpora* um *santo* ou *orixá*, que fuma charuto e fica atrapalhado, certas razões impõem essa caracterização. Desde que para o Brasil começaram a vir escravos procedentes de tribos bantos, os rituais foram se espalhando das senzalas para o pais.

Os povos bantos, habitantes do Centro e Sul da África, sempre guardaram em sua cultura forte influência da civilização egípcia. Daí, também na religião, em fundamentos e preceitos filosóficos, o ritual de Umbanda ser diretamente comandado por tradições e reminiscências deístas dos povos do Baixo Nilo. Seus orixás, espíritos superiores que através de diversas vivências materiais alcançaram luz espiritual, chefiam grupos de outros, unidos conforme o grau de afinidade entre eles.

Yemanjá seria, assim, um espírito de muita luz que tem sob sua orientação uma *falange* de outros *desencarnados*. Quem na Terra cultuou a vaidade, ao passar ao astral, *Aruanda*, deve trabalhar com Yemanjá em obras de caridade.

Para os umbandistas, no plano espiritual, os desencarnados se reúnem em nove grandes grupos, cada um correspondendo ao orixá que o comanda, Os de Ogum se purificam na luta contra os malefícios materiais. Xangô arregimenta os justiceiros. Obaluaiê orienta a ação das almas recém-desencarnadas. Os de Oxum, com espírito maternal, auxiliam os Pretos Velhos em sua obra curadora. Oxalá (que seria Jesus espírito puríssimo) junta em sua falange os que em vida foram mais cerebrais que materiais. Nanã é mulher ponderada, professora da calma e da paciência. Os caboclos de Oxóssi dão força espiritual aos homens da Terra. Nhansã, a *santa* da força contra a magia, e todos os outros orixás, homens e animais, reverenciam, pela Lei de Umbanda, em ultimo plano, o grande Zumbi, dentro de sua teologia, o próprio Deus.

Como o escravo mascarou as suas crenças

O aspecto, para muitos, grosseiro, com que se apresentam essas entidades, obedece a um processo de caracterização capaz de impressionar a maioria dos que frequentam os rituais. Mas, para o Dr. Bandeira, com seus 30 anos de estudos dos cultos afro-brasileiros, "aceita-se o culto pela magia do ritual e exteriorização de suas expressões, pelo colorido de suas *guias*, a profusão de seus altares, a melodia de seus cânticos". E acrescenta: "É uma religião eclética, que aceita adeptos de todos os cultos, cada qual imprimindo uma feição particular, donde as diversidades de terreiro para terreiro".

Na Umbanda pura, nenhum sacrifício animal é admitido. Apesar das grandes deformações que sofreu com as tribos africanas, a orientação egípcia na Umbanda exige de seus *filhos* a roupagem branca durante as sessões. No pescoço, um pequeno colar de contas identifica a "filiação espiritual" do médium.

No Brasil, das perseguições religiosas aos escravos, do catolicismo obrigatório e da influencia indígena, surgiu o ritual de Umbanda ligeiramente diferente dos cultos bantos da África. Primitivamente, não existiam imagens nos terreiros. Mas, à custa de coação, o escravo colocou no altar dedicado a Yemanjá uma imagem de N. S. da Conceição. Na pedreira de Xangô, São Jerônimo mascarava a situação. Aos olhos do senhor, as velas de Oxóssi eram acesas para São Sebastião. Assim, sofrendo pressões nas senzalas, e nos quilombos recebendo influência do índio, o ritual, que remontava aos cultos tebanos, foi-se deformando, até hoje chegar ao que chamamos Umbanda. Ensina o Dr. Bandeira que ela, atualmente, se compõe da fusão de cinco cultos. Dos africanos vieram os nomes, ritual e costumes; dos índios, algumas denominações e outros costumes; dos espíritas, a doutrina filosófica moderna; dos católicos, os santos, os sacramentos e alguma coisa do ritual; dos orientais, todos os fundamentos teológicos.

As confusões entre Umbanda e Candomblé

Certas acusações à Umbanda se baseiam em uma confusão habitual entre seus rituais e os cultos do Candomblé. Entre uns e outros, embora haja alguma relação, há uma separação nítida. A Umbanda foi trazida pela imigração forçada das tribos bantos. No Candomblé, os cultos são consequência da influencia sudanesa, característica principal da população escrava da Bahia e do Maranhão.

Pelo sincretismo da Umbanda com alguns rituais sudaneses, os adeptos da Umbanda pura costumam chama-la de *branca*: pelas roupas, que não admitem cores berrantes, e pela orientação dada ao culto, dizendo que só trabalham para o bem.

As *guias*, aparentemente identificações dos orixás que protegem o filho, na verdade tem valor simbólico. No Egito, usavam-se na cinta dos fiéis e nas portas das cidades. Imensos animais, esculpidos em granito, identificavam as falanges protetoras da comunidade. Na realidade, as *guias* são a necessidade que certos homens tem de materializar aquilo em que creem. Os animais dos egípcios eram a principio, figuras materiais, não identificadas. Tão forte, porém, era o desejo dos homens de materializar que aos poucos se foram transformando em coisas reais, palpáveis.

Assim como a *guia*, a vela tem em Umbanda profundo valor simbólico. Toda a fé depositada pelo homem em sua oração se materializa no tremular da chama.

Os símbolos são quase tudo no umbandismo

Na imigração escrava, duas línguas foram trazidas para o Brasil. O yorubá e o quimbundo. Essas marcam sua presença quando se observa outro símbolo ritualista, que tanto na Umbanda como no Candomblé ganha mais força que em todos os outros: o *ponto cantado*. Assemelhando-se à *guia*, o *ponto riscado*, até certo ponto serve de identificação da falange. Mas o cantado, oração musicada para os orixás, chega quase a caracterizar a própria estrutura dos cultos. Os sudaneses usam invariavelmente dialetos yorubá para os seus pontos. Na Umbanda, os bantos misturam o quimbundo com palavras indígenas e portuguesas. O ponto é uma oração. Por ele, os filhos de fé chamam os orixás, fazem pedidos e formam a corrente mental da incorporação. Na Umbanda, os pontos são acompanhados de palmas. No Candomblé, pelo som dos atabaques.

Formando ritual à parte, a preparação dos cânticos no Candomblé é cerimônia tão secreta quanto qualquer outra. Os filhos

Figura 29: Congá de Umbanda. Fonte: Revista Fatos e Fotos, de 22 de abril de 1967. Foto de Walter Firmo e Sebastião Barbosa.

já feitos, no fim da iniciação dos novos filhos e das iaôs, compõem cantigas oferecidas ao orixá daquele irmão. Muitas vezes, tão harmoniosos que transpõem as portas dos terreiros, descem ao asfalto, ganham uma letra e tomam o nome de samba, verbo que em quimbundo significa *rezar*. Na Umbanda, os pontos são quase sempre os mesmos em todos os terreiros. Praticamente, nenhuma modificação se faz em sua estrutura, que não raro se assemelha à de algumas orações católicas.

Um caso real mostra como se faz a iniciação

Como se faz a iniciação na Umbanda? Um caso real esclarece bem o assunto. O caso da moça que chamaremos de Rosamaria. Terminando o científico,[2] aos 19 anos, jamais pensara pudessem existir pessoas que tivessem tanta fé em suas religiões quanto ela na sua. A católica. Entretanto, limitava suas obrigações religiosas à missa dominical. Namorava um colega de sala, contra a vontade do pai. Não a assaltavam duvidas espirituais.

Deu-se por simples curiosidade seu primeiro contato com o ritual de Umbanda. Em uma noite de 20 de janeiro, festa de São Sebastião, foi com uma turma a um subúrbio carioca. *Mi zanfia, cumo vasmicê é fremosa*, disse o *santo*, pegando-lhe a mão. "Confesso que tive vontade de cair na risada. Aquele sujeito fazendo caretas, com um charuto no canto da boca, falando todo atrapalhado, era uma personagem estranha. Mas dava medo também".

Duas semanas depois, firmemente contrariando seu namoro, voltou ao Preto Velho. Foi sozinha. Esperava sua vez para a consulta, quando sentiu os ouvidos zumbindo. Os pés lhe faltaram, e a parede parecia rodar. Ao se erguer, caiu ao chão. A evidência do fenômeno não permitia duvidas, mas chocava-a profundamente. O *santo* lhe havia dito que era médium e precisava trabalhar pela caridade. A experiência foi a primeira de uma série. E sempre o medo. Por outro lado, que dizer ao namorado e às amigas? Que pensariam dela, ao saberem que dançava e cantava em um terreiro? Durante um ano, hesitou na decisão final. Os fenômenos aconteciam, mas todo aquele comportamento lhe parecia grosseiro para que o aceitasse sem uma explicação racional.

Um Preto Velho revelou-lhe: "Sou um médico espanhol que viveu no Brasil há muitos anos. Mas, se não fumasse cachimbo e não me propusesse a remendar *casinhos de amor*, como o seu, não atrairia a grande parte do povo que precisa de demonstra-

2 Curso equivalente ao atual Ensino Médio voltado para os cursos superiores da Área de Ciências Exatas e suas tecnologias (nota do autor).

ções materiais para crer em fatos espirituais". Em sessões seguidas, foi-se instruindo a respeito do ritual. Uma noite, vestida de branco, pés descalços (contato entre os magnetismos astral e terreno), Rosamaria foi iniciada. Outra filha de santo se incorporava à religião.

Aos poucos, desenvolveria sua mediunidade, até ficar pronta a receber seu guia para o "trabalho de caridade." Levou anos para bem entender. Depois, descobriu que tudo em Umbanda são símbolos. Fez suas *obrigações*. Decorridos três anos, voltava ao namorado, e nunca discutiam religião.

Na praia de Copacabana, em um 1º de janeiro, foi levar flores a Yemanjá. Os curiosos saídos dos *révellions* a envergonharam. Mas prosseguiu: as flores que levava tinham um significado profundo. Então, nada mais a perturbou. A espuma lhe molhava a saia. E ela caminhava em direção a Yemanjá. Mais uma filha de fé existia no Brasil.

O espiritismo da Umbanda

Carlos de Azevedo

Por um artificio, mais literário do que lógico, costumamos situar em posições extremas as tendências que não caminham de mãos dadas na vida. Mas, se nos detivermos em serena meditação analítica, verificaremos que só aparentemente são opostos os extremos, isso na ciência, nas artes e nas religiões, pois nenhuma voz e nenhuma ação nesses campos de meditação e do sentimento deixam de ser uma afirmação de vida.

Essa é uma verdade que se perde nos confins milenários de eras remotas. Pta-hoep, que viveu mais de três mil anos antes de Cristo, filósofo que foi ministro do faraó, dizia que: "tudo é duplo; tudo tem dois polos; tudo tem seu oposto; os opostos são idênticos em natureza e diversos em grau; os extremos se tocam; os paradoxos se reconciliam em manifesta forma os opostos se reúnem".

Todos caminham para o mesmo fim, com o mesmo conteúdo sentimental, com suas cambiantes de amor, de felicidade e de crença, todos são cavaleiros andantes de perpetuação da vida, igualmente heróis do mesmo exército: o Amor.

Que importa existam múltiplos rituais desde que seja um só espiritualismo?

Os valores da contribuição nos diversos ritos constituem a formação de quadros educativos que tem, todos eles, os mesmos obreiros silenciosos, aqueles que comungam das tarefas gerais.

Certa vez, quando Chefe de Policia o coronel João Alberto, fomos convocados para uma reunião cujo fim era o de traçar rumos tendentes a estabelecer um critério uniforme quanto a pratica do espiritismo. Entre outros representantes das diversas organizações estávamos eu e o Presidente da Federação Espirita.

No gabinete do Chefe, enquanto aguardávamos sua chegada, palestrávamos sobre assuntos espiritualistas, sendo que eu discordava radicalmente dos propósitos da reunião, pois que, sendo leigo o Estado, qualquer intromissão da autoridade nos Centros Espiritas não só era ilegal, inconstitucional, como ainda criminosa face o Código Penal, ponto de vista esse que foi vitorioso e deu em resultado a revogação de uma portaria sobre o assunto.

Durante a tertúlia[1] ouvi do Presidente da Federação Espirita o seguinte e eloquente episódio: – eu recebera diversos convites de um centro de Umbanda, por intermédio de pessoa amiga, para assistir a uma reunião de suas práticas, sempre me esquivando, pois entendia que o umbandismo era "baixo espiritismo". Certa ocasião foi-me impossível deixar de atender a um desses convites. Durante a reunião, vendo médiuns manifestados, fumando charutos e falando um vocabulário eivado[2] de erros, a minha decepção era tal que cheguei a me tomar de piedade profunda por aqueles seres atrasados e aquelas práticas que eu reputava inferiores. E maior foi a minha convicção quando o Guia Chefe do terreiro pôs-se a dizer que minha fazenda estava com a divisa errada e que eu devia aceitar a proposta que fora feita para vendê-la ao vizinho confinante. Contestei que minha propriedade estava certa, que meu irmão a administrava e nenhuma proposta de venda fora feita. O Guia insistiu em suas afirmativas e no conselho da venda, para evitar uma triste demanda.

Deixei o terreiro com o pensamento firme de que se fazia mister impedir reuniões como essa, pois os chamados guias eram seres atrasados e até tratando de assuntos materiais e inverídicos.

---

1 Reunião de amigos, familiares ou simplesmente frequentadores de um local, que se reúnem de forma mais ou menos regular, para discutir vários temas e assuntos (nota do autor).

2 Contaminado, viciado (nota do autor).

Na primeira reunião da Federação falei ao nosso Guia espiritual sobre o que vira e ouvira e com surpresa ouvi dessa entidade que aquele espirito com a forma de Preto Velho e que me dera aqueles conselhos era ele mesmo, o nosso amado mentor.

Dias depois chegou meu irmão ao Rio trazendo a proposta do vizinho e declarando-me que de fato as divisas da propriedade estavam erradas. Vendi-a sem discutir.

O ritual da Federação Espirita tão diverso daquele humilde terreiro era apenas aparência, pois a contribuição do obreiro espiritual era a mesma, o ser valoroso o mesmo, os fins educativos e de caridade igualíssimos.

Findley,[3] o grande sábio inglês, uma das glórias científicas, que realizava admiráveis sessões de voz direta em Londres, confessa em sua obra "No limiar do etéreo" que estranhava e até ficava irritado por ver nessas reuniões, a que compareciam espíritos da mais elevada cultura, mestres sublimados, a direção inicial era dada a um ser cujo linguajar, modos bruscos e atitudes autoritárias revelavam tratar-se de um espirito atrasado, que se dizia Caboclo Pena Branca.

Foi tal sua ojeriza que um dia reclamou de um dos mestres essa presença, ouvindo então que sem o Caboclo Pena Branca nada poderiam fazer, pois ela era o mentor do grupo.

As entidades espirituais são as mesmas, a mudança das formas de apresentação varia consoante a necessidade dos trabalhos e o ambiente.[4]

---

3 Arthur Findley. Membro de Glasgow Stock Exchange, diretor do Dominion and General Trust, autor de obras de Economia e Finanças, presidente do Instituto Internacional de Pesquisas Psíquicas, presidente do London Spiritualist Alliance, presidente da Psychic and Light. Autor de ***Uma Investigação dos Fenômenos Psíquicos*** e do ***No Limiar do Etéreo*** (nota do autor).

4 Trecho de um texto publicado na obra ***Umbanda: religião do Brasil***, da Antologia do Movimento Espiritualista, publicado pela Editora Obelisco em 1968. Nesta obra, além de Carlos de Azevedo, participam também José Alvares Pessoa, Madre Yarandasã e Nelson Mesquita Cavalcanti.

A macumba explicada

A década de 1960 foi especialmente traumatizante para os cultos afro-brasileiros. Não bastasse a perseguição policial também a Igreja Católica, se sentindo prejudicada pela perda de muitos fiéis, passou a atacar ferozmente o Espiritismo, a Umbanda, a Macumba, o Candomblé e demais cultos afro-brasileiros. Os evangélicos embarcaram na onda e passaram também a atacar esses cultos.

Em 1968, Jorge de Souza Mello, membro da Igreja Batista da Pavuna publicou, pela Editora Souza Marques, do Rio de Janeiro o livro *A Macumba Explicada*. Apesar de ser bem ponderado no início da obra, vai gradativamente mostrando todo o preconceito com a Macumba. Vejamos algumas palavras que foram escritas como objetivo do livro:

> "Deus nos julga segundo as intenções de nossos corações e a sinceridade de nosso amor".
> Assim, este livro foi escrito com a melhor das intenções. Não tem um sentido de polêmica e nem tão pouco pejorativo a qualquer crença religiosa.
> Se analisado à luz da razão e da lógica pelas pessoas bem intencionadas e isentas de preconceitos, ele será uma réstia luminosa no caminho daqueles que buscam a verdade.

Explica quem deverá ler o livro:

> **Os crentes evangélicos**. Porque aqui está revelado o que se

passa num terreiro de macumba, com práticas que ofendem a Deus e deploram a dignidade humana.

Os católicos. Para saberem que há uma exploração de dogmas e ritos, como sejam: batismo, casamentos, e nome de santos pertencentes a Igreja Católica.

Os espíritas. Os macumbeiros dizem-se espíritas, mas tem relações francas com satanás, praticam o mal contra o próximo. Quanto aos espíritas, até onde conhecemos, muito embora negando a Bíblia, mas ensinam o amor e pregam a caridade.

Os macumbeiros. Sim, porque lendo as passagens bíblicas aqui citadas, poderá ser que Deus se compadeça deles e abra-lhes os olhos e o coração, para verem e entenderem as maravilhas do Evangelho, que é o poder de Deus para a salvação e encontrem a paz e a felicidade que outros tantos tem encontrado, pois o Evangelho de Cristo é o poder de Deus para a salvação de todo aquele que crê, como disse o Apóstolo Paulo. Romanos 1-6.

As autoridades. Juízes de Menores e Delegados de Polícia de todas as Comarcas, para saberem os crimes cometidos nos Terreiros de Macumba, e o fazem em nome da "religião", para servir de vitrine às suas ações criminosas e imorais.

O autor mostra a sua "sapiência" sobre os cultos afro-brasileiros e conclui que o Evangelho é como clínico competente: faz o diagnóstico, descobre e dá o remédio para a cura do enfermo. Diz ainda que a negação da bíblia se funda na ignorância completa da história, que teve o seu alicerce no Éden, quer queiram ou não. Diz ainda que a Bíblia está sempre atualizada.

Publica, em seguida, casos e depoimentos de ex-macumbeiros que se tornaram crentes evangélicos. Livros como estes foram publicados durante este período amargo para os cultos afro-brasileiros.

Figura 30: Capa do livro *A Macumba Explicada.*

Magia negra

Dr. Armando Cavalcanti Bandeira

Diário de Notícias, **11 de janeiro de 1970, n. 14471**

Alguns ainda pensam que a magia negra é coisa de gente atrasada e praticada por ignorantes, revelando assim um desconhecimento total do assunto, pois jogam a responsabilidade em cima dos negros, ou dizem que tudo isso é macumba.

A **magia negra** nada mais é do que a velha bruxaria, existente há séculos na Europa, como na Ásia ou na África, portanto da qual participaram todos os povos, todas as raças, em todos os continentes e em todas as raças, em todas as épocas da história, desde que o homem procurou agir no campo do mal ou do interesse egoísta. Não é atributo de uma raça, de um povo ou de uma religião; ela sempre é universal e constante, a que não foge a era atual apenas de todo o progresso da tecnologia, do conhecimento sociológico e das conquistas espaciais.

Relembro aqui, o prefácio do livro "Magia de Redenção", ao referir: "E quanto à crença no feitiço, isso é questão de oportunidade. Há gente que não crê em bruxaria, mas fica apavorada, quando descobre um fio vermelho na bainha da calça, uma coroa de penas de galo no travesseiro ou um sapo indesejável a coaxar obstinadamente debaixo da janela batida pela chuva miúda. Cremos que, por força de tal procedimento, é a resposta hábil e cuidadosa de conhecido cientista muito sensato, que assim disse numa entrevista sobre feitiço: O feitiço é uma superstição, com que certos entendidos conseguem prejudicar o próximo".

Os maiores livros de bruxaria, de pura magia negra são centenários, numa continuidade aos primeiros conhecimentos dos velhos cultos de cada povo, numa continuidade dos primitivos. Mas, nunca esteve sua prática tão difundida como na época atual, em que se propaga o culto de Satã, na Europa e nos Estados Unidos, estimando-se que só na América do Norte existem mais de quatrocentas associações satânicas, praticando rituais de magia negra, chegando a adotar nomes de Sociedade dos Demônios, de satã ou de Filhos do Inferno, chamados em inglês de COVENS.

Até na juventude americana há uma penetração acentuada, ao lado de métodos "hippies", chegando ao cúmulo de assassinatos como o recente caso Sharon Tate.[1]

É um mundo em descalabro, em pleno domínio da matéria, servindo de pasto às maquinações perversas das sombras, como índices a refletir numa época de ajuste cíclico da humanidade, fazendo florescer negramente os bruxos de lá ou quimbandeiros de cá.

É o campo do mal, num ciclo manifestante em que cada um usa as forças segundo as suas conveniências, sem o menor senso das responsabilidades, num clima de sugestionabilidade e superstição, abusando da crendice humana. São germinações de sementes maléficas, vicejando nos campos propícios dos que lhes são afins.

1 Foi uma atriz norte-americana e uma das mulheres mais bonitas do cinema da década de 1960. Faleceu tragicamente, assassinada, aos oito meses de gravidez, pelas mãos de Charles Manson e seus seguidores, jovem hippies. (nota do autor).

Exu, o incompreendido

Lilia Ribeiro

Diário de Notícias, **19 de abril de 1970, n. 14550**

Melhor diríamos: o injuriado, porque Exu, agente mágico da Umbanda, sempre a postos na luta contra as forças do Mal – fruto do pensamento maldoso do homem, do seu desejo de vingança, da vaidade e da ambição – é incompreendido, desde as casas de comércio que lhe dão uma representação material totalmente alheia à nossa Religião até os que, na prática de um culto igualmente alheio à Umbanda, o confundem com o obsessor sem luz, que ainda não encontrou o caminho da evolução, reflexo, por vezes, apenas do subconsciente do ser humano.

Segundo definições autorizadas, Exu é o mensageiro dos Orixás, seu servidor fiel, ainda em escala inicial de evolução, porém, em nosso culto, voltado exclusivamente ao Bem, e não um gênio do mal, ou espírito das trevas, mesmo porque, no espiritualismo, não existe ser algum a quem não seja facultado o direito de evoluir.

A representação que os africanos davam a Exu (coleção Artur Ramos), nada tem em comum com as figuras diabólicas que a ignorância idealizou para representar essa entidade. Usando indevidamente o nome de Exu, procuram, alguns, realizar trabalhos de magia dirigida contra irmãos – culpados ou inocentes que sejam – e utilizando, com requintes de maldade, aves e animais, estes seguramente inocentes. Na realidade, o que está agindo é o espírito atrasado, o subconsciente maldoso, o sadismo do próprio ser humano, pois a mediunidade é um dom e só pode ser dirigida para o Bem. É justamente contra as influências maléficas do pensamento doentio desses feiticeiros improvisados, que entra em ação o verdadeiro Exu, atraindo os obsessores, cegos ainda e procurando traze-los para as suas falanges, que trabalham visando a própria evolução.

Vem a propósito a reportagem publicada no número de abril da revista Realidade, sob o título "Magia Negra", mas envolvendo o nome de terreiros umbandistas de São Paulo. À vista do que ali se divulga, apelamos para as entidades associativas dos centros e tendas de Umbanda, a fim de que seja esclarecido que essas práticas não nos pertencem, nem são acobertadas pela nossa Religião.

Marinheiro prega o amor e a paz

Luiz Antônio S. Nascimento

Diário de Notícias, **21 de maio de 1970, n.14576**

Com uma equipe de doze médiuns e dezoito auxiliares somente em Niterói, onde atendeu aproximadamente duas mil pessoas, apenas nos dias de sábados e domingos passados em que consultou no prédio 80 da Rua Professor Otacílio, no Bairro de Santa Rosa, na capital fluminense, Marinheiro – Pedro da Silva Nazareno Douvix, incorporado em Dora Olga Gomes, uma mineira de 24 anos radicada em São Paulo, retornou ontem à Paulicéia prometendo voltar a 25 de julho próximo.

Marinheiro se incorporou na jovem Dora há cerca de 14 anos e, de lá para cá, vem procedendo a curas de enfermidades no Centro da Alameda São Caetano, 154, no Bairro de Vila Maria em São Caetano do Sul, na região do ABC paulista. Esta é a oitava vez que Marinheiro vem a Niterói. Suas visitas variam geralmente de 40 em 40 dias, recaindo, entretanto, sempre num sábado. A primeira vinda à capital fluminense ocorreu no dia 26 de julho quando atendeu a 23 pessoas. Nessas oito visitas, 3.698 pessoas já receberam sua consulta, sendo que somente nesta ultima, que transcorreu no fim de semana, afluíram 1.800 fiéis.

Onde achar Marinheiro?

Quem mora em Niterói conhece Santa Rosa. É um bairro calmo e ligado diretamente ao centro da cidade e a Icaraí. Logo na entrada da Rua Dr. Sardinha há um cruzamento por onde passa a Rua Professor Otacílio. Nas esquinas, uma mercearia e uma pequena farmácia. Mais adiante um aglomerado de pessoas a frente da Casa de número 80 e alguns vendedores de sorvete e sanduíches, na luta pela féria, aproveitando a ocasião e o calor que se abate sobre aquela gente que não arreda o pé do trânsito, de movimento pequeno, existente naquela rua.

A casa de uma pintura rosa já gasta pela ação do tempo, apresenta uma fachada pequena para atender aquela multidão que se acotovela do lado de fora das grades, ansiosas por alcançar graças benditas do Marinheiro. Pessoas de todos os níveis e classes, crentes e descrentes, esperam a sua vez desde as seis horas da manhã. Vindos de várias partes do Estado do Rio, da Guanabara e até mesmo de Goiás e Minas Gerais, portadoras de enfermidades das mais variadas, organizam-se em filas com a ficha à mão, com o objetivo de conhecer o poder milagroso do Padrinho – como também é chamado Marinheiro.

Muitos deles já não vêm pela primeira vez. Outros chegaram preparados para a espera, armados de sombrinhas, para proteção do sol, garrafa térmica e lancheira. Esperam o milagre e tem fé. Na maioria é gente humilde desenganada pelos tratamentos médicos. Lá, não tem problemas. Marinheiro não cobra por suas consultas e operações, nem aceita donativos e doções de espécie alguma. Mas nem só aos humildes é dado o direito de atendimento. Vez por outra para um "Galaxie" ou um "Corcel".[1] A madame também não sabe mais a qual especialista procurar.

Marinheiro não gosta de divulgação. Faz todo o seu trabalho olhando a caridade. Esta é a sua missão. Por uma deferência especial, a reportagem do DN conseguiu ingressar naquela casa que, por fora aparenta pequenas proporções, mas que, internamente, ocupa um terreno de quase duzentos metros de comprimento por trinta de largura, constituindo-se de três blocos. O primeiro, de duas amplas salas e três quartos, reservados às crianças; o segundo compartimento é o dos homens, com 80 acomodações, e o terceiro, um galpão coberto, de extensão pouco maior a uma quadra de tênis, com 180 leitos, para o atendimento das mulheres, restando uma área ajardinada, onde ficam

1 Automóveis Ford da década de 1970 (nota do autor).

esperando os doentes que ainda aguardam a chamada. Lá, O DN acompanhou durante horas ininterruptas, os trabalhos do Marinheiro e sua equipe, assim como a reações dos doentes que se submetem à seu atendimento.

De enfermo a enfermo

São sete horas da manhã de sábado e o espírito de Marinheiro – Pedro da Silva Nazareno Douvix – já se encontra incorporado em Dora Olga Gomes. Os primeiros doentes a serem atendidos são reunidos e distribuídos para as suas seções, de acordo com o sexo. Logo a seguir é pedida concentração para o transe de passe que dura aproximadamente 20 minutos, demorando-se mais cinco para que o anel de ligação ou corrente de materialização esteja perfeitamente feita. Pequenos pedaços de algodão são colocados sobre o corpo do enfermo, mais precisamente sobre a região da doença, ou na qual ela tenha se originado, e, cada qual profere para si próprio uma prece em louvor do anjo da guarda.

Logo após também realizar sua oração, Padrinho vai em companhia de sua equipe – integrada pelos médiuns Nilo Poncione da Silva, Léa Bessa, Pedro Vaz Moreira, Armando Rocha, Georgina Rosa Marques, Cleia Medeiros Taranto, Maria Alves Torres, Aparecida Chagas, Josemar Leite e Cândido Aparecido Chagas, atuantes apenas em Niterói – iniciar, junto às crianças, sua missão. Todas elas estão deitadas em leitos de armar e cobertas por lençóis.

Marinheiro faz tudo; tudo é ele; tudo gira em sua volta; ele é que resolve; é o dono da verdade. A equipe que se reveza, apenas acompanha o Padrinho na sua acorrida aos leitos, auxiliando na marcação de fichas, cadastros e no atendimento aos doentes, que se dá pela seguinte forma: Marinheiro chega, observa o cartão que é fornecido na entrada e que dispões sobre, além da identidade do enfermo sua doença. Apenas fricciona a boca com a ponta dos dedos, sobre o lençol, a parte atingida ou "capital" da enfermidade. Um auxiliar seu vem, marcando como uma cruz, à tinta, o, lugar tocado por Marinheiro, recomendando repouso absoluto e, se caso necessário, o uso de pomada ou colírio, conforme a enfermidade e dentro de um determinado tempo.

Os pequenos enfermos não tem distinção. Todos estão cobertos da cabeça aos pés. Sofrem de diversos males – paralisia, bronquite, sinusite, asma e outros distúrbios. Sentem a fé mas não contem o olhar curioso sempre acompanhados da mãe ou responsáveis. Ocorrências existem as mais diversas. No sábado eram várias. O choro não deixa de haver, desde aquele bebê de meses trazido pelo pai desesperado que tem medo de perdê-lo – vítima de um distúrbio no coração – ao mais crescidinho, sofrendo de asma.

De galpão a galpão

A primeira leva, congregando aproximadamente 80 crianças, é atendida em menos de uma hora. Agora, o Padrinho passa ao galpão dos homens, onde repete o atendimento, sempre de acordo com a enfermidade. A seguir é a vez das mulheres. Como no atendimento às crianças, Marinheiro prossegue incansável no trabalho. Ele não para nem se alimenta, só bebe água e fuma cigarros. Não usa pinças, anestesias, bisturis ou injeções; somente as mãos e o poder espiritual. Quanto às recomendações, para com os adultos, ele é mais rígido. Durante oito dias o operado não pode fazer extravagâncias, beber ou fumar; deve repousar.

E o atendimento continua. Muita gente ainda se encontra do lado de fora esperando cartão. A maioria vem do interior do próprio Estado do Rio. No total de consultas concedidas sábado e domingo, registrou-se um índice aproximado de 30% de enfermos vindos da Guanabara, 30% da Baixada Fluminense (Duque de Caxias, Nova Iguaçu, São João do Meriti, Nilópolis etc.), 30% de cidades serranas (Friburgo e Teresópolis principalmente) e Niterói e São Gonçalo e os restantes 10% de outros Estados – Minas Gerais, São Paulo, Espírito Santo e Goiás.

Volta só no dia 25

Marinheiro só retornará a Niterói no próximo dia 25 de julho. Até lá continuará em seu Centro, em São Caetano do Sul, como sempre fez, na sessão das quartas-feiras quando são atendidas, em média, 400 a 500 pessoas. Como aqui, em que as consultas se dão no prédio doado por um homem de negócios de Niterói, beneficiado por uma graça, lá, na Vila Santa Maria, nada se cobra nem se aceita auxilio.

A Niterói o Padrinho só veio oito vezes, contando, inclusive, a mais recente, realizada sábado e domingo. Na primeira, a 26 de julho de 1969 foram atendidas 26 pessoas; a segunda, em 11 de setembro, com 31 atendimentos; a seguir, 18 de outubro – 60; 29 de novembro – 118; 10 de janeiro – 255; 14 de fevereiro – 431; 24 de abril – 1002 e, 16 e 17 de maio, quando o atendimento se iniciou às 7 horas da manhã de 16 e encerrou-se às 24 horas de 17 com 1.800 consultas. O total geral, pelas estatísticas da equipe que trabalha com Marinheiro, somente em Niterói, atinge 3.698 pessoas.

Marinheiro vem com Dora

Luiz Antônio S. Nascimento

Diário de Notícias, **28 de maio de 1970, n.14582**

Decorria o ano de 1939 e o marinheiro Pedro da Silva Nazareno Douvix, que ainda cursava a Escola Naval, fez sua primeira viagem com destino a Portugal, junto a companheiros de turma, a bordo de um navio-escola. Era um rapaz de apenas 18 anos e de uma grande inteligência, bastando dizer que era um dos primeiros alunos de sua sala.

Em Portugal, Pedro da Silva Nazareno Douvix, ganhou como presente, uma baleeira desmontável, a qual trouxe para casa, em Santos, São Paulo. Lá chegando, Pedro logo tratou de armar sua baleeira. Na praia, quis realizar a viagem experimental na embarcação, mas nenhum de seus colegas se dispôs a participar do passeio. Pedro foi só e navegou mar adentro. Uma tempestade, entretanto, o atingiu já nas águas do Oceano, e a frágil baleeira foi a pique. O jovem marinheiro não conseguiu escapar e morreu no mar, arcando, assim, sua breve passagem pela Terra.

Família

Muitos dizem que Pedro, nascido em 1921, tinha, em sua família, muitos parentes oficiais da Marinha de Guerra brasileira. Seu pai, inclusive, teria sido aluno da Escola de Marinha Mercante. Sabe-se, também, que Pedro da Silva Nazareno Douvix, à época em que desencarnou – como dizem os espíritas – estava noivo e com casamento marcado com uma jovem paulista.

A jovem Dora

Descendente de alemães, a jovem Dora Olga Gomes é mineira de nascimento e foi morar em São Paulo ainda criança, levada pelos pais, indo residir na cidade de São Caetano do Sul. Com dez anos de idade, Dora recebeu, pela primeira vez, a chamada do espírito do "Marinheiro", que, por ordem de Jesus Curador, voltaria à terra incorporado noutra pessoa, a fim de cumprir sua missão: amparar os inocentes e assistir aos enfermos, pregando a paz, o amor, a justiça e a verdade.

O próprio "Marinheiro" hesitou – Como arcar com uma responsabilidade de curar vidas alheias? Mas veio, e incorporou-se na jovem Dora, por sua vez, também, hesitante. Daí para cá Dora desenvolveu-se mediunicamente e vem procedendo a curas físicas e espirituais todas as quartas-feiras, no Centro da Alameda São Caetano, número 154, no bairro de Vila Maria, em São Caetano do Sul, na região do ABC paulista.

Figura humana

Como figura humana, Dora Olga Gomes, é uma mulher normal, calada e um pouco vaidosa, transfigurando-se quando o espírito desincorpora. De temperamento meigo e carinhoso, Dora usa o cabelo solto, joias e não dispensa um perfume.

É casada e adora crianças. Seu marido é operário e trabalha numa importante firma nacional instalada em São Paulo; seu nome, entretanto, "Marinheiro" não permite que seja revelado. Suas crianças constituem sua paixão.

Cícero Paulo Gomes é o mais velho de apenas seis anos, e a caçula, Célia Magda Gomes, tem cinco. Eles, entretanto, permanecem em casa, acompanhando, vez por outra, sua mãe em suas peregrinações de caridade, juntamente com o pai.

Dora, espiritualmente, é de uma linha toda especial, não se encontrando em qualquer outra parte, uma irmã tão desenvolvida, mediunicamente, aceita, no entanto, todas as outras linhas existentes, desde a dos Pretos Velhos, até a do Candomblé. De Umbanda, ela nada entende. Faz parte da Seara da Mesa Branca, e é consoante com a ordem dos kardecistas. Clinicamente é uma mulher que já sofreu. Não tem duas costelas, um rim e uma válvula cardíaca.

Atuação

Em seus trabalhos, "Marinheiro" se incorpora em Dora e atende a enfermos, ininterruptamente. Já houve casos em que as consultas de "Marinheiro", em São Paulo, se estenderam por três dias e três noites, sem descansar. Em Niterói, tanto no mês de abril, como na última visita ocorrida na semana passada, o Padrinho atendeu durante dois dias e, nesse período, de nada se alimentou, ingerindo somente águas e pastilhas de hortelã, para que a voz do "aparelho" não parasse. Durante as consultas, outro fato interessante é que "Marinheiro" fuma cigarros, enquanto que Dona Dora, simplesmente, não suporta fumo.

Para a preparação espiritual dos enfermos, que por eles são atendidos, "Marinheiro" trabalha ao som de músicas sacras, como Oração de São Francisco, de gravação Cáritas; Música à Luz da Oração, pela orquestra da RGE; Ave Maria, pelo Coral Paulistano e, Milagres do "Marinheiro", pela gravadora OMB, e que representa uma música-oração em que é dita a missão dada por Jesus Curador ao "Marinheiro" e sua busca pela prática do amor, da paz, da justiça e da verdade.

Mudos falam - Cegos veem tocados por marinheiro

Luiz Antônio S. Nascimento

Diário de Notícias, **2 de junho de 1970, n.14586**

Marinheiro já perdeu a conta do número de atendimentos realizados desde que iniciou suas atividades em São Paulo. Atende a todos: ricos e pobres, negros ou não; crentes e descrentes, nada cobrando. Sua lista de curas, segundo testemunhos de integrantes de sua equipe e parentes, e amigos dos beneficiados é imensa, documentada, mesmo por cartas de agradecimento e fotos. Hoje, DN enumera algumas.

Ao chefe da equipe de médiuns que acompanha Marinheiro, em Niterói, Senhora Léa Machado Bessa revelou que, dentre as curas que presenciou, nesse tempo que segue o Padrinho, destaca a ocorrida quando da visita de Marinheiro a Niterói, no dia 10 de janeiro. Um rapaz novo ainda trouxe sua filha de 4 anos a Marinheiro. A menina não falava e ele já a tinha levado a vários médicos. Marinheiro – diz Dona Léa – se aproximou da menina e apenas tocou a garganta da pequena muda com as pontas dos dedos, se encaminhando para outro leito, sem antes pedir ao pai que voltasse nos próximos 40 dias. De repente – prosseguiu – a menina se levantou, olhou para o pai e chamou: "Papai". O responsável chegou a trazer a menina novamente e ela, hoje, já fala como qualquer outra criança de sua idade.

Agradecimento

A maioria dos seguidores de Marinheiro, seus auxiliares nas peregrinações, não esconde seu agradecimento ao padrinho. José Francisco de Aguiar é casado e tem dois filhos. Reside na Rua Venezuela, 365, em Santo André, São Paulo. Há dois anos sofria de prostatite e de distúrbios nos intestinos, bálsamo, vesícula, esôfago e respirava com dificuldade. Dispendia grande quantia com tratamentos médicos, mas foi despertado por um programa de televisão em que Dona Olga Gomes foi entrevistada. Não foi sem dificuldade que conseguiu chegar até o Marinheiro, em São Caetano do Sul, numa quarta feira de janeiro de 1968. É católico e não encontrou oposições em sua família. Duas semanas depois da consulta, nada mais sentia. Em sinal de agradecimento, segue Marinheiro por onde ele for e tem testemunhado diversas curas. Citou uma delas ocorrida em São Paulo, quando um rapaz, vitima de colite, ficou completamente bom. Hoje – revelou – o moço não pode ver o Marinheiro que começa a chorar.

O poder da cura

Outro seguidor de Marinheiro é Plínio Antunes de Matos, morador na Rua Jaime Waine, 54, em São Gonçalo. No ano passado – disse – vim por curiosidade na Rua Professor Otacílio, 80, pois um colega me dissera que um espírito incorporado numa senhora vinha operando milagres. Particularmente – acrescentou – tinha um problema estomacal, que médicos não resolviam. Aproveitei a oportunidade, uma vez que tinha pouca gente e fui operado. Quando o Padrinho colocou sua mão sobre meu corpo, senti algo cortando-me por dentro e gritei.

Fui para casa com a recomendação de que teria que ficar oito dias em repouso. Não liguei e viajei no dia seguinte para Friburgo. Passei mal e voltei para casa no mesmo dia. A dor persistia, mas, cinco dias depois, estava curado, nunca mais fui ao médico; não sinto mais nada. São tantas que a gente não tem cabeça para memorizar. Cito apenas uma: Hilda Alacon, de 6 anos, era uma menina que sofria de bronquite e não parava de tossir. Foi ao Centro em São Paulo e a felicidade voltou a reinar em sua casa, na Rua Afrânio Peixoto, em Santo André. Era mais uma desenganada pelos tratamentos médicos – finalizou.

Enfermeiro dá exemplos

O enfermeiro Clerisvaldo Tavares Ribeiro, residente na Rua Dr. Sardinha, 91, em Santa Rosa, Niterói, é outro que foi beneficiado pelo poder de cura do Marinheiro. Conta que sua esposa era portadora de um mal incurável e que já estava desesperado, não tendo mais a quem procurar. Foi lá, a conselho de amigos, e sua senhora depois de oito dias estava sã. Isto – lembrou – ocorreu em inicio do ano e foi por isso que voltei ao Marinheiro.

Dessa vez quem precisava era eu. Além de problemas pessoais e materiais, sofria de úlcera no estômago, mas agora não sofro mais. Outra cura que posso mencionar – prosseguiu – foi a ocorrida com colega meu, de nome Roberto, residente aqui, em Santa Rosa. Como enfermeiro, já tinha aplicado várias injeções que não surtiam efeito contra o mal que o acometera. Seu restabelecimento, eu me lembro bem levou 20 dias, mas veio.

Como acompanhante que é de Marinheiro, cita muitos exemplos do poder espiritual do guia. Certa vez, um senhor veio de Minas. Quase não via. Tinha glaucoma, mas ficou bom e voltou a enxergar novamente. Noutra oportunidade, foi uma senhora de Friburgo, que tinha câncer no útero. Após umas três visitas ao Marinheiro, ficou curada e, hoje, rende graças ao Padrinho. Os exemplos não são poucos – prossegue Clerisvaldo – e posso dar, ainda, o que ocorreu com minha irmã, Alcéia Tavares Ribeiro, também, daqui de Niterói. Ela tinha uma atrofia no joelho, mas, depois de duas visitas, voltou a andar normalmente, sem nada sentir – concluiu.

Traumatismo

Na semana passada, o DN, que acompanhou o atendimento de Marinheiro, em Santa Rosa, registrou os depoimentos de várias pessoas crentes na cura. Jussara Maria Merçon sofre de traumatismo cerebral e, por intermédio de um amigo, foi ao Marinheiro, no dia 4 de abril. Sábado passado ela voltou e, acompanhada da sua mãe, esteve na Rua Professor Otacílio. Sua mãe é quem diz: Jussara, que tem 13 anos, já andou pelos melhores médicos e os tratamentos de nada adiantaram. Voltei ao Marinheiro porque minha menina está apresentando sensíveis sinais de melhora. Está mais firme e já senta sozinha, corretamente. Sua família é católica e mora na Travessa Santa Rosa de Viterbo número 18, em Niterói.

Nilton Carlos Valentim dos Anjos, de 6 anos também residente em Niterói, foi outro que voltou ao atendimento do Padrinho, é sua segunda visita e já apresenta melhoras. Sofre de deficiência no cérebro e ataques de nervos. Os ataques nervosos já não acontecem e a lesão cerebral já está desaparecendo.

Dona Olga Martins veio ao Marinheiro para o tratamento de seu esposo. Ela tem fé e acredita em Marinheiro. Sofria da vesícula e alcançou uma graça, através do Espírito do Dr. Fritz, incorporado em Zé Arigó. É espiritualista e até hoje leva seu pensamento ao Dr. Fritz, não o comparando ao Marinheiro, porque cada qual traz a sua missão.

O poder de cura está tão difundido, que foi grande o número de enfermos vindos de outros Estados. André Eduardo Borges veio da Rua 94, casa 960, em Goiânia, Goiás, sofrendo de bronquite; Eduardo da Silva Mourão, de 15 anos, viajou de Belo Horizonte (Rua Itambacuri, 252), Minas Gerais, com um abscesso originado de uma operação do baço, e que não cicatrizou. Enfim, vieram doentes do Espírito Santo e até de Pernambuco, mas muitos não queriam fornecer os nomes. A afluência á procura de Marinheiro foi enorme e até carros oficiais estavam parados à porta do prédio 80, da Rua Professor Otacílio, em Santa Rosa.

O próprio Marinheiro revela que seu poder de cura só se dá quando a pessoa se prepara e se encaixa na corrente de materialização, que é feita antes do atendimento. Os casos em que as curas vem mais depressa são os de bronquite, sinusite, laringite e úlcera no estômago, sendo que as demais enfermidades obrigam o paciente uma nova consulta com o Marinheiro. Em Niterói, sua volta tão aguardada por muitos está marcada para o dia 25 de julho.

Que é a Umbanda

Dr. Armando Cavalcanti Bandeira

Diário de Notícias, **28 de junho de 1970, n. 14619**

A Umbanda no Brasil é um fato real, como um culto de largas proporções, que se estende do Amazonas, no extremo norte do país, ao Rio Grande do Sul, no outro extremo.

Umbanda é um culto espírita, com um misto de ritual indígena e africano, enriquecido com alguma liturgia católica e alguns fundamentos orientais. Surgiu no começo do século pela transformação dos antigos cultos regionais e vem assumindo o caráter de uma religião nacional pelas suas características próprias, que permitem até a sua difusão universal.

O crescimento vertiginoso, nos últimos anos, é expresso em milhares de sociedades religiosas em funcionamento, sob a denominação de Centros, Tendas, Grupos, Cabanas etc., de modo que se pode avaliar a existência de cerca de 80.000 terreiros, conforme o nome mais usual. A sua distribuição nos estados é a seguinte, segundo dados divulgados pela Imprensa: Guanabara, 20.000; Rio de Janeiro, bem acima de 10.000; São Paulo, mais de 16.000; Rio Grande do Sul, cerca de 18.000, seguindo-se os demais Estados, em proporção decrescente. No momento, já tem ido além das fronteiras e começa a se expandir noutros países pelo modo popular de suas apresentações, das quais permitem a fácil integração racial sob a luz de uma crença espiritualista.

Socialmente, atinge a todas as camadas da população, grupos raciais e étnicos. É hoje uma religião de classe média, e com muitas personalidades de influência integrando a massa de crentes, inclusive diplomados de nível universitário e militares superiores das Forças Armadas.

Quanto ao número de seguidores, basta citar que os Estados de São Paulo, Guanabara e Rio Grande do Sul congregam, cada um, mais de um milhão de frequentadores, cujo total, no Brasil, pode ser calculado em mais de cinco milhões, incluindo portugueses, italianos, japoneses e outros estrangeiros aqui residentes. Levada por estes aos seus países de origem, ou divulgada pelos brasileiros, a Umbanda alcançou a América do Norte, México, Venezuela, Uruguai, Argentina, Paraguai etc., introduzindo-se, inclusive, nos cultos locais de caráter regional.

Attila Nunes

Lilia Ribeiro

Diário de Notícias, **01 de novembro de 1970, n. 14728**

Mais um ano se passou desde que Attila Nunes deixou seus irmãos umbandistas. A sua voz, que tornamos a ouvir, agora, em gravação, nos programas que ele criou, há mais de 20 anos, vinha trazer-nos sempre uma mensagem de paz, de fraternidade, de justiça.

Attila combatia os movimentos que, visando a promoção pessoal ou financeira, viriam prejudicar o verdadeiro sentido do culto umbandista, mas dava todo o apoio e estímulo aos que o procurassem beneficiar a Religião a que ele dedicava inteiramente o seu pensamento e que nunca abandonou, a despeito das dificuldades que se lhe opuseram no inicio e dos dissabores que, injustamente, obscureceram os últimos dias de sua vida. Ainda assim, Attila Nunes, ao pisar num terreiro de Umbanda, transfigurava-se. O amor que votava a nossa Religião refletia-se na firmeza com que entoava as curimbas, contagiando o ambiente com o calor do seu entusiasmo. "Suará", um dos mais belos cânticos dos nossos Caboclos, tornou-se um símbolo da presença das suas caravanas da fé, que não interromperam suas peregrinações amigas pelos terreiros, por mais humildes que sejam, levando a mesma mensagem de fraternidade na voz de Bambina Bucci e Átila Nunes Filho.

Incompreendida por alguns, mal interpretada por outros, Umbanda, fonte inexaurível de belezas espíritas, segue vitoriosa nos seus postulados eternos. Apesar de todas as deturpações a que se vê submetida, jamais será subjugada, pois sua grande força repousa na Glória Infinita do Criador. Erram clamorosamente os que, através da Umbanda, tentam penetrar na senda tumultuosa da magia inferior, aproveitando-a para fins suspeitos. Como religião e como ciência, Umbanda é o caminho mais curto para o aprimoramento do espírito. Longe de ser apenas uma seita, é uma escola maravilhosa que segue o seu caminho, silenciosa e austera, expondo em sua filosofia normas para o estudo das dimensões e das formas de um mundo desconhecido.

Seu Sete declara guerra à imprensa e roga praga

Jornal do Brasil, **7 de setembro de 1971, n.130**

A médium Cacilda de Assis, o *cavalo* de Seu Sete, declarou guerra à imprensa na sessão do último fim de semana, pedindo as quase 20 mil pessoas reunidas em seu terreiro em Santíssimo que não comprem mais jornais e rogando nos repórteres a praga de que algum dia ainda os verá sentados em sua mesa de curas.

O Departamento de Censura Federal proibiu a reprodução em fita da sessão de sábado da Lira de Seu Sete, que seria apresentada de 6 às 9 horas na Emissora Metropolitana, com base nos decretos que proíbem a exploração da crendice popular por qualquer meio de comunicação.

Proibição

O produtor do programa de Seu Sete na Rádio Metropolitana, Ataíde Pereira, informou que estava com a fita pronta quando ao chegar aos estúdios da emissora, encontrou uma ordem de proibição da irradiação e um pedido de seu comparecimento ao CONTEL.[1]

Há algumas semanas, Ataíde vinha apresentando as sessões de Seu Sete às segundas feiras e aos sábados, mas de agora em diante não poderá mais fazê-lo, por causa da proibição con-

1 Era o órgão responsável pela censura dos meios de comunicação na Ditadura Militar. Era comandado pelo SNI e pelo DOPS (nota do autor).

tida nos Decretos 20.493, de janeiro de 1946, e 1.023, de maio de 1962.

Foi o produtor quem distribuiu uma nota oficial do terreiro, esclarecendo que não procurou promoção nas emissoras de televisão: "Seu Sete não desrespeitou nenhuma outra religião, nem tampouco a Medicina, cujo elogio foi produzido pela grande entidade da luz e manteve o alto nível de sua mensagem de amor e perfeita convivência humana".

Smoking, cartola, capa preta, com aplicação de uma lira em vermelho e ouro e permanentemente uma garrafa de aguardente na mão, charuto à boca. Foi assim que Dona Cacilda de Assis, incorporada no Seu Sete, comandou a sessão de sábado em seu terreiro, quando utilizou quase todo o tempo para justificar-se perante os frequentadores.

Na entrada, medidas de repressão foram usadas contra os jornalistas, impedindo o sistema de segurança que qualquer máquina fotográfica tivesse acesso ao local. "São ordens e temos que cumpri-las", preveniam os cambonos de Seu Sete no portão do sítio de Santíssimo.

No pavimento superior do prédio que os adeptos chamam de Lira, um conjunto[2] – pistom, saxofone, trombone, maracas, chocalho, pandeiro etc. – faziam fundo a D. Cacilda: tocavam baixinho quando ela falava e bastante alto quando ela cantava e dançava. Praticamente nisso, excluindo-se a denominada *Hora Grande*, resumiu-se a sessão. Bastante irritada, D. Cacilda – ou Seu Sete da Lira – recusou-se a receber os jornalistas, mandando pelos alto-falantes do sítio o seguinte recado: "Fiquem na de vocês que eu fico na minha".

Campanha

Apoiada pela maior parte dos presentes, pessoas humildes, a médium lançava do terreiro uma campanha para que ninguém mais compre jornais e, contrariando sua pregação de amor, manifestou o desejo de ver os repórteres na mesa das curas, isto é, procurando-a com algum problema. "Cuidado, cuidado, seus repórteres, que não sabem o que pensam", advertia pelos alto-

2 Naquela época chamava-se conjunto ao que hoje se chama de banda (nota do autor).

-falantes instalados no prédio onde estão o galpão das curas e a Lira, no momento em obras, embora não se tenha conhecimento da licença para isso fornecida pela Administração Regional da área.

Após provocar a reação popular com suas palavras, a médium começava a cantar uma canção, geralmente carnavalesca, e ensaiava uns passos de samba, enquanto milhares de pessoas esperavam em filas enormes o acesso às mesas do galpão, por onde D. Cacilda não desfilou em toda a extensão. A cada aparição de Seu Sete nas sacadas, a multidão, as mãos abertas para cima, saudava-a aos gritos, enquanto recebiam golfadas de aguardente das garrafas que iam sendo entregues ao babalaô.[3]

Hostilidades

Alguns repórteres se queixaram de hostilidades dentro do sítio, mas isso não aconteceu na realidade. Além da proibição dada aos fotógrafos – que correram o risco de terem suas máquinas apreendidas em caso de insistência – as viaturas dos jornais foram impedidas de estacionar nas proximidades e, ao final da Hora Grande – 00h30m – os auxiliares do terreiro procuravam facilitar às Kombi que faziam indevidamente o serviço de lotação.

Uma camioneta chapa branca – número 85-44-56 – foi vista deixando o terreiro, conduzindo adeptos de Seu Sete. O estacionamento improvisado nas cercanias estava sendo cobrado a Cr$ 3,00 [4] e o trânsito ficou tumultuado até as primeiras horas de domingo, sem que houvesse um só guarda em serviço.

A sério

A rigor, somente à meia noite é que foi anotado o único momento serio da sessão de sábado, isto é, na Hora Grande. Todas as 20 mil pessoas presentes entrelaçavam os braços, concentrados, enquanto Seu Sete enviava a sua mensagem. Após o ato que durou cerca de meia hora, a maior parte da pessoas se retiraram.

No resto, via-se e ouvia-se D. Cacilda cantar marchinhas de

3 O termo correto para mulher é yalorixá (nota do autor).
4 A moeda corrente da época era o cruzeiro (nota do autor).

carnaval e composições criadas especialmente para Seu Sete – "que por pertencer à Lira gosta de música". Uma delas, cantada em um coro de 20 mil vozes, dizia que "a cura do Seu Sete da Lira / tem uma beleza rara porque Seu Sete começa / onde a Medicina para" e continuava: "É um caso condenado / que ninguém mais ignora / para Seu Sete / câncer virou catapora".

No instante da Hora Grande, depois que todos cantaram uma canção alusiva, fez silencio e ouviu-se alguns gritos de pessoas que estariam manifestadas. Mais de 50 garrafas de aguardente foram consumidas, mas da seguinte forma: o conteúdo era jogado sobre os frequentadores. D. Cacilda – ou Seu Sete da Lira – pouco bebeu. Nenhuma cura foi feita diante da plateia, mas os adeptos disseram que ela se processa normalmente. Amanhã haverá trabalhos de terreiro, de ordem interna.

Vigia não permite ver Cacilda em Copacabana

Um luxuoso edifício da Avenida Atlântica – o 1136 – está sob a severa vigilância de Seu Francisco, um faxineiro de 29 anos que diz não poder dar informações a ninguém, "pois isto é um prédio de bacana". Ele é um dos empregados do edifício onde mora Dona Cacilda de Assis.

Segundo ele, Seu Sete nunca morou ali: "sua filha é que morava, mas era inquilina". Ontem, o empregado seguiu quase todas as recomendações de sua patroa. Não deixou ninguém entrar sem dizer aonde iria, e tratou mal os repórteres. Mas uma coisa ele não obedeceu: comprou todos os jornais do dia.

O prédio onde reside Dona Cacilda de Assis tem 10 andares com um apartamento por andar, entre a Avenida Princesa Isabel e a Rua Prado Junior. Sua entrada é luxuosa e os apartamentos parecem ser grandes.

No apartamento do porteiro, nos fundos do edifício, sua mulher é uma das fieis de Dona Cacilda. Em sua janela, está colocado um plástico de Seu Sete. A mulher do porteiro confirma que Seu Sete mora no edifício, "embora o andar eu não possa dizer, pois me proibiram".

O faxineiro Francisco recebe muito mal as pessoas que procuram D. Cacilda e quando descobre que são repórteres, fecha a cara e não diz mais uma palavra, a não ser o seguinte: "vocês deveriam ter mais o que fazer. Estão querendo acabar com uma santa mulher".

Fazenda vai baixar em diligência no terreiro

Técnicos do Ministério da Fazenda confirmaram ontem o inicio das sindicâncias para levantar os bens e rendimentos tributáveis de D. Cacilda de Assis, a mulher que recebe Seu Sete da Lira, e disseram que se ficar caracterizada alguma omissão no recolhimento de seu Imposto de Renda, serão aplicadas as penalidades cabíveis.

Explicaram as mesmas fontes que, em casos como esse, o Governo tenta primeiro a cobrança amigável do Imposto, dando prazos razoáveis aos interessados, antes de forçar o recebimento através da cobrança executiva. Não se sabe até agora se D. Cacilda de Assis declarou ou não os seus rendimentos.

Figura 31: EP gravado por Oswaldo Silva.

Figura 32: Salve as 4 Coroas do Velho: A Coroa da Lira, de Rei do Carnaval, de Rei do Jogo e sua Coroa de Palha de Cana!

Ponto Cantado

"É o Rei, é o Rei, é o Rei;
É o Rei da Encruzilhada, é o Rei;
Seu Sete da Lira, que está no Reino agora;
Seu Sete da Lira essa banda lhe adora;
Com Sete da Lira, só tenho felicidade;
Mas a sua capa é um manto de caridade...."

Acervo de Adão Lamenza

Figura 33: Em meio à multidão, Seu Sete da Lira distribui o santo golinho de seu marafo aos fieis que o rodeavam em mais uma sessão de sábado em Santíssimo – RJ. Na foto Seu Sete está entre a multidão, sem cartola. Acervo de Adão Lamenza.

Figura 34: A fé do povo na Gira de Seu Sete da Lira. Acervo de Adão Lamenza.

Umbandistas adotam diretriz ecumênica

Diário de Notícias, **22 de setembro de 1973, n. 15565**

Num ambiente de tumultos e discussões, provocado por participantes que não concordaram com algumas resoluções apresentadas, encerrou-se ontem, no Teatro João Caetano, o III Congresso Brasileiro de Umbanda, que reuniu vários representantes de outros Estados. Na ocasião foi criado um órgão maioral, que será responsável pela escolha do dirigente máximo da religião.

Trinta milhões de adeptos

O III Congresso Brasileiro de Umbanda contou com a participação de delegações de São Paulo, Minas Gerais, Piauí, Santa Catarina, Brasília, Paraná e Rio Grande do Sul e a presença do General Nelson Braga Moreira e foi presidido pelo Almirante Armando Cavalcanti Bandeira.

O Sr. Mário Barcelos, representante da Guanabara, esclareceu que atualmente a religião conta com 30 milhões de adeptos no Brasil, e que foram abolidos os títulos pomposos como os de "Rei do Candomblé", "Embaixatriz de Umbanda" e outros. A Umbanda tem como característica fundamental a humildade, portanto, não é admissível que ela seja usada para promoção pessoal, acrescentou.

Durante a reunião foi feita a entrega de diplomas aos participantes, em nome da Confederação Umbandista do Paraná. O Almirante Armando Cavalcanti Bandeira disse que pretende elevar a religião ao mais alto nível e divulgá-la em todo o país.

No final da sessão foi anunciada para o próximo ano a instalação do Congresso Regional de Umbanda da Guanabara. E, para diminuir a tensão criada no início dos debates, todos cantaram o Hino da Umbanda, que diz num dos seus trechos: "Umbanda é paz e amor, levando ao mundo inteiro a bandeira de Oxalá".

Chico Xavier fala sobre a Umbanda

Diário de Notícias, 27 de setembro de 1974, n. 16115

O mais famoso médium do mundo, Chico Xavier, que já psicografou 120 livros de autores diversos, falecidos (espíritos desencarnados), legítimo expoente do Espiritismo no Brasil, teceu considerações sobre a Umbanda, declarando que se trata de uma religião sumamente respeitável, que veio para as terras brasileiras por organização dos espíritos. Segundo considera o querido médium de Emmanuel, André Luiz, Humberto de Campos e outros espíritos de luz, o movimento umbandista originou-se da união de antigos escravos africanos, reencarnados em nova condição social. Com relação ao trabalho prático, mediúnico, da Umbanda, Chico Xavier, que conta atualmente 63 anos de idade, respondendo a uma pergunta que lhe foi formulada, assim se expressou:

Pergunta: O senhor acha que os espíritos que se manifestam nos terreiros de Umbanda, dizendo-se guias de cura, pretos velhos, índios, caboclos, são espíritos evoluídos? Como explica as curas conseguidas, por muita gente conhecida, em terreiros? Será que o mal, pode apresentar-se através do bem, ou então tomando a sua forma?

Chico: Nós respeitamos a religião de Umbanda como devemos respeitar todas as religiões. Vamos recorrer ao caso da Lei Cármica. Nos séculos passados, nos três, quatro séculos passados, nós – vamos dizer coletivamente – não estamos falando do ponto de vista individual, mas na condição de brasileiros, buscamos no berço onde nasceram milhões de irmãos nossos reencarnados nas plagas africanas para que eles servissem nas nossas casas, nas nossas famílias, nas instituições e organizações. Na condição de alimárias. Eles se incorporam depois de desencarnados, às nossas famílias. Eles renascem no nosso próprio sangue, nas condições de nossos irmãos para receberem, de nossa parte, uma compensação chamada de amor, para que eles sejam devidamente educados, encaminhados, tanto quanto nós pretendemos nos educar e encaminhar para o progresso. Então, temos a religião da Umbanda, que vem como uma organização dos espíritos, recentemente, porque quatro séculos significam um tempo curto nos caminhos da eternidade. Recentemente trazidos para o Brasil eles a organizaram agora, seja numa condição ou noutra. Nós, no Brasil, não conseguimos pensar em termos de cor. Nós somos todos irmãos. De modo que eles organizaram uma religião sumamente respeitável, também. Eles também veneram a Deus com outros nomes.

Veneram os emissários de Deus, com outros nomes. Respeitamos todos e acreditamos que em toda parte onde o nome de Deus é pronunciado, o bem pode se fazer. Agora, encontramos na doutrina espírita, individualmente e coletivamente, a faixa que nos compete no campo de nossa evolução, para estudos do nosso destino, para estudos da imortalidade. Quanto a problemas de cura permita-lhe lembrar uma coisa: as vezes nós pedimos socorro a determinadas organizações para a cura imediata de determinados impedimentos físicos. Essa cura parece, talvez, forçada, por nossas exigências, porque muitas vezes os nossos irmãos, trazido das plagas africanas, se habituaram, de certo modo, a nos obedecer quase que cegamente. Eles se afeiçoam a nós com uma afeição terrível, do ponto de vista do egoísmo de que nós todos, por enquanto, principalmente se referindo a mim, somos portadores. Então, exigimos uma cura que se faz de imediato no campo físico, mas nos esquecemos de que, às vezes, a cursa física é um caminho para encontrarmos, mais adiante, desastres mortais de consequências imprevisíveis. Então, se as curas demoram no ambiente kardequiano, ou se demoram no campo da medicina, vamos respeitar o problema dessa demora, porque aquilo se verifica em nosso próprio benefício. Porque muitas vezes uma doença física, ou determinada provação em nossa vida doméstica nos poupam de acidentes afeitos, acidentes materiais ou de fenômenos extremamente desagradáveis em nossa vida.

Umbanda em Revista

Demétrio Domingues, desencarnado em 2007, editou o periódico ***Umbanda em Revista***, de 1975 até 1985, publicada pela Associação Paulista de Umbanda, com periodicidade mensal, onde divulgava os principais eventos umbandistas brasileiros, além de possibilitar que outros irmãos pudessem se manifestar por meio de suas matérias.

No primeiro volume deste nosso livro apresentamos uma matéria sobre ***Umbanda em Revista***. Apresentamos agora o primeiro número deste importante periódico, de abril de 1975. Transcrevemos o editorial e uma importante matéria sobre a visita de alguns membros da União Espiritista de Umbanda do Brasil, em 1953, a São Paulo.

A contracapa mostra uma propaganda da mais tradicional casa de artigos religiosos de Umbanda e Candomblé de São Paulo: a Casa 7 Linhas. Na página 13 era registrado o futuro lançamento do ***Jornal de Aruanda***.

Editorial – O porquê aqui estamos
Demétrio Domingues

Amigo umbandista!

O nosso sincero Saravá!

Antes de iniciarmos uma nova luta devemos esclarecer que

somos, e aqui estamos despidos de toda modéstia para mostrar aos nossos leitores o que fizemos e o que somos dentro da nossa religião. Por termos apenas um espaço relativamente diminuto, vamos procurar sintetizar o máximo possível sem, contudo deixar de ressaltar os fatos mais importantes da nossa luta pelo crescimento da nossa religião. Em 1950 iniciamos nossa peregrinação pelos caminhos dos terreiros de Umbanda, e levado pelas mãos de nosso irmão Sr. Moreira e sua Senhora médium do Caboclo Tupinambá, fomos conhecer a Tenda de São Benedito na Rua Cesário Mota, uma das mais antigas de São Paulo, que era dirigida pelo falecido Sr. Freitas, e que tinha como chefe Espiritual o Caboclo Pena Verde, que tinha como médium Dona Beatriz Freitas falecida dia 30 de setembro ultimo.

Depois de vários anos de trabalho nesta Tenda, iniciamos nossa peregrinação, por ordem de nossa entidade de Pai Cambite. Inicialmente ajudamos a formação da Tenda de Umbanda Justiça de Xangô, que até hoje mantem suas portas abertas tendo a frente esta baluarte que é a Dona Carmem, em segunda formação com Miguelino de Souza e Benedito de Castro a Tenda de Umbanda Senhor do Bonfim. Em maio de 1959 juntamente com Mateus Ligoure, José Gutierrez, José Baraza e Manoel Tonha Neto, e demais companheiros fundamos a Tenda de Umbanda Mãe Yemanjá, da qual somos seu Presidente até a atual data.

Fora este grupo, fundamos em 1956 a Tenda de Umbanda São Cipriano onde até hoje sou seu Presidente e mantemos as portas abertas ininterruptamente por 19 anos. Em 1970, formamos a Tenda de Umbanda Caboclo Pedra Verde da qual também somos o seu Presidente até a presente data. Em 1971 formamos a Associação Paulista de Umbanda a qual mantemos a sua presidência até a atual data. Deixando de lado o campo da formação dos terreiros vamos procurar sintetizar nossa vida na Umbanda. Em 1970, iniciamos pela Rádio Cacique o Programa Hora de Umbanda, paralelamente lançamos um jornal com o mesmo título ***Hora de Umbanda***, o qual funcionou por 3 anos consecutivos.

Em 1961 éramos o representante em São Paulo do Colegiado Cruzeiro do Sul, que em julho do mesmo ano realizou no Estado do Rio de Janeiro o II Congresso Brasileiro de Umbanda, Em 1961 após o Congresso Nacional, juntamente com vários companheiros iniciamos a Vida da Comissão Executiva do I Congresso Paulista e Umbanda que viria mais tarde se transformar em Superior Órgão de Umbanda do Estado de São Paulo.

No I Congresso Paulista de Umbanda presidido pelo falecido General Nelson Braga Moreira, fui o seu secretario. Daí para frente trabalhei em todas as festividades e realizações de Umbanda realizada em nosso Estado, sob a direção do Superior Órgão. Em 1971 sob a designação do General fui empossado no cargo de Coordenador Geral do Órgão, no qual permaneço até a presente data, sob direção de nosso estimado Dr. Estevão Montebello, seu Presidente.

Em 1971, em dezembro, realizávamos depois de dez anos o II Congresso Paulista de Umbanda. Em 1972 iniciamos os Encontros de Chefes de Terreiros, que foram realizados em 1973 e 1974, sempre com 15 dias de atividades por todo Estado e com seu simpósio de quatro dias no Plenário da Câmara Municipal de São Paulo.

Em 1972 formamos a Federação Umbandista do Grande ABC. Em 1973 participei, como elemento de formação do III Congresso Brasileiro de Umbanda realizado no Estado da Guanabara, onde defendi duas teses preponderantes e que obtiveram aprovação unânime. A tese da Formação do Órgão Interfederativo Nacional e a tese da formação do Superior Órgão de Umbanda do Estado da Guanabara. Neste Congresso, em seu final, São Paulo levou cinco ônibus com umbandistas e, todos vestidos de branco, deram um final todo especial no Ginásio do Vasco da Gama.

Em 1974, iniciamos em São Paulo o I Encontro de Médiuns de Umbanda com 1856 inscritos. Neste mesmo ano fizemos pela primeira vez em nosso Estado o I Encontro de Curimbas de Umbanda e a Primeira Noite de Vigília a Yemanjá. Fundamos ainda a União Municipal Umbandista de Santa Catarina, onde por propositura nossa formou-se o Superior Órgão de Umbanda de Santa Catarina.

Aí está um rápido apanhado do nosso trabalho, e agora aqui estamos com uma equipe jovem e de vontade para dar a nossa Religião mais um órgão de informação, educação e conhecimentos sobre a Umbanda. Que este Exército Branco de Nosso Pai Oxalá saiba também colaborar com nosso trabalho, porque só assim podemos vencer a luta, onde tantos já fracassaram, mas que temos confiança e certeza que sairemos vitoriosos, porque a vitória não será nossa, mas sim de nossa Umbanda.

Neste final, sem demagogia, nossa homenagem sincera ao nosso querido amigo e pai, quando em vida, porque assim o estimávamos, nosso General Nelson Braga Moreira.

Amigos! Nosso sincero saravá!

Nossas reminiscências

Sinésio Filho[1]

A promissora visita de Jayme Stanzione Madruga a esta desvairada Paulicéia, lá pelos idos de 1953, precisamente no mês de dezembro, trouxe para todos nós, que trilhávamos os caminhos áridos da tão perseguida e incompreendida Umbanda, uma confiança ilimitada na liderança desse caminheiro que nasceu sob o signo iluminado do Cruzeiro do Sul.

O querido Madruga veio sem estardalhaço, quase anônimo, acompanhado de reduzido grupo fraterno onde se destacavam o Zélio de Moraes, o Floriano Manoel da Fonseca e o batalhador Raimundo Cavalcanti, todos procedentes da cidade de São Sebastião do Rio de Janeiro, na época ainda Capital da República.

Como principal objetivo de tão significativa visita, o idealista Madruga trazia a incumbência de fundar entre nós a União Espiritista de Umbanda do Estado de São Paulo, que seria uma filial da prestigiosa entidade mater União Espiritista de Umbanda do Brasil, com sede naquela grande metrópole brasileira.

Recebidos de braços abertos por um grupo de defensores da seita de pretos velhos e caboclos, onde se destacavam os saudosos José Carlos de Moura Accioly e Almerinda Fraga Abaraçu, então dirigentes do Centro Espírita São Jorge, com sede à Rua Santa Efigênia, 176, 1º andar; José Vareda e Silva, os tenentes Eufrásio Firmino Pereira e João Sebastião da Silva e o modesto autor destas reminiscências. O batalhador Madruga não tardou em entrar em ação.

1 Jornalista Francisco Sinésio da Silva Filho (nota do autor).

Na oportunidade foi também realizada uma cordial visita ao Terreiro dirigido pelo veterano Ismael Vicente, no bairro da Água Branca, denominado Associação Beneficente da Boa Mensagem, quando o incansável Jayme Madruga dirigiu uma exortação a todos os umbandistas presentes, concitando-os a cerrar fileiras em torno dos sagrados ideais de nossa seita, sem dúvida muito perseguida naquela época pela Delegacia Especializada de Costumes, bem como pelos Distritos Policiais de São Paulo.

Por mais que todos andassem na linha, seguindo rigorosamente as determinações das autoridades policiais, era permanente o medo que os dirigentes das Tendas e Terreiros possuíam de ser taxados como macumbeiros, praticantes de magia negra ou do baixo espiritismo.

Numerosos chefes de terreiro sofreram um sem número de arbitrariedades policiais, praticadas quase sempre por investigadores e soldados, algumas vezes por guardas civis, os quais invadiam os recintos invioláveis dos templos umbandistas, agindo como vândalos, depredando tudo que lhes vinha às mãos, tomados de verdadeira fúria arrasadora e desalmada.

Não desejamos citar nomes dos dirigentes e dos templos violados – e não foram poucos – para pouparmos essas tristes e dolorosas recordações a todos àqueles que viveram tão pungentes dramas, numa época felizmente já bem distante, a despeito das garantias da Constituição Brasileira de 1946, cujo parágrafo 7° do Art. 141 assim sentenciava: **"é inviolável a liberdade de consciência e de crença e assegurando o livre exercício dos cultos religiosos, salvo o dos que contrariem a ordem publica ou os bons costumes, as associações religiosas adquirirão personalidade jurídica na forma da lei civil".**

Mas, o importante é que o objetivo que Jayme Madruga e seus companheiros trouxeram para esta Capital, finalmente acabou sendo plenamente alcançado, com a fundação da União Espiritista de Umbanda do Estado de São Paulo, no dia sete de dezembro de 1953, sob a direção do grupo de Umbanda já citado linhas atrás.

Figura 35: Capa do primeiro número de *Umbanda em Revista*. Acervo do autor.

Figura 36: Contracapa do primeiro número de *Umbanda em Revista*.

Seu Sete: Assim é Dona Cacilda

Tarlis Batista

Revista *Fatos & Fotos Gente*, 14 de maio de 1979, n. 925

Se alguém pensa que Seu Sete da Lira perdeu a sua força, está completamente enganado. Todos os sábados, a partir das 21 horas e sem hora marcada para terminar, no Centro Espírita Cabocla Jurema, em Santíssimo, um subúrbio do Rio, ele continua incorporando – ou *baixando*, segundo terminologia do espiritismo – em Dona Cacilda de Assis.

Como vem acontecendo nos últimos 35 anos – segundo seus adeptos – tem realizado curas, algumas consideradas milagrosas. Só que agora a *entidade* vem sendo venerada por um número bem menor de fiéis (em torno de duas mil pessoas), bem inferior às quase 30 mil, que obrigavam Seu Sete da Lira a atender das 21 horas de sábado às 24 horas da segunda feira, sem interrupção. As sessões, atualmente, estendem-se até as primeiras horas da manhã de domingo.

O acesso continua tão difícil como há oito anos. A estrada que liga o centro do Rio a Santíssimo é totalmente asfaltada. Mas a Estrada das Mangueiras ainda não recebeu pavimentação: é de terra batida. Nos dias de chuva fica quase intransitável. Mas isso não impede que todos os que tem fé nos poderes do Seu Sete da Lira superem os obstáculos para participar das sessões – os que são filhos de santo, duas vezes por semana e os que querem apenas receber as graças, todos os sábados. E as áreas de estacionamento são ocupadas por carros de quase todos os estados ou por táxis especialmente fretados para conduzir os fiéis, já que é impossível chegar ao centro espirita de ônibus.

"Não estive presa, o Exército não efetuou qualquer intervenção no meu centro espirita e a Receita Federal vem aprovando todas as minhas declarações de renda" – revela Dona Cacilda de Assis. "Tudo o que me aconteceu não pegou de surpresa os fiéis. Seu Sete da Lira previu tudo, dois anos antes. Disse, até, que só iriam ficar, após as campanhas difamatórias, os que realmente tivessem fé. Os que estavam querendo apenas seguir a onda em torno do nome dele iriam se afastar. E não deu outra coisa. Em momento algum o Seu Sete da Lira deixou de trabalhar, de fazer curas e atos de caridade, cumprindo a sua missão entre nós".

Entre 1969 e 1971, Seu Sete da Lira era a mais famosa entidade espirita do Brasil. Para atender a todos que compareciam até o distante bairro do Santíssimo – a quase 70 km do centro do Rio – Dona Cacilda se via obrigada a distribuir senhas e promover "várias mesas de cura, só para que ninguém saísse daqui sem ser atendido", esclarece a sua filha mais velha, Luzia. A popularidade alcançada deveu-se, principalmente, à grande promoção que Chacrinha, na época na TV Globo, e Flávio Cavalcanti, na TV Tupi, fizeram em seus programas.Com os milhares de pessoas que se dirigiam para Santíssimo, acorreram, também, descrentes. Então, nos jornais e em algumas revistas, começaram a surgir ataques ao Seu Sete da Lira. Havia dúvidas quanto aos seus poderes espirituais, afirmava-se que as pessoas que se diziam curadas faziam parte de uma quadrilha voltada para enganar os incautos, levando-os a deixar grandes somas de dinheiro nas mãos de Dona Cacilda de Assis e da sua turma, explica Mário Roma, jornalista e um dos *cambonos* de Seu Sete. Outros suspeitavam da origem da fortuna pessoal de Dona Cacilda.

"A solução encontrada, segundo orientação dada por Seu Sete da Lira, foi não ligar mais para as acusações". Prossegue Dona Cacilda. "Quem tivesse alguma prova que nos levasse às barras dos tribunais para nos colocar na cadeia. Isso não aconteceu. O tempo se encarregou de mostrar, mais uma vez, que Seu Sete da Lira estava certo. A maioria das pessoas que nos seguiam e que não tinham fé se afastaram. Nosso trabalho não sofreu nenhuma interrupção, antes pelo contrário, passou a ser mais abençoado. Ele continuou realizando as suas curas e fazendo caridade para um maior número de pessoas, todas realmente carentes, sem condições de enfrentar as longas filas que existiam no passado. Elas vem de todos os cantos do Brasil e até do exterior."

Não é tarefa das mais fáceis uma aproximação com Seu Sete. É difícil também fotografar as sessões. Desconfiados das intenções dos jornalistas, os adeptos do Seu Sete não tomam uma atitude sem antes consulta-lo. Até as fotos das sessões só podem ser feitas com autorização dele. Então, tudo fica mais fácil. Todas as dependências do Centro Espirita Cabocla Jurema podem, então, ser visitadas.

Dona Cacilda dificilmente é encontrada no centro em Santíssimo. A maior parte do seu tempo, fora das sessões, ela dedica à sua editora, que fornece músicas compostas pela entidade para os cantores que desejam gravá-las. Só com muita insistência e após vários desencontros é que se consegue chegar até ela.

"Antes de conceder uma entrevista", confessa Dona Cacilda, "eu tenho que receber uma permissão do Conselho Diretor do Centro Espirita Cabocla Jurema, constituído por advogados, médicos, engenheiros, arquitetos, jornalistas e militares. Eles analisam a proposta da entrevista que me foi feita e dizem da sua conveniência ou não. Passamos a tomar essa atitude para preservar a tranquilidade com que estamos trabalhando e, também, para evitar que a minha família volte a sofrer ataques iguais aos que sofreu há oito anos. Só quem tem a liberdade para agir à vontade, aqui, é o Seu Sete da Lira."

O estilo de atuação da entidade não sofreu alteração com o passar dos anos. Ela usa o *marafo* (cachaça) como "ferramenta de trabalho", incorporando em Dona Cacilda de Assis todos os sábados – mas só aos sábados – e exigindo que durante as sessões sejam cantadas musicas populares e não os tradicionais pontos que as demais entidades exigem. As curas ainda são realizadas numa imensa mesa, dividida em três partes. Ele vai passando e aspergindo a todos com doses de cachaça. Nesses momentos Seu Sete cria as suas músicas. Durante muito tempo vários compositores levaram gravadores para as sessões, ouviam as músicas e, depois, efetuando pequenas alterações, registravam-nas em seus nomes. Para evitar que isso continuasse acontecendo e também para saber de tudo o que aconteceu nas sessões, Dona Cacilda tem uma taquigrafa que registra tudo o que ela faz e depois, quando Seu Sete vai embora, narra tudo o que aconteceu. Todos esses dados são arquivados na secretaria do centro.

– Quais são os objetivos do Seu Sete, Dona Cacilda?

– Ele só quer continuar desfrutando de paz e tranquilidade para seguir fazendo os seus trabalhos. Sabe que, no momento, está cercado pelos que verdadeiramente tem fé. E é isso que ele deseja: fé, respeito e compreensão.

Uma promessa feita por uma das tias da menina Cacilda de Assis, ao sofrer um acidente, levou-a a ficar a até a idade de sete anos sempre vestindo roupas azuis e usando longos cabelos. Ao completar essa idade, sem qualquer razão aparente, a menina teve uma doença que nenhum médico foi capaz de diagnosticar. O mal foi se agravando e a menina entrou em estado de coma, chegando a receber a extrema unção. Mas, um tio, no ultimo momento, trouxe uma rezadeira para benzer a menina, contra a vontade dos pais, avós e demais parentes. Foi nesse instante que se descobriu estar Cacilda de Assis possuída de uma entidade: Seu Sete da Lira. Levada a um centro espirita, a entidade se manifestou e tudo se resolveu. A menina ficou curada e passou a realizar curas que ninguém conseguia explicar. Anos mais tarde, fundou o primeiro centro, em Cavalcanti. Não demorou muito, o local ficou pequeno para o grande número de fiéis que ali acorriam para serem curados dos seus males físicos e espirituais. Um novo local foi encontrado, em Cascadura. Não demorou muito para, outra vez, ficar insuficiente.

"Estávamos pensando em como conseguir meios para comprar outro local, bem maior, para construir outro centro", diz Dona Cacilda. "Foi então que Seu Sete mandou um dos meus filhos comprar um bilhete da Loteria Federal, durante uma das sessões. Acabada a sessão, ele esqueceu por completo. Passando pela rua, ouviu um vendedor de bilhetes gritar o número. Lembrando-se da ordem do Seu Sete, comprou e ganhou na época Cr$ 400 mil. Com esse dinheiro nós compramos a área onde nos encontramos, fizemos as obras e demos inicio aos nossos trabalhos. A outra parte foi usada para a compra de imóveis e outras coisas para a nossa família, tal como ele havia ordenado."

Hoje o sustento das obras de caridade que são realizadas pelo centro e, também, a realização das obras são alcançados com os rendimentos dos direitos autorais das músicas que Seu Sete compõe. Ninguém, ao receber uma graça ou mesmo para frequentar as sessões do centro, é obrigado a fazer qualquer doação. Tudo é gratuito, segundo Dona Cacilda.

"Como ela veio ao mundo apenas para fazer o bem, curar aqueles que sofrem de males físicos de origem espiritual, Seu Sete não guarda rancor daqueles que um dia tudo fizeram para desmoralizá-lo. A sua missão é muito mais importante. E só terminará quando eu desencarnar, ou morrer. Então, Seu Sete não mais voltará à terra, pois só *incorpora* na pessoa que ele escolheu. E essa pessoa sou eu."

Seu Sete não é uma entidade de Candomblé, como muitos chegaram a pensar. Sua linha é de Umbanda.

Sete são os cambonos (auxiliares) que trabalham com Seu Sete da Lira.

As funções dos cambonos era dar assistência ao Sete da Lira: abrir as garrafas de cachaça, acender seus charutos, despachar os já utilizados ou demais trabalhos, reposicionar sua capa ou cartola, receber as cartas já lidas e entregues a eles por Seu Sete etc. Com o passar dos anos a quantidade de cambonos foi diminuindo e só adeptos mais selecionados e de muita fé que não abandonaram Seu Sete até a ultima sessão de Dezembro de 2000.

Figura 37: Cacilda de Assis recebeu a Comenda dos Cavaleiros de Cristo em São Paulo na década de 1980. A condecoração a elevou a categoria de Condessa e Comendadora. Acervo de Adão Lamenza.

Figura 38: Cacilda de Assis incorporada com a Cabocla Jurema. Acervo de Adão Lamenza.

Salve Seu Sete da Lira

Ultima Hora, **3 de setembro de 1983, n. 11065**

Senhor Sete da Lira sempre foi e será uma entidade de luz, com forças e magias, para curar, defender e dar apoio a todos que a ele recorrem com fé e respeito. Senhor Sete da Lira um bom compadre, companheiro das noites, das encruzas e que tira muitos das atrapalhadas. Ele é um rei, um senhor, uma ganga. Gosta de marafo, pimenta, sal e dendê, aceita presentes como charutos, moedas, sapatos, lenços e tudo que um homem vaidoso gosta.

Às vezes, na encruzilhada, quando o pedido é de responsabilidade, Senhor Sete da Lira, gosta de um banquete mais farto. Ele é o Senhor Sete da Lira, que perfeitamente pode ser incorporado em uma mulher. E existe um aparelho feminino bem conhecido de todos nós, que é Mãe Cacilda. É a ela que dou meu sarava, meu salve Sr. Sete da Lira.

Tenho certeza, minha irmã, que seu coração foi forte o suficiente para aguentar tantas ingratidões, tantas calúnias, difamações e deboches. Mas ele existe, quis assim, fez um teste. Queria saber se o aparelho que ele incorpora tem forças para sustentar uma coroa do Rei Sete da Lira. Todos correram, se afastaram, ficaram com medo. Mas ele não. Ficou e continua trabalhando e dando suas baforadas no seu charuto. Ficaram também os verdadeiros amigos, aqueles em que ele sempre confiou.

Quis lhe mostrar quem eram os verdadeiros. Foi duro e

difícil. Até sua morte foi anunciada, sua queda espiritual foi falada. Até de mistificadora você foi chamada. Esqueceram-se das curas, dos empregos arranjados, dos processos arquivados. Enfim, esqueceram tudo de bom que foi feito aí em Santíssimo pelo Senhor Sete da Lira e no aparelho de Mãe Cacilda. A televisão disputou horário de audiência.

Senhor Sete saía de um canal e partia para outro. Todos queriam faturar com o nome do Senhor Sete da Lira e com isto a mulher inexperiente, médium de incorporação, levada pela força de um homem da encruzilhada e pela maldade dos aproveitadores, chegou a um ponto em que houve desgaste muito grande, tanto físico como espiritual. Daí a necessidade de dar uma parada, diminuir o ritmo. E aqueles que esperavam o número na loteria, os 13 pontos na loteca e outras coisas medíocres e vulgares, foram baixar em outros terreiros.

As televisões não mais interessam a Mãe Cacilda nem ao Senhor Sete da Lira. Os que foram beneficiados fugiram com medo. Acharam que Mãe Cacilda estava falida e que iria pedir que pagassem suas contas. Estavam também com vergonha de dar um depoimento em nome do Espiritismo. Mas a Umbanda tem poder e o Senhor Sete da Lira continua com os poucos, mas sinceros.

Aqui também ficam registrados os meus parabéns e um Axé ao Osny Silva e a todos filhos da Mãe Cacilda, que deixaram passar as tempestades e continuam sinceros e reconhecidos. Cuidado minha mãe, atenção Senhor Sete da Lira, os palcos estão à sua espera, assim que um novo milagre for anunciado em sua tenda espírita.

Um abraço do irmão de fé e que nosso Pai Ogum esteja sempre em nossa defesa.

Zélio de Moraes - Apóstolo da Umbanda

Lilia Ribeiro

Texto de 1982

O Caboclo das Sete Encruzilhadas nunca permitiu que fossem prestadas homenagens ao seu médium, ou melhor, que a mediunidade se tornasse meio de promoção pessoal. Somente após o desencarne de Zélio de Moraes seu retrato foi colocado na Cabana de Pai Antonio, em Boca do Mato, Cachoeiras de Macacu, onde Zélio viveu seus últimos anos, exercendo a sua mediunidade.

A cerimônia simples – uma cerimonia em família porque todos que ali se encontravam pertenciam, direta ou indiretamente, à grande família umbandista que tem, como mentor, o Caboclo das Sete Encruzilhadas – emocionou os antigos companheiros de Zélio e eles prestaram sua homenagem ao precursor da Umbanda, em poucas palavras, porque não permitia que se alongasse.

De Martinho Ferreira ouvimos:

> Não posso deixar de transmitir a vocês o que o Caboclo das Sete Encruzilhadas nos deu.
> Umbanda é luz, é amor, é virtude.
> Vim da Tenda Nossa Senhora da Guia, onde aprendi, com o Caboclo da Sete Encruzilhadas, a ser umbandista no templo, fora do templo, em qualquer lugar. A ele devo o que sou, a minha condição material e espiritual. A primeira ordem que recebi dele foi estudar e casar-me. Ouvi suas lições

> nas reuniões de chefes de tendas, ao lado de João Severino Ramos, José Meireles, Durval Vaz e tantos outros. Estou emocionado porque vivi e convivi com Zélio de Moraes. E lembro Pai Antonio, com a baforada de seu cachimbo, dizendo: "pensa filho e pede". E o que se pedia era alcançado. Amar o Caboclo das Sete Encruzilhadas é dever de todo umbandista, porque foi ele quem estabeleceu a Umbanda no Brasil, criando, após a Tenda da Piedade, os seis templos iniciais, trazendo os obsedados para os seus trabalhos às margens do Rio Macacu e devolvendo-os curados às suas famílias e a medicina. Que Oxalá abençoe a aura espiritual do Caboclo das Sete Encruzilhadas.

O veterano Floriano Manoel da Fonseca declarou:

> Ouvi as lições do Zélio de Moraes. Os seus conceitos são hoje defendidos e propagados pela Aliança Umbandista do Estado do Rio de Janeiro que, desde sua fundação, levantou a bandeira do Caboclo das Sete Encruzilhadas e defende a sua doutrina. Temos certeza de que jamais os ideais de Zélio de Moraes serão esquecidos pela aliança e suas filiadas, que se dedicam à Linha do Caboclo das Sete Encruzilhadas com disposição de continuarem sempre dentro dessa linha de trabalho que será, mais hoje, mais amanhã, aquela que definirá os rumos verdadeiros da Umbanda.

Indubitavelmente Zélio de Moraes, médium do Caboclo das Sete Encruzilhadas e Preto Velho Pai Antonio, foi um grande sacerdote na Umbanda e da Umbanda. Sacerdote que fisicamente sentiu a ira e a cólera de alguns, sofrendo na própria pele toda uma perseguição. E não fora essa pertinência de Zélio, própria dos espíritos de luz missionários, a Umbanda não teria ressurgido, depois de milênios no Brasil. E não obstante toda a tempestade maléfica que sobre Zélio irradiava, do médium de Umbanda Zélio emanava para todos, amor, paz, compreensão e caridade. Está, pois, aí, o grande ensinamento do Caboclo das Sete Encruzilhadas, a todo e qualquer médium que deu seu voto sacerdotal a Umbanda. Ensinou a todos seus discípulos e assim procedia, que de graça recebes, de graça deves dar. Jamais recebeu o vil metal por qualquer trabalho que as entidades que dele faziam seu instrumento. Pela condução, e pelos ensinamentos oriundos de suas entidades mentores, pela prática de caridade e dignificante exemplo vivo de amor e perdão. Zélio Fernandino de Moraes é verdadeiramente o Apóstolo da Umbanda.

A importância de Seu Sete da Lira para a Umbanda

Cristiam Siqueira[1]

Nesses mais de 100 anos de existência social da religião umbandista, milhares de bravos e valentes guerreiros lutaram em defesa de nossa fé, de nossos direitos, e de nossa gente. Seria quase impossível tentarmos lembrar o nome de um por um desses verdadeiros "soldados de branco" que muitas vezes escondidos, sob pressão familiar, politica e militar, se viam frente à impossibilidade de realizarem seus Cultos e Liturgias, mas que mesmo assim não desistiam ganhando mais forças ainda depois de serem repreendidos. Longe de desmerecer qualquer um desses trabalhadores que, direta ou indiretamente, possibilitaram que chegássemos até onde hoje estamos, desejo destacar entre eles quatro figuras de extrema importância para a história da coletividade Umbandista: Zélio de Moraes, Benjamim Figueiredo, Matta e Silva e Cacilda de Assis. A história, em detalhes, desses quatro grandes umbandistas podem ser encontradas no primeiro volume da presente obra, no entanto, mencionarei, superficialmente, a respeito do grande papel que desenvolveram dentro da Umbanda.

1 Nascido em 7/3/1992 na Cidade de Cuiabá, é estudante de Direito, filho de Santé de Mestre Obashanan e dirigente da Casa de Oração Caboclo Tupinambá na Cidade de Várzea Grande – MT. É o mais importante pesquisador sobre a missão de Seu Sete da Lira e Dona Cacilda de Assis, possuindo um grande acervo jornalístico e fotográfico, resultado de uma grande pesquisa que ainda se encontra em andamento.

O primeiro, Pai Zélio de Moraes, é amplamente conhecido em nosso meio. Foi Zélio a alma abnegada enviada pelo Astral Superior á terra, especificamente ao Brasil, para servir de porta voz ao insigne Caboclo das Sete Encruzilhadas, para que juntos firmassem em solo brasileiro a Umbanda, religião onde, nas palavras do Caboclo das Sete Encruzilhadas: *"... aos que poucos sabem, ensinaremos; e com os que muito sabem, aprenderemos"*. A importância do trabalho de Pai Zélio é inquestionável; embora tenha recebido a missão de dirigir a primeira Tenda de Umbanda quando possuía 18 anos incompletos, soube com humildade e aceitação cumprir sua missão. Nos momentos de lutas, acusações, e julgamentos públicos se manteve firme e fiel aos seus princípios, aos princípios da Umbanda, servindo-nos de exemplo até os dias atuais. A Tenda Espirita Nossa Senhora da Piedade – Cabana de Pai Antonio e a própria Umbanda são provas incontestáveis do tamanho do trabalho de Pai Zélio, trabalho que nem o tempo nem as lutas inimigas puderam apagar, e nunca poderão.

O segundo, Benjamim Figueiredo, ficou amplamente conhecido no círculo umbandista pelos seus esforços em busca de uma melhor aceitação e instituição da Doutrina Umbandista. Assistido por Caboclo Mirim pode organizar um dos maiores Centros Umbandistas de sua época, a Tenda Mirim, onde um ritual limpo, uniformizado, oficial e digno podia ser visto por todos. Aqui apresento em destaque o ritual enquanto liturgia, pois bem sabemos que em sua época existia uma grande preocupação por parte das lideranças umbandistas em definirem aquilo que era Umbanda daquilo que não era; uma das maiores formas de se distinguir um culto de outro é justamente o estudo de suas celebrações litúrgicas, pois é em seu desenrolar que as crenças e a maneira de ver a realidade daquele grupo especifico se mostra em toda sua grandeza e beleza.

Inquestionavelmente devemos a Benjamim e ao grande Caboclo Mirim a organização do ritual umbandista em sua época, organização essa que permitiu uma definição da Umbanda frente a outros cultos impossibilitando as frequentes comparações, sempre negativas, feitas pela sociedade. Esse feito realizado por Benjamim foi fundamental na visibilidade pública da Umbanda; ele mesmo contribuiu para a construção de novos Terreiros onde a Umbanda era praticada em sua pureza permitindo que cada vez mais pessoas tivessem um contato com a religião ou ao menos soubessem que ela existia e que era independente de outras correntes religiosas. Seu trabalho sério esclareceu à muitos a realidade da Umbanda. O próprio Caboclo Mirim disse diversas vezes: *"Umbanda é coisa séria para gente séria"* e discursou diversas vezes sobre a seriedade e o papel dessa luz sobre a terra chamada Umbanda.

Se Zélio trouxe e Benjamim organizou, Matta e Silva explicou. Pai Matta, ou Mestre Yapacani, amparado por Pai Guiné trouxe a luz muitos assuntos internos da religião umbandista. Muitas práticas realizadas pela Umbanda desde seu nascimento foram explicadas por Mestre Yapacani em suas obras literárias. A linguagem científica de seus escritos, bem como um embasamento inquestionável, foram o respaldo que garantiram a divulgação de seu trabalho sério em favor do estudo da Umbanda não apenas como uma nova religião, mas sim como uma religião milenar que apenas fora renascida em solo brasileiro.

Fundou a TUO (Tenda de Umbanda Oriental) onde por anos trabalhou incansavelmente no anonimato que conquistou na prática da caridade e no estudo dos conhecimentos esotéricos da religião umbandista. Mestre Yapacani não apenas melhor explicou a Umbanda para os umbandistas, mas explicou-a também para a comunidade científica de sua época. A Umbanda, que era vista por muitos como "baixo espiritismo" ou "feitiçaria", depois de lançada sua primeira obra, *Umbanda de Todos Nós*, passou a ser objeto de estudos de antropólogos, sociólogos, historiadores e pesquisadores em faculdades e centros de estudos do País.

Embora a Umbanda já existisse, de fato, com identidade própria e uma base científica que a explicasse de forma justa e concreta, faltava-lhe ainda um impulso público social que permitisse uma popularização de sua crença e práticas, não que ela não fosse conhecida e popular, pois isso ela era, mas, suas práticas não alcançavam o nível popular positivo geral. Quando se lia sobre Umbanda em jornais sempre se viam coisas negativas, colocações pejorativas e acusadoras e muitas vezes descrições que nada tinham a ver com a Umbanda de fato. Esse papel coube a Mãe Cacilda de Assis cumprir e realizar.

Mãe Cacilda ficou amplamente conhecida no Brasil e no mundo pelos trabalhos que realizava em seu Terreiro em Santíssimo, no Rio de Janeiro- RJ, onde, incorporada pelo Exu Sete Encruzilhadas Rei da Lira, curava as mais diversas patologias que lhe fossem apresentadas, isso a olho nu servindo-se apenas de cachaça e música; muita cachaça e muita música.

Ao contrário do que se pensa Mãe Cacilda começou seu trabalho religioso muito antes da explosão popular do Exu Sete da Lira. A primeira manifestação mediúnica em sua matéria se deu quando tinha apenas sete anos de idade e a partir dali nunca mais parou.

Ainda muito jovem inaugurou seu primeiro Centro que logo ficou pequeno para a quantidade de pessoas que a procuravam o que a obrigou a se mudar para um espaço maior. Em seu segundo Centro começou a ficar conhecida por conta dos trabalhos de cura realizados pelo Exu Sete Encruzilhadas que a assistia. Passou a realizar trabalhos em três dias da semana onde nenhum valor financeiro era cobrado dos fiéis. Os trabalhos eram realizados durante toda a noite e não foram poucas as vezes em que oficiais de policia resolveram visitar o Centro em uma tentativa de fechar o local. No entanto, o Exu que de policial tinha tudo, inclusive a esperteza, logo os punha para dormir depois de tomarem um pouco de seu sacro marafo.

Cavalcanti, lugar onde se localizava o segundo Centro, foi pequeno para receber os fiéis que dia após dia aumentavam em número na Casa de Seu Sete. A saída para a situação foi uma mudança de local que logo fora providenciado. De Cavalcanti o Centro se mudou para o bairro de Santíssimo no subúrbio do Rio de Janeiro. Ali o trabalho de Mãe Cacilda se firmou de forma espantosa se tornando a maior manifestação religiosa popular do Brasil da época.

A nova propriedade adquirida e destinada para o Centro passou por e muitas adaptações, recebeu novas construções, e viu crescer um trabalho umbandista real de muita fé e de forte presença pública. Os ritos realizados semanalmente pelo Exu Sete Encruzilhadas da Lira eram realizados aos sábados, com inicio ás 20:00 horas, mas não possuíam horário fixo de encerramento, existindo situações em que foram encerrados apenas na tarde do dia seguinte. Em seus ritos o Exu bebia e cantava, curava câncer, tumores, doenças crônicas, cegos viam, surdos ouviam, paralíticos andavam, tudo isso ao som de músicas das mais diversas procedências: sambas, boleros, música clássica, marchinhas de carnaval, músicas internacionais, MPB, músicas sacras, e outras mais.

Seus ritos chegaram a receber o número de 30.000 fiéis por noite em várias situações, o que fez com que ali fosse construído o maior Templo Umbandista da história – a Lira de Seu Sete. Esse Templo que fora inaugurado no ano de 1971 só pôde ser concluído com colaborações das mais diversas procedências e origens, licitas como foi provado mais tarde, como também com contribuições tiradas do bolso da própria Mãe Cacilda que muito sofria quando via os milhares de fiéis expostos a chuvas e as adversidades do tempo nas noites de sábado enquanto tentavam participar da melhor forma possível dos trabalhos do Exu.

Todo o trabalho serio de Mãe Cacilda bem como também a popularidade alcançada pelo Exu Sete Encruzilhadas, que a assistia, fizeram com que no ultimo domingo de agosto de 1971 ela fosse levada, incorporada pelo Exu Sete Encruzilhadas da Lira, e transmitida ao vivo para todo o Brasil nos dois programas de maior audiência da época que eram o "Programa do Flávio Cavalcanti" na TV Tupi e o Programa "Buzina do Chacrinha" na TV Globo. A presença de Cacilda, mediunizada, nos estúdios televisivos foi marcada por muitas manifestações da devoção popular dirigida ao Exu, tanto pelos que o assistiam dentro dos estúdios como também pelos que em quantidade maior o aguardava do lado de fora das emissoras em uma tentativa sagrada de terem um contato com aquele que era amplamente conhecido como "Dr. Saracura", o doutor que, quando não sara, cura!

Munido de cachaça e charuto e, claro, suas músicas, o Exu incorporado em Mãe Cacilda realizou uma verdadeira amostra dos trabalhos que realizava semanalmente em seu Terreiro, com direito até mesmo a testemunhos de curas alcançadas pelos presentes que faziam questão de testemunharem no microfone as graças alcançadas. Enquanto o Exu cantava, pessoas caiam mediunizadas dentro dos estúdios enquanto os assistentes de palco, e no caso do Chacrinha as Chacretes, em um constante vai e vem tentavam ajudar a todos e diminuir a movimentação. Sobre isso na época foi publicado:

Seu Sete fez Chacrinha chorar na "Hora da Buzina"

Correio da Manhã, **31 de agosto de 1971, n. 24044**

A presença de Seu Sete, domingo no programa do Chacrinha causou um impacto extraordinário para aqueles estavam presentes no auditório. O que se viu foi uma corrente forte e com uma tremenda vibração que provocou a descida de vários orixás[1] em pleno programa, inclusive com três Go-Go Girls[2] do Velho Guerreiro dando incorporação aos seus guias. A cena mais comovente foi quando o Seu Sete fez uma corrente com os pensamentos dos filhos de seu terreiro voltados para o filho de Chacrinha, atualmente hospitalizado, levando o bom e tranquilo Abelardo Barbosa a chorar copiosamente.

Foram momentos de rara emoção com o grande publico que lotava as dependências do auditório da TV Globo, na sua maioria, sendo tomado pelos fluidos benéficos do Seu Sete e suas curimbas ao som dos atabaques.

Muito boa a presença de Wilton Franco no diálogo que manteve com Seu Sete, porque naquele momento Chacrinha era todo emoção. Foi sem duvida minha gente uma cena indescritível com o publico cantando a principal curimba de Seu Sete. Mais do que nunca, pelo que vimos, temos certeza da força do Seu Sete. No mais é bom que se ressalte o tento lavrado por Cha-

1 Entidades espirituais e não orixás (nota do autor).

2 Essa denominação surgiu na década de 1960 e era usada para designar as meninas que animavam os que hoje conhecemos como baladeiros nas pistas de dança (nota do autor).

crinha, que, acima dos interesses de seu programa, demonstrou ter uma tremenda fé e ser um sujeito de um coração fantástico.

A presença do Exu foi divulgada em todos os principais meios de comunicação do País de forma negativa por alguns, e de forma positiva e divina por outros. Nas semanas que se seguiram a sua manifestação diariamente milhares de cartas das mais partes do mundo chegavam a seu Terreiro; eram pedidos de curas, de milagres, de ajudas, de fiéis devotos cuja fé vencia a distância que os separava da médium do valoroso Guardião.

Depois da ida da médium aos estúdios de TV, a Umbanda se tornou motivo de muitos estudos, matérias de revistas e jornais, pauta de mesas redondas, discussões e de documentários. A própria presença do Exu na TV é considerada a primeira manifestação puramente umbandista e, em favor da fé umbandista da TV brasileira. Se sua presença foi vista de forma tão positiva por grande parte da sociedade, infelizmente não se pode dizer o mesmo dos órgãos representativos da Umbanda que na época tentavam, de todas as formas, denegrir o trabalho da médium por acreditarem que a mídia, que insistia em acompanhá-la, pudesse na verdade fazer mal à Umbanda e não bem. Seu Sete quando questionado a respeito disso respondia:

– ***Se Jesus viesse hoje na terra qual seria o veículo de comunicação que ele usaria para se comunicar com as pessoas ? A televisão. Pois bem, eu também fui até ela para levar a mensagem do amor e da paz, a mensagem de cura do Seu Sete da Lira.***

As campanhas difamatórias contra o trabalho de Mãe Cacilda a pressionaram de tal forma que em busca de sossego mudou-se para o Terreiro onde fixou sua residência e ali permaneceu até seus últimos dias.

Quase que diariamente o nome de Seu Sete estampava as primeiras páginas de revistas e de jornais que se punham a descrever a maravilha de seus trabalhos bem como as curas e milagres que eram vistos frequentemente dentro de seu Terreiro. Tal visibilidade talvez tenha incomodado alguns Sacerdotes que utilizavam os mesmos veículos de comunicação para insultar o Exu e sua médium além de convidá-los para supostos desafios que de longe se afastavam da seriedade do trabalho visto em Santíssimo.

Seu Sete não se preocupava, pois, enquanto mal falavam de seu trabalho, o nome da Umbanda era divulgado, os umbandistas saiam de seus casulos, passavam a usar suas guias publicamente, assumiam sua fé com mais coragem estimulados pelo Exu que de seu terreiro pregava para a Sociedade o que era a Umbanda de verdade. A seriedade do trabalho de Seu Sete com Mãe Cacilda foi, de certa forma, tão grande que em 1972 era moda os umbandistas, usarem guias no pescoço e ter o adesivo da logo de Seu Sete da Lira colado em seus veículos.

Já no inicio de nosso século os trabalhos de Seu Sete continuavam, mesmo embora o peso de mais de 90 anos de idade curvasse sua médium em alguns momentos.

Ao findar de sua vida Mãe Cacilda pode ver todo o fruto de seu trabalho: a Umbanda se tornara popular, respeitada, havia alcançado os meios televisivos e radialistas; apresentadores, cantores, grupos musicais, o meio social em geral já viam a Umbanda de forma mais respeitosa, como uma religião. É verdade que muita coisa ainda temos que melhorar. Se o respeito público da mídia conquistamos, podemos por isso dar graças a dois trabalhadores antigos de um Centro lá de Santíssimo que com muita seriedade, trabalho e luta mostraram para a Sociedade Brasileira da época o que a Umbanda é.

Salve Seu Sete!

Salve Mãe Cacilda!

Credibilidade e avalização

Periodicamente aparecem no meio umbandista os aproveitadores, sempre ávidos pelo poder temporal. Já tivemos, por exemplo, um grupo no Rio de Janeiro querendo eleger um papa vitalício para reger os destinos da Umbanda.[1]

Em 2009 uma proposta grotesca surgiu através de um manifesto do SOUESP (Superior Órgão de Umbanda do Estado de São Paulo). A organização propunha-se a "vender" seu nome e "prestígio" para todos que desejassem ver seus trabalhos chancelados por ela. Os vendilhões do templo continuam vivos. Vejamos como se manifestou o SOUESP:

Inscrições e registros abertos!

O Conselho de **avalização** e **credibilidade** tem por finalidade organizar os procedimentos de alta relevância no crescimento de forma ordenada dos cursos e material de divulgação escrita, seja imprensa, livros, apostilas etc.

O SOUESP registrará, dando valor e credibilidade, aos professores, iniciadores, autores, cantores, sacerdotes utilizando selo (logo) e dando o aval do SOUESP a trabalhos sérios e éticos e de importância ao entendimento espiritual, proporcionando **total** credibilidade aos mesmos.

1 Vide volume 2.

Diante deste absurdo, Rubens Saraceni reagiu da seguinte forma:

Aos Alunos do Colégio Tradição de Magia Divina e membros da AUEESP – Associação Umbandista do Estado de São Paulo

Tomamos conhecimento de um comunicado do SOUESP, onde um conselho de avaliação e credibilidade passará a registrar professores, iniciadores, autores, cantores, sacerdotes utilizando selo (logo) e dando o aval do SOUESP a trabalhos sérios e éticos e de importância ao entendimento espiritual, proporcinando TOTAL credibilidade aos mesmos...

Informamos aos irmãos que nenhum órgão, inclusive o SOUESP, está credenciado/capacitado/autorizado a avaliar nosso trabalho, bem como a chancelar nossos cursos.

Com relação aos cursos de magia, o único órgão jurídico que poderá avaliá-los e credenciá-los é o Instituto Cultural Colégio Tradição de Magia Divina também conhecido como Colégio de Magia, através de sua diretoria, e o seu fundador, Rubens Saraceni.

Quanto aos cursos de Desenvolvimento, Teologia e Sacerdócio de Umbanda, ministrados pelo Colégio de Umbanda "Pai Benedito de Aruanda" e por todos os outros Colégios de Umbanda que seguem a mesma doutrina, cabe à direção da AUEESP, avaliar seus membros e filiados.

Não concordamos com essa interferência em nossos trabalhos, principalmente quando, exercendo essa interferência, o faz cobrando vultosas taxas ou colocando em suspeita todos os ministrantes de cursos com muitos anos de existência e que nunca precisaram dessa chancela do SOUESP para serem respeitados e tidos como importantes e fundamentais para a expansão e fortalecimento da Umbanda.

Rubens Saraceni
Miriam Soares de Lima
Sandra Santos

Umbanda - Patrimônio imaterial do estado do Rio de Janeiro

No dia 22 de julho de 2009, o governador do Estado do Rio de Janeiro, Sérgio Cabral, sancionou a Lei Estadual 5514/2009, tornando a Umbanda patrimônio imaterial dessa unidade da federação.

Lei N° 5514, de 21 de julho de 2009.
Declara A Umbanda como patrimônio imaterial do estado do Rio de Janeiro.

O governador do estado do Rio de Janeiro

Faço saber que a Assembleia Legislativa do Estado do Rio de Janeiro decreta e eu sanciono a seguinte Lei:
Art. 1° – Declara como patrimônio imaterial do Estado do Rio de Janeiro a Umbanda, religião genuinamente brasileira.
Art. 2° – Esta Lei entrará em vigor na data de sua publicação, revogadas as disposições em contrário.

Rio de Janeiro, 21 de julho de 2009.

Sérgio Cabral
Governador

Projeto de Lei nº 2274/2009
Ementa: Declara a Umbanda como patrimônio imaterial do estado do Rio de Janeiro.
Autor: deputado Gilberto Palmares

A Assembléia Legislativa do Estado do Rio de Janeiro
Resolve:
Art. 1º – Declara como patrimônio imaterial do Estado do Rio de Janeiro a Umbanda, religião genuinamente brasileira.
Art. 2º – Esta Lei entrará em vigor na data de sua publicação, revogadas as disposições em contrário.
Plenário Barbosa Lima Sobrinho, 13 de Maio de 2009.

Gilberto Palmares
Deputado Estadual

Justificativa

Trata-se de Projeto de Lei que "**Declara a Umbanda como patrimônio imaterial do Estado do Rio de Janeiro.**"
As raízes da Umbanda estão na fusão da cultura da ancestralidade indígena com a da africana, tendo ela sido primeiramente manifestada em uma sessão kardecista a 15 de novembro de 1908, e posteriormente estruturada pelo Caboclo das Sete Encruzilhadas, através do médium Zélio Fernandino de Morais. Cabe ressaltar que a umbanda é uma religião genuinamente brasileira.
É uma manifestação religiosa baseada na caridade, na igualdade entre os seus filhos e no cuidado para com os humildes, visando sempre ao bem e à evolução espiritual. É baseada na manifestação de espíritos de várias linhas – Caboclos, Pretos Velhos, Crianças, Exus e Ciganos, como sendo as principais, os quais vêm incorporar nos médiuns para auxiliar seus irmãos encarnados a compreenderem melhor a si mesmos e ao próximo, e a evoluírem através de ações benéficas para com a humanidade. Mantém-se na Umbanda o sincretismo religioso com o Catolicismo e seus santos, assim como no antigo Candomblé dos escravos, por uma questão de tradição, pois antigamente fazia-se necessário como uma forma de tornar aceito o culto afro-brasileiro sem que fosse visto como algo estranho e desconhecido, e, portanto, perseguido e combatido.

Na Umbanda os Orixás são energias, forças da natureza que estão presentes em todos os lugares, influenciando as pessoas e irradiando energias que mantém o equilíbrio natural dos elementos em relação ao Universo. Uma interpretação mais objetiva coloca os Orixás como energias emanadas da divindade, como subdivisões da unidade perfeita de Deus e não, como muitos pensam, como espíritos que progrediram muito espiritualmente, não necessitando mais do processo reencarnatório, e que para darem continuidade no seu progresso espiritual possuem como missão organizar e orientar uma rede de espíritos com menos progresso espiritual do que eles, ajudando-os a progredirem espiritualmente. Estes espíritos são, na verdade, os guias espirituais.

Pelo exposto, conclamamos os representantes do Povo Fluminense a aprovarem a presente proposição, por se tratar de justa homenagem a uma religião genuinamente brasileira.

Associação Paulista de Umbanda entrega medalha Demétrio Domingues

Nesta quarta-feira, 29/9/2010, a Associação Paulista de Umbanda realizou cerimônia no auditório Paulo Kobayashi para o lançamento e entrega da Medalha de Honra Demétrio Domingues a líderes e membros da comunidade umbandista do Estado pela dedicação e trabalhos prestados à religião. De acordo com Edson dos Anjos, atual presidente da associação, Demétrio Domingues, falecido em 2007, foi o fundador e primeiro presidente da instituição, tendo lutado muito pelo reconhecimento e desenvolvimento da Umbanda no Brasil, por isso a instituição de uma medalha de honra em seu nome. "Este ato solene, solicitado por mim, marca a força e coesão dos umbandistas. Temos hoje aqui representantes de cerca de 30 terreiros, que devem muito a Demétrio Domingues pelo seu trabalho", declarou o presidente da sessão, deputado Edson Ferrarini (PTB).

Estiveram também presentes ao evento o presidente e o vice-presidente da União das Tendas de Umbanda e Candomblé do Brasil, respectivamente Jamil Rachid e Milton Aguirre, a presidente da Associação Espiritualista do Estado de São Paulo, Sandra Santos, a representante do Primado do Brasil e do Centro Cultural Africano, Ekedji Ogunlade, representantes da Federação Umbandista Maria Padilha, do Superior Órgão de Umbanda do Estado de São Paulo, da Federação Umbandista do Grande ABC, da Faculdade de Teologia de Umbanda, do

Primado de Umbanda do Brasil, vários chefes de terreiros e seguidores da religião.

http://www.al.sp.gov.br

Figura 39: Da esquerda para a direita: Milton Aguirre (Presidente do SOUESP), Deputado Edson Ferrarini, Edson Izidro dos Anjos (Presidente da Associação Paulista de Umbanda) e Sandra Santos (Presidente da AUEESP)

Umbanda no Paraná

Denise Freitas de Oliveira e Edgar Cavalli Junior

Duas mulheres, duas vidas, uma história

Eugenia Lopes de Oliveira (1909 – 1994), conhecida como Tia Zizi, gostava de ser tratada por "cavalo de Pai João", pois dedicou sua vida para que ele pudesse cumprir sua missão. Ela começou as incorporações com o Preto Velho aos quinze anos de idade, ainda na casa dos pais. Após seu casamento com o José Orlandini Lopes, que era maçom, iniciaram a construção do Templo Sol do Oriente.

Figura 40: D. Amélia Guiraud e Sr. Hercílio Guiraud. Fonte: http://www.paimaneco.org.br

Em paralelo à história da Tia Zizi, havia D. Amélia Guiraud (1904 – 1998), índia legítima nascida em Morretes. Ainda pequena foi adotada por um casal de alemães e cresceu em Ponta Grossa, e desde cedo tinha visões e ouvia vozes. Então os pais a colocaram num grupo chamado "Filhas de Maria", buscando amenizar sua mediunidade latente. Ainda assim, continuava a ouvir vozes e, já casada com o Sr. Hercílio Guiraud, começou a frequentar um Centro de Mesa Branca, onde os espíritos que se manifestavam identificavam–se como Dr. Leocádio, um Caboclo e um Preto Velho. Diante desta situação, os dirigentes do centro recomendaram que ela fosse para o Rio de Janeiro, pois lá vinha ocorrendo um movimento umbandista em que essas entidades poderiam ser aceitas.

Por volta de 1920 e já no Rio de Janeiro, D. Amélia fez sua camarinha. Ficou em torno de 40 dias e nesse período se apresentou o Caboclo da Mangueira, seu orientador espiritual, com quem aprendeu tudo sobre a Umbanda.

De volta a Curitiba, iniciou os trabalhos no porão da sua casa, quando o espírito que se apresentava como Leocádio no centro de mesa se apresentou como sendo Exu Geribom. Naquela época, a maioria dos trabalhos era de cura e, apesar de não terem atabaques, havia cânticos e palmas. Nesse período, como a repressão da polícia era grande e as crianças eram proibidas de ir às sessões, elas ficavam na calçada e caso avistassem um policial ou alguém suspeito, uma descia e avisava para diminuírem os barulhos.

As vidas se cruzam

Os maridos de Tia Zizi e D. Amélia - que eram maçons e estavam juntos na construção do Templo Sol do Oriente - conseguiram um terreno triangular para a edificação da casa. Através da amizade dos esposos, as correntes mediúnicas se uniram e, sob as determinações do Pai João de Benguela, o templo foi sendo construído. A edificação foi feita com base nas simbologias das antigas sabedorias. O congá ficava na mesma altura do altar do Venerável da loja maçônica e havia um fio de cobre (fio transmissor de energia) ligando os dois, sendo que na parte de cima havia a loja maçônica e na de baixo, o templo de Umbanda. Ainda existia uma área de chão batido atrás do congá à qual somente alguns médiuns tinham acesso.

Em 20 de janeiro de 1942 é fundado oficialmente o Templo Espiritualista Sol do Oriente. Entretanto, os estatutos do Templo só foram aprovados em Assembleia no dia 30 de setembro de 1947, quando então foi filiado à União Brasileira de Umbanda com diploma e gozo de todas as garantias constitucionais. Segundo os estatutos do templo, nada era feito sem autorização do Pai João de Benguela que também tinha a palavra final sobre qualquer assunto tanto na loja, quanto no templo. Desta maneira, não existia contestação.

Em 20 de janeiro de 1942 é oficialmente fundado o Templo Espiritualista Sol do Oriente. Sob o comando do Pai João de Benguela, os trabalhos eram realizados duas vezes por semana, e somente a Tia Zizi, D. Amélia e poucos médiuns trabalhavam incorporados. Os demais participavam da firmeza da corrente, sem incorporar, mas, mesmo assim, demonstrando muita seriedade e devoção.

Os trabalhos se iniciavam com os cânticos para os Orixás seguidos dos pontos das entidades dirigentes. No primeiro dia da semana ocorriam os trabalhos de passes e, quando necessário, após três vezes no passe, era agendada uma consulta com o Pai João para sequência dos trabalhos.

– Em 24 de junho de 1947 é feito o lançamento da pedra fundamental do templo.

– Em 1946 é psicografado e editado o livro "Primeiras Revelações de Umbanda".

– Em 15 de julho de 1952 acontece a inauguração, funcionando na parte de cima a Loja Sol do Oriente e na parte de baixo o Templo Espiritualista Sol do Oriente.

A separação

As duas trabalharam juntas no Templo Sol do Oriente até 1951, quando D. Amélia fundou a Tenda Espiritualista de Yemanjá (em 23/06/1951, segundo o site da A.M.E.M.) onde trabalhou por três anos sob orientação do Caboclo da Mangueira.

Apesar de estarem cada uma em um templo, mantiveram rituais semelhantes. Atendimentos duas vezes por semana e um terceiro dia para desenvolvimento da corrente. A filosofia praticada na época era a mesma: a simplicidade. Roupas brancas (calça branca e jaleco branco, tanto para homens quanto para mulheres). A única guia utilizada era a da entidade que hoje nós conhecemos no Terreiro Pai Maneco como Pai de Cabeça. Essa guia era confeccionada ao longo de sete obrigações, que podiam demorar, no mínimo, cinco anos, pois eram solicitadas uma a uma pela entidade do médium e aprovadas pela entidade responsável pelo desenvolvimento (que no caso do Templo Sol do Oriente era o Caboclo Tupinambá, também incorporado em Tia Zizi).

Considerações finais

Nossa pesquisa buscou focar, principalmente, nas figuras que desenvolveram uma prática religiosa coerente com os ideais que consideramos verdadeiros para a Umbanda. Não são poucos, ainda hoje, os centros que se autodenominam umbandistas, porém, seguem práticas longe daquelas baseadas na caridade, bondade e compaixão da mensagem original do Caboclo das Sete Encruzilhadas.

Obviamente outros fenômenos mediúnicos ocorriam na capital paranaense. Uma pesquisa não muito criteriosa em jornais, federações e ocorrências policiais do período dão conta de que centenas de centros praticavam rituais parecidos e até nominados Umbanda. Não apenas isto, mas também Candomblés, Catimbós e centros Kardecistas começavam a surgir na Curitiba de meados do século XX.

Um dos participantes foi o Sr. Edmundo Ferro que, ao sair da casa, fundou a Tenda São Sebastião.

Ainda no tocante à Umbanda praticada em Curitiba nos dias atuais, grande é o número dos centros nascidos da dedicação e amor à espiritualidade demonstrada por essas duas mulheres.

Apesar de parecer estranha a ligação tão estreita entre a

Umbanda do Paraná e a maçonaria, nos foi lembrado que a maçonaria tem três colunas de trabalho: sabedoria, força e beleza e as três colunas da umbanda são: Preto Velho, Caboclo e Erê. E onde elas se unem? A sabedoria do Preto Velho, a força do Caboclo e a beleza dos Erês.

Em cada região do país a Umbanda foi inserida dentro do contexto social da época. Em Curitiba, a maçonaria era a grande força que poderia dar respaldo para o início dos trabalhos de forma ampla e sem perseguição policial, pois os grandes nomes da sociedade estavam dentro da maçonaria e estes, dentro do Templo Sol do Oriente.

Com relação às incorporações, o que pudemos observar é que naquele período os médiuns afirmavam ser praticamente inconscientes e, segundo os relatos, todos se dedicavam muito à Umbanda. Durante as entrevistas e conversas com Ubiratan da Silva (médium do Templo Sol do Oriente da década de 1980) e Juciema Guiraud Ribeiro, neta de D. Amélia, algumas coisas nos marcaram muito e transcrevemos abaixo as frases conforme escutamos:

"Eu considero a Umbanda um sacerdócio e poucos estão preparados ou se propõem a se entregar ao sacerdócio. Eles não querem abrir mão de sua vida pessoal e é nesse ponto que começa o desvio dos caminhos do médium. Os médiuns gostam do trabalho no terreiro, de incorporação, mas falta comprometimento e obediência (porque o desenvolvimento não acontece da noite para o dia). Se aconteceu com Senhor Zélio de Moraes, Tia Zizi, D. Amélia, é porque a vida deles foi em função da Umbanda. Mas nós não queremos viver em função da Umbanda, nós queremos que a Umbanda nos sirva e isso é muito triste" - Ubiratan da Silva.

"Duas coisas que aprendi com a minha avó - e ela dizia que tudo que ela aprendeu de Umbanda foi com o Caboclo da Mangueira: cobrou fuja! Fuja! Não pergunte por que nem nada, simplesmente fuja. E chamou tem que atender, não importa a hora, nem quem e nem aonde. Tem que atender. Precisou, vai" - Juciema Guiraud Ribeiro.

Um dos participantes do Templo Sol do Oriente foi o Sr. Edmundo Rodrigues Ferro que, ao sair da casa, fundou a Tenda São Sebastião, onde o Pai Fernando de Ogum teve seu primeiro contato com a Umbanda e de onde saiu para fundar o Terreiro do Pai Maneco, nossa casa onde a Umbanda simples ainda é praticada.

Grupo de pesquisa em História da Umbanda no Paraná

Denise Freitas de Oliveira, Caroline Novak, Paulo Braz e Edgar Cavalli Junior.

O terreiro de Pai Maneco

Iniciamos este capítulo com uma citação do site http://www.paimaneco.org.br

> O Terreiro de Pai Maneco (Sociedade Espiritualista Edmundo Rodrigues Ferro) foi fundado por Pai Fernando de Ogum em 1987 e pratica a Umbanda Pés no Chão, sem misticismos. A casa tem como premissas a obediência aos espíritos, o respeito à natureza e ao livre arbítrio. Não permite cobrança por atendimentos, não faz amarrações, adivinhações, tampouco usa sangue em seus trabalhos.

Atualmente é o maior terreiro do Brasil. Está localizado na Estrada Nova de Colombo, Santa Cândida, Curitiba. No site encontramos um importante depoimento do fundador, Pai Fernando de Ogum, de 28 de março de 2011:

> A partir de hoje vou semanalmente escrever sobre um assunto ligado à Umbanda, com os quais vou expor situações para serem consideradas e analisadas pelos seus adeptos e também por aqueles que estão seguindo o caminho da nossa brasileiríssima religião.
>
> Para iniciar a coluna vou falar sobre a minha posição como Pai de Santo e as dificuldades que fazem parte dos dirigentes. Acho gratificante ser um Pai de Santo, principalmente porque foi por meu intermédio que aconteceu a fundação e

Figura 41: Capa do periódico TPM, agosto de 2012, terceira edição. Fonte: http://www.paimaneco.org.br

criação do Terreiro do Pai Maneco, hoje com mais de mil e quinhentos médiuns na ativa, com nove giras semanais. Claro que muita gente participou desse crescimento. Tenho uma alegria muito grande saber que nosso Terreiro ajudou a quebrar o preconceito contra a religião, ao menos em nossa cidade. Os números confirmam essa verdade. Os resultados positivos das curas de doenças físicas e espirituais são significativos e incontestáveis. Essa estatística é de foro intimo e que por princípio jamais serão contabilizados ou revelados. O que já aconteceu de bom e de ruim na nossa atividade como dirigente já foi apagado.

Quero falar do presente, porque ele terá reflexo no futuro. Aqui no Sul, principalmente no Paraná e no Rio Grande do Sul, a presença de Terreiros de Umbanda em atividade é significativa e numerosa. Existem muitos umbandistas nessa ponta do Brasil. Mas eu acho que deveriam existir muitas outras Casas porque isso demonstraria a pujança da religião. Para isso seria necessária a formação de vários Pais/

Mães de Santo. Acho que esse assunto já está na pauta das entidades que cuidam da Umbanda. Ventos trazendo essa revelação já sopram em vários lugares. Está então na hora dos dirigentes materiais prepararem os futuros dirigentes. Penso seriamente nisso e estou preparando uma forma de ser útil nessa tarefa, mesmo porque é uma obrigação nossa considerando que o Terreiro do Pai Maneco tem uma atuação inquestionável dentro da Umbanda.
Não para desestimular, mas para conscientizar, devo prevenir os candidatos a Pai ou Mãe de Santo, que é muito difícil exercer essa tarefa. Tenho uma enorme dificuldade em punir médiuns faltosos, determinar regras que possam magoar alguns, ter que dizer não aos amigos íntimos, não faltar aos compromissos religiosos em qualquer situação, saber administrar o elogio recebido e não se magoar com as criticas e saber que o sorriso que às vezes nos são dirigidos estão acompanhados de um pensamento maldoso. Falei assim por alto. Mas tem muita coisa ruim que não me lembro mais. Eu acho que os médiuns usam roupa branca porque assim ficam todos iguais, sem classe social ou cultural. Esse é um equilíbrio necessário ao dirigente. O maior defeito do Pai ou Mãe de Santo é a falta de ética.

Lucilia Guimarães (Mãe Lucilia de Iemanjá) fez o seguinte depoimento em 4 de maio de 2015:

Figura 42: Pai Fernando Guimarães. Fonte: http://www.paimaneco.org.br

Estamos com 2000 médiuns no momento e passam por dia 500 pessoas em busca de assistência espiritual. Há dia em que temos três giras. Temos nove giras em nosso Terreiro, todos com a mesma filosofia, mas com diferenças na maneira de conduzir os trabalhos, pois cada um tem uma personalidade. Em alguns dias temos mais de uma gira.

Esta semana estamos fazendo amaci de médiuns novos, são 200 novos integrantes e religiosos de nossa querida Umbanda. A batalha é grande, mas nosso cantinho cresce e as vozes das entidades ficam cada vez mais conhecidas neste nosso Estado. Estamos com trabalhos em Florianópolis e também em Londres, na Bahia, em Maraú e no Rio de Janeiro. Todos os filhos do Pai Maneco que tiveram por força da vida que mudar de cidade e levaram nossa filosofia.

Alimentar tantos alguidares e estar responsável por tantos médiuns não nos assusta visto que hoje a Umbanda é muito respeitada e todos os médiuns tem muito comprometimento com a nossa querida Religião.

Figura 43: Mãe Lucília com a saudosa Mãe Zilméia de Moraes na Tenda Nossa Senhora da Piedade. Fonte: http://www.paimaneco.org.br

Diversas Entidades se manifestam nas giras de caridade. Citamos as Entidades dirigentes:

Entidades que trabalham com o Pai Fernando de Ogum
Caboclo Akuan (Ogum)
Caboclo Junco Verde (Oxóssi)
Caboclo da Cachoeira (Xangô)
Pai Maneco (Preto Velho)
Pai Luis (Preto Velho)
Mestre Shibia e Mestre Chin (orientais)
Joãozinho da Praia (Erê)
João Boiadeiro (Boiadeiro)
Cigano Woisler (Cigano)
Marinheiro Martinho (Marinheiro)
Exu Tranca Ruas das Almas (Chefe da Quimbanda no TPM)
Exu Morcego
Exu da Pantera
Sr. Zé Pilintra

Entidades que trabalham com a Mãe Lucília de Iemanjá
Sete Ponteiras do Mar (Ogum)
Caboclo Folha Verde (Oxóssi)
Caboclo Ventania (Xangô)
Pai Joaquim de Angola (Preto Velho)
Dona Maria Redonda (Preta Velha)
Pedrinho da Praia (Erê)
Pedro Mineiro (Boiadeiro)
Exu Caveirinha

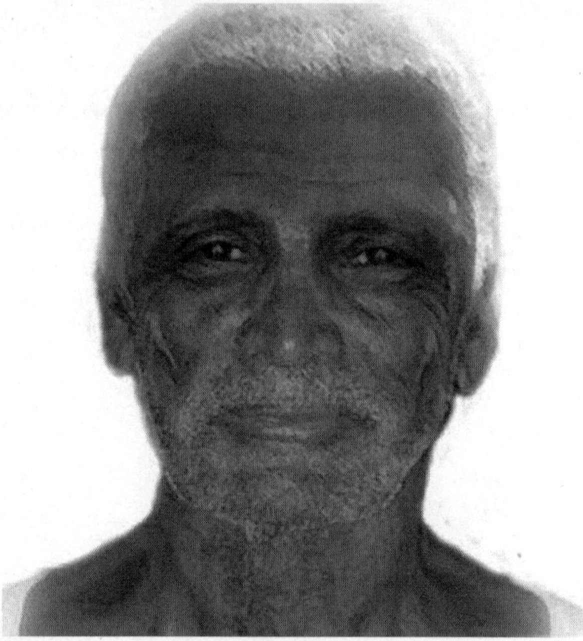

Figura 44: Imagem intuitiva de Pai Maneco feita pelo Médium Jimmi. Fonte: http://www.paimaneco.org.br

Figura 45: Imagem intuitiva do Caboclo Akauan feita pelo Médium Jimmi. Fonte: http://www.paimaneco.org.br

Pai Maneco, o maior terreiro do país

Sarah Corazza

http://revistaideais.com.br – 26/10/2011

Terreiro de Umbanda Pai Maneco, localizado na Capital, é o maior do país - Religião de brancos comandada por espíritos de negros

"Pensar coisas boas para atrair coisas boas". Assim Lucília Guimarães, mãe de santo do terreiro do Pai Maneco resumiu a filosofia da Umbanda. Religião que surgiu há 103 anos no Brasil e que ganha cada vez mais espaço e adeptos.

Alguns estudiosos afirmam que ouve uma fusão entre a Macumba e o Espiritismo de Allan Kardec e com isso alguns grupos ligados ao Espiritismo, cansados de seu intelectualismo, migrou para as cores e ritmos vibrantes da Umbanda. "Feitiçaria, práticas mágicas, e claro, o Catolicismo se uniram para formar a Umbanda", diz Diana Brown.

"A Umbanda é a religião brasileira e, ao contrário do que muitos imaginam, foi criada por brancos e não trazida pelos escravos, embora a ligação com os africanos seja muito intensa, já que incorporamos "pretos velhos", que na sua maioria eram escravos. Ela é livre de dogmas, está se desenvolvendo e a cada dia é mais procurada pela sua simplicidade e eficácia", garante o jornalista Rodrigo Fornos, que participa a sete anos das celebrações do terreiro do Pai Maneco.

Umbanda de Almas e Angola

Giovani Martins

Aspectos históricos e ritualísticos do segmento de Umbanda referência em Santa Catarina

Antes da década de 1940, já havia em Santa Catarina, principalmente na faixa litorânea, práticas espiritualistas como benzeduras (herança açoriana), feitiços e magias (herança dos negros escravos) além de atividades voltadas a doutrina e prática do Kardecismo com a existência de inúmeros centros espíritas, localizados em alguns municípios do Estado. O Kardecismo foi uma das primeiras influências espíritas nas primeiras décadas do século XX, inclusive serviu como referência para o surgimento da Umbanda catarinense. Alguns Terreiros de Umbanda que surgiram na década de 1940 em Florianópolis (SC), foram abertos a partir da iniciativa de médiuns kardecistas.

Em Santa Catarina, a Umbanda surge oficialmente em 1947, com a inauguração do Centro Espírita São Jorge Guerreiro, fundado em Florianópolis (SC) por Malvina Ayroso de Barros - Mãe Malvina. Seu Terreiro é considerado o marco histórico na consolidação da Umbanda em solo catarinense. Mãe Malvina foi a maior referência umbandista nas décadas de 1940, 1950, 1960 e 1970. Seu nome está fortemente ligado à história da Umbanda em Santa Catarina.

Mas, Santa Catarina pela forte presença europeia em sua formação sociocultural, não muito diferente de outros Estados brasileiros, resistiu muito aos movimentos religiosos afro-ameríndios. Inúmeros foram os relatos de represália contra prati-

Figura 46: Giovani Martins

cantes de magia, feitiços e outras modalidades de trabalhos espiritualistas, principalmente aqueles ligados aos trabalhados com incorporação de Exu, Pombagira, Caboclos e Pretos Velhos e ao uso de cachaça, charuto, cachimbo, etc. Os próprios Kardecistas, na época em que a Umbanda surge em Santa Catarina, recriminavam esses tipos de atividades, reforçando ao lado da igreja católica, a rejeição contra a prática espiritualista.

Nas décadas de 1940, 1950 e 1960 os praticantes umbandistas em Santa Catarina, foram fortemente perseguidos pela ação policial, ocorrendo registros de prisões e tortura contra pais e mães de santo naquele período. Um dos casos mais comentados na década de 1960 foi à prisão de uma mãe de santo. Essa foi presa incorporada com a sua entidade espiritual. Levada pela polícia foi ridicularizada, sendo obrigada a desfilar em torno na Praça XV de Novembro, em Florianópolis (SC) vestida com as roupas de santo, intimidando dessa forma outros praticantes e adeptos umbandistas. As humilhações e invasões policiais nos Terreiros de Umbanda foram muito comuns nesse período.

Em 1962, por conta dos inúmeros problemas enfrentados pelos umbandistas no Estado, foi criada União de Umbanda em Santa Catarina. Com sede em Florianópolis (SC) tinha como principal objetivo amparar legalmente os Terreiros catarinenses. Mas infelizmente a União de Umbanda em Santa Catarina não obteve expressividade estadual por falta de apoio político e principalmente financeiro.

Para Santa Catarina a década de 1970 representa uma fase de "maior aceitação" e menor repressão policial. Nessa década os Terreiros de Umbanda seguem suas práticas religiosas e ganham um grande aliado: a mídia local; que passa a favorecer a religião dando destaque as festividades e demais atividades, como eventos e obrigações internas. A década de 1970 representa um divisor de águas para a Umbanda catarinense, principalmente no que se refere à baixa ação policial. Nesse período, começam efetivamente os movimentos voltados a criação de federações legitimando e legalizando a pratica em todo o Estado.

Em 1974 é criado o SOUESC – Superior Órgão de Umbanda do Estado de Santa Catarina. Com a criação deste órgão federativo, inicia-se um processo de reconhecimento das práticas espiritualistas, buscando dessa forma uma maior organização "política" e da mesma maneira integração entre as diversas linhas de Umbanda no Estado. O SOUESC foi efetivamente a primeira organização formal de registro estatístico dos Terreiros de Umbanda, identificando e catalogando as várias linhas de Umbanda existentes. Em 1981 o SOUESC é extinto surgindo o CEUCASC – Conselho Estadual de Umbanda e Cultos Afro-Brasileiros de Santa Catarina.

A década de 1980 mantém a ascensão da Umbanda no Estado, aumentando de forma significativa o número de Terreiros espalhados por vários municípios, concentrados principalmente Florianópolis, São José, Palhoça, Blumenau, Joinville, Itajaí, Tubarão e Laguna. Tendo como referência a Grande Florianópolis, a Umbanda catarinense, amplia a rede de Terreiros, creditando ao CEUCASC, que foi criado em 1981 para apoiar e unificar todas as religiões de matrizes africanas, um importante papel de mantenedor e principal referência para a Umbanda em todo o Estado. Inúmeros alvarás foram concedidos pelo CEUCASC.

Na década de 1990 a ampliação e regionalização das práticas umbandistas em Santa Catarina tornam-se visíveis, com a presença de Terreiros em muitos centros urbanos do Estado. Nesse período o número de praticantes era de aproximadamente 20 mil adeptos, espalhados pelos quase mil Terreiros em todo o Estado. É importante ressaltar que nesses números estão incluídos Terreiros de pequeno, médio e grande porte, além dos chamados "núcleos familiares", ou seja, pessoas que praticam a Umbanda em suas residências, a chamada Umbanda familiar, sem registros formais e desprovidas de um espaço específico denominado Terreiro ou Tenda.

A década de 1990 marcou também a Umbanda catarinense, principalmente na Grande Florianópolis, com o crescimento da Umbanda de Almas e Angola. Consolidando-se nesse período, como o mais importante seguimento umbandista do Estado, a Umbanda de Almas e Angola conseguiu em apenas uma década ampliar o número de Terreiros de 50 para mais de 200 terreiros localizados, principalmente nos municípios de Florianópolis, São José, Palhoça, Biguaçu, Santo Amaro da Imperatriz, Governador Celso Ramos e Antônio Carlos.

A década de 2000 chega com novas propostas de ações afirmativas. O número de Terreiros aumenta significativamente e a necessidade de uma organização mais efetiva, no tocante a federação e legitimidade ficam cada vez mais latentes. O CEUCASC perde sua força política e outras organizações aparecem para suprir a lacuna existente. Mas, infelizmente são organizações regionalizadas, criando-se núcleos isolados, que acabam enfraquecendo politicamente a Umbanda em Santa Catarina na sua estrutura organizacional.

A Umbanda catarinense chega em 2010, com as chamadas unidades autônomas. Os Terreiros ou Tendas passam a praticar a Umbanda, sem um órgão referência, diferente do que havia nas décadas de 1970 e 1980. Amparados pelas leis federais que asseguram a prática religiosa a qualquer cidadão brasileiro, os Terreiros continuam a crescer em números, porém fechados em suas organizações internas. Enquanto outros estados brasileiros, a exemplo de São Paulo, estão cada vez mais organizados e integrados, Santa Catarina continua deficitária no tocante a integração estadual. Infelizmente por conta de divergências e interesses pessoais, a unificação da Umbanda catarinense torna-se um desafio para as novas gerações.

Cronologia da Umbanda em Santa Catarina

1831 – Decreto da Câmara Municipal de Desterro que prevê cadeia (15 dias) para praticantes de magia e feitiços.

1895 – É fundado em São Francisco do Sul o primeiro centro espírita kardecista do Estado de Santa Catarina / Centro Espírita Caridade de Jesus.

1937 – A Constituição Brasileira ampara as religiões e o uso livre do exercício da fé, porém em Santa Catarina a intolerância afro-religiosa ainda é intensa.

1940 – Até a década de 1940 praticas similares a Umbanda, eram realizadas de forma sigilosa e individualizada em Santa Catarina.

1941 – É realizado no Rio de Janeiro (RJ) pela União Espiritista de Umbanda do Brasil, o 1° Congresso Brasileiro do Espiritismo de Umbanda. No mesmo ano dona Malvina Ayroso de Barros (Mãe Malvina) viaja ao Rio de Janeiro e conhece efetivamente a Umbanda.

1945 – No dia 24 de abril é fundada em Florianópolis (SC) a FEC - Federação Espírita Catarinense (Federação Espírita Kardecista).

1946 – Dona Malvina viaja para a Bahia e faz a "coroa" em Salvador tornando-se Mãe de Santo.

1947 – Mãe Malvina funda o Centro Espírita São Jorge Guerreiro (registrado somente em 1953).

1949 – Mãe Ida (Guilhermina Barcelos) viaja para o Rio de Janeiro e faz a "coroa" tornando-se a Mãe de Santo na Umbanda de Almas e Angola.

1950 – Praticavam Umbanda em Santa Catarina: Mãe Malvina, Mãe Didi, Mãe Clarinda, Mãe Mima, Dona Ida (Guilhermina Barcelos) etc.

1950/1960 – Período de forte repressão policial contra as práticas afro-religiosas em Santa Catarina. Na mesma época crescem em números os centros kardecistas espelhados pelo estado.

1951 – Inauguração da Tenda Espírita São Jerônimo de Mãe Ida com a efetiva introdução da Umbanda de Almas e Angola em Santa Catarina.

1961 – De 16 a 23 de julho é realizado no Rio de Janeiro (RJ) o 2° Congresso Brasileiro de Umbanda com presença de umbandistas de Santa Catarina.

1962 – Em Florianópolis (SC), José dos Lírios de Lyra Telles (Pai Telles) funda a União da Umbanda de Santa Catarina.

1966 – Fundado em Blumenau (SC) o Centro de Umbanda Esotérica Pai João D'Angola vinculado a linha de Umbanda Esotérica preconizada pelo umbandista e escritor W.W. da Matta e Silva no Rio de Janeiro (RJ).

1970 – Década de 1970, período de maior visibilidade da Umbanda na mídia estadual. Umbandistas como Pai Telles passam a redigir artigos divulgando festividades e demais acontecimentos ligados a Umbanda catarinense.

1973 – Realização do 3° Congresso Brasileiro de Umbanda com a participação de umbandistas catarinenses a exemplo de Pai Telles.

1974 – Realização do Primeiro Congresso Catarinense de Umbanda, organizado por Pai Telles. No mesmo ano é criado o SOUESC (Superior Órgão de Umbanda do Estado de Santa Catarina).

1975 – Criação da União Municipal Umbandista de Joinville. No dia 03 de outubro em Niterói (RJ) aos 84anos de idade morre Zélio Fernandino de Moraes fundador da Umbanda.

1976 – Criação do primeiro Terreiro de Candomblé em Santa Catarina (Centro Espírita Caboclo Serra Negra – Pai Juca).

1977 – Lançamento do Jornal Eco Umbandista, periódico organizado pelo SOUESC. No mesmo ano é realizado o Primeiro Seminário Catarinense de Umbanda em Blumenau (SC) e criada a União Municipal Umbandista de Blumenau.

1978 – Realização do Segundo Congresso Catarinense de Umbanda no município de Laguna (SC), organizado pelo SOUESC.

1979 – Morre no Rio de Janeiro (RJ) Pai Luiz D'Ângelo, fundador da Umbanda de Almas e Angola.

1980 – Nas décadas de 1970 e 1980 período de maior integração entre os Terreiros de Umbanda em Santa Catarina. A década de 1980 corresponde ao período de surgimento do Candomblé de Keto em Santa Catarina.

1981 – Umbandistas catarinenses participam do Seminário Nacional de Lideranças Religiosas para Debates sobre Planejamento Familiar realizado em Minas Gerais. No mesmo ano é criado o CEUCASC (Conselho Estadual de Umbanda e Cultos Afro-Brasileiros de Santa Catarina - antigo SOUESC) e organizados: o Primeiro Encontro Regional de Umbanda e Cultos Afro-Religiosos - Joinville (SC), o Segundo Encontro Regional de Umbanda e Cultos Afro-Religiosos - Criciúma (SC) e o Terceiro Encontro Regional de Umbanda e Cultos Afro-Religiosos – Itajaí (SC).

1982 – Criação do Jornal Umbandista "Vira Informativo" com circulação estadual e organizado pelo CEUCASC.

1984 – Mãe Ida fecha a Tenda Espírita São Jerônimo localizada em Florianópolis (SC) e vai morar em Rio de Sul (SC).

1985 – No dia 05 de Fevereiro é realizado no Portal Turístico de Florianópolis (SC), o Quarto Encontro Regional de Umbanda e Culto Afro-Brasileiro, promovido pelo CEUCASC e o CONDU – Conselho Nacional Deliberativo de Umbanda e dos Cultos Afro- Brasileiros.

1986 – Festas de Iemanjá realizadas nas praias catarinenses ganham mídia estadual e nacional.

1988 – Morre Mãe Malvina. No mesmo ano é fundada a Tenda Espírita Caboclo Cobra Verde no município de São José (SC).

1990 – Década de declínio da CEUCASC e menor integração estadual dos terreiros de Umbanda. Em 1990 é criada a FUESC (Federação Umbandista do Estado de Santa Catarina) tentando substituir o CEUCASC. Ainda na década de 1990 ocorre a ampliação do número de terreiros de Almas e Angola na Grande Florianópolis.

1996 – Realização do Congresso Catarinense de Umbanda e Cultos Afro-Brasileiros, promovido pela União Blumenauense de Umbanda (com pouca expressão e poucos participantes).

1997 – No dia 21 de fevereiro morre Hilca Ávila Soares (Mãe Hilca de Inhaçã), importante referência para a Umbanda de Almas e Angola em Santa Catarina. No mesmo ano a Tenda Espírita Caboclo Cobra Verde cria suas páginas na internet, sendo o primeiro site umbandista de Santa Catarina.

1998 – Criação da UNIAFRO – União da Cultura e Religiosidade Afro-Brasileira em Santa Catarina com sede em Florianópolis. Em São José é Criada a ASCOVE / Associação Cobra

Verde de Ações Solidárias. Vinculada a Tenda Espírita Caboclo Cobra Verde, representa a primeira associação umbandista do estado voltada exclusivamente a realização de projetos sociais comunitários. No mesmo ano em Lages (SC) é fundado o SOU / Superior Órgão de Umbanda e dos Cultos Afro.

1999 – Lançamento do livro: Almas e Angola – Ritual e Cotidiano da Umbanda, da jornalista Vanessa Pedro. Primeira obra do gênero no Estado.

2001 – Lançamento do livro: "Com a bandeira de Oxalá" (Trajetórias, práticas e concepções das religiões afro-brasileiras na Grande Florianópolis), da professora Cristiana Tramonte.

2003 – Em Santa Catarina morre (06 de maio) Pai Evaldo de Oxalá, fundador da Tenda Espírita Jesus de Nazaré e codificador da Umbanda de Almas e Angola.

2005 – Realizada no dia 01 de fevereiro na praia de Balneário Camboriú (SC) grande festa a Iemanjá com a participação de mais de 20 terreiros catarinenses. Em Florianópolis morre (21 de fevereiro) Mãe Ida de Xangô, fundadora da Tenda Espírita São Jerônimo e fundadora da Umbanda de Almas e Angola em Santa Catarina.

2006 – Lançamento do livro ***Ritual de Almas e Angola em Santa Catarina*** do professor e pesquisador afro-religioso Giovani Martins. Na Assembleia Legislativa do Estado de Santa Catarina é realizado a Primeira Feira Afro-Religiosa de Santa Catarina promovida pela CEUCASC e UNIAFRO com apoio do Deputado Estadual Nilson Nelson Machado.

2007 – Fundação da ATUAA (Associação dos Terreiros de Umbanda de Almas e Angola do Brasil). No mesmo ano em Lages (SC) é criada a Web Rádio Voz dos Orixás, primeira rádio via internet do estado de Santa Catarina com programação integral voltada a Umbanda e ao Candomblé.

2008 – Comemorado em Todo o Brasil o Centenário da Umbanda. Em Santa Catarina é realizada na Câmara de Vereadores de Florianópolis a Primeira Semana das Religiões de Matrizes Africanas com a participação de terreiros umbandistas e exposição afro-religiosa.

2009 – Realização, no mês de abril, da Primeira Carreata em Homenagem a São Jorge Guerreiro (Ogum) em São José

(SC), promovida pela ATUAA e CEUSCD – Centro Espírita de Umbanda São Cosme e Damião. Na Câmara de Vereadores de Florianópolis é lançado o segundo livro do professor e pesquisador afro-religioso Giovani Martins intitulado: ***Ritual de Almas e Angola - A Umbanda Catarinense***. Em Itajaí no dia 22 de agosto, Altamiro Pereira, mais conhecido como Pai Altamiro, com 50 anos de sacerdócio umbandista, é homenageado na Casa da Cultura do Município. Sua consagração como Pai de Santo foi realizada em Florianópolis por Mãe Malvina em 1958.

2010 – A Grande Florianópolis, por ter sido o local da origem oficial da Umbanda em Santa Catarina e por sediar órgãos federativos estaduais, continua sendo referência para as demais práticas umbandistas catarinenses. No mesmo ano a Tenda Espírita Santa Rosa de Lima – TESRL é fechada por tempo determinado (um ano) por questões de intolerância religiosa.

2011 – Lançamento nacional pela **Ícone** Editora do livro ***Umbanda de Almas e Angola - Ritos, Magia e Africanidade*** do autor Giovani Martins sob a coordenação editorial do também escritor Diamantino Fernandes Trindade. Com a edição nacional do livro, a Umbanda de Almas e Angola ganha projeção nacional.

2012 – A Umbanda Catarinense, novamente ganha visibilidade nacional com a publicação de dois artigos do pesquisador afro-religioso Giovani Martins na Revista Espírita de Umbanda da Editora Minuano.

2013 – Dois novos artigos do pesquisador afro-religioso Giovani Martins são incluídos em duas edições da Revista Espírita de Umbanda da Editora Minuano. No mesmo ano são abertos novos Terreiros de Almas e Angola em Santa Catarina e entra em vigor a "Lei do Silêncio" no município de Florianópolis, intimando alguns Terreiros de Matrizes Africanas a comparecerem ao Ministério Público, por conta do uso de Atabaques em seus ritos internos. Novamente os Terreiros de Umbanda são alvo de represália e intimações jurídicas e policiais.

2014 – O professor e pesquisador afro-religioso Giovani Martins lança mais um livro nacional voltado ao segmento de Umbanda Almas e Angola. No mesmo ano um Terreiro umbandista catarinense é invadido pela ação abusiva da Policia Militar de Santa Catarina que, além de quebrarem os atabaques, prendem dirigentes e filhos de santos. Ainda em 2014 é lançada mais uma obra nacional do autor Giovani Martins, desta feita voltada ao tema Umbanda e Meio Ambiente. No final do mesmo ano, a Câmara Municipal de Florianópolis aprova uma lei, "permitindo" que os Terreiros de Matrizes Africanas utilizem os atabaques até às 2 horas da manhã, motivando indignação e revolta por parte dos adeptos afro-religiosos que novamente passam a ser submetidos a leis municipais, desrespeitando seus direitos de liberdade de culto religioso garantidos pela Constituição Federal.

2015 – Novas manifestações envolvendo os adeptos afro-religiosos são realizadas, com o propósito de legitimar a prática afro-religiosa em Santa Catarina. Em abril é entregue na OAB uma ação manifesto, solicitando apoio jurídico, diante da forte repressão e intolerância religiosa presente em várias partes do Estado. Ainda no mês de abril, é realizada a sétima carreata à Ogum no município de São José (Grande-Florianópolis) objetivando chamar a atenção dos adeptos umbandistas para a necessidade de mobilizações contra a Intolerância Religiosa. No município de Florianópolis, infelizmente é fechado por determinação da justiça, mais um Terreiro de Umbanda de Almas e Angola.

A Umbanda de Almas e Angola

A Umbanda de Almas e Angola é uma das ramificações mais africanizadas dentre os segmentos umbandistas. Um dos exemplos é o rito interno denominado "Feitura de Santo". Nesse rito o médium tem sua cabeça raspada, fica recluso no Terreiro, deitado numa esteira por sete dias e como ocorre em alguns tipos de Candomblés, ao longo dos dias e noites é "submetido" a inúmeras obrigações.

Quanto a Origem dos Ritos africanistas praticados ainda hoje na Umbanda de Almas e Angola, existem algumas controvérsias. Há quem afirme ter surgido das práticas denominadas calundus,[1] movimento religioso oriundo do sincretismo

1 Os calundus, também chamados de curandeiros, possuíam grande influência sobre a comunidade, pois eram considerados importantes lideres religiosos.

afro-católico ocorrido no período da escravidão, principalmente entre os negros bantos. Outros acreditam ter surgido a partir de outra importante prática afro-religiosa denominada Cabula.[2] Mas, em relação à denominação **Umbanda de Almas e Angola**, todos concordam com a ideia de ter sido Pai Luiz D'Ângelo o codificador desse importante segmento de Umbanda.

Mas, voltando à origem histórica da Umbanda de Almas e Angola, na primeira década, logo após a abertura da Tenda Espírita Fé, Esperança e Caridade, ocorrida em meados de 1930, Pai Luiz D'Ângelo manteve separado o Rito Almas e Angola das atividades e/ou sessões de Umbanda, porém ao longo do tempo as duas práticas foram se mesclando. A amálgama que ocorreu em sua Tenda, localizada na Rua Iguaçu, no Bairro Engenho Leal no Rio de Janeiro, foi o marco inicial para o efetivo surgimento da Umbanda de Almas e Angola.

No Rio de Janeiro, Pai Luiz D'Ângelo praticou a Umbanda de Almas e Angola até 1979. Nessa época, o Ritual já não possuía a mesma visibilidade das décadas de 1940, 1950 e 1960, diminuindo dessa forma o número de seguidores em função da crescente procura pela Umbanda Tradicional. Com o falecimento de seu idealizador, o Ritual praticado no Rio de Janeiro perdeu sua maior referência e entrou numa fase de declínio. Motivo pelo qual pouco se ouve falar em Almas e Angola na região Sudeste do Brasil, especificamente no Estado do Rio de Janeiro, berço da Umbanda. Infelizmente, as informações históricas e ritualísticas pertinentes ao segmento umbandista, que na época eram passadas única e exclusivamente de forma oral por Pai Luiz D'Ângelo se perderam por falta de registros formais.

Historicamente, podemos dizer que Santa Catarina conheceu o Ritual de Almas e Angola após o fim da Segunda Guerra Mundial, em meados da década de 1940. Naquela época, a pedido de suas Entidades espirituais, Guilhermina Barcelos, carinhosamente conhecida por Dona Ida, viajou para o Rio de Janeiro buscando novos fundamentos para reestruturar seu Terreiro onde já realizava sessões com atendimento ao público,

2 Cabula é também o nome de um bairro de Salvador que teve origem no quilombo do Cabula, onde negros de origem Bakongos e Angola praticavam uma dança de caráter ritual, ao ritmo de um toque de percussão religioso, denominada "kabula", que deu origem ao nome do bairro.

seguindo os moldes da Umbanda Tradicional. Após visitar inúmeras Casas de Santo, conheceu finalmente Pai Luiz D'Ângelo onde encontrou, além dos fundamentos procurados, um Pai de Santo que a acolheu de forma ímpar, sugerindo que fizesse o Santo, disseminando dessa forma a Umbanda de Almas e Angola para o Sul do país. Atendendo ao pedido, Dona Ida realiza em 1949, no Rio de Janeiro a Camarinha de Babá, recebendo o título Mãe de Santo, título esse concedido por Pai Luiz D´Ângelo, dentro dos moldes hierárquicos da Umbanda de Almas e Angola.

Figura 47: Guilhermina Barcelos – Mãe Ida de Xangô. Fundadora do Ritual de Almas e Angola em Santa Catarina.

De 1949 até 1950, as viagens de Mãe Ida ao Terreiro de Pai Luiz D'Ângelo no Rio de Janeiro foram inúmeras, culminando com o aval que precisava para fundar em Florianópolis (SC) o primeiro Terreiro de Almas e Angola do Sul do Brasil.

Em 1951, Mãe Ida inaugura a Tenda Espírita São Jerônimo, localizada na Vila Operária no bairro Saco dos Limões em Florianópolis (SC), recebendo das mãos de Pai Luiz D'Ângelo os preceitos de Babá, que ainda estavam no Rio de Janeiro.

Nas décadas de 1950 e 1960, o Ritual cresce timidamente, pois as resistências com relação às práticas de cunho africanistas eram muito grandes. Os toques dos atabaques aguçavam nos moradores as superstições ligando tais práticas a feitiços ou magia negra. As invasões dos Terreiros de forma repressiva pela polícia, que fechavam as Casas e prendiam os dirigentes espirituais, também era um forte limitador. Mas, mesmo assim, a Umbanda de Almas e Angola como os demais seguimentos religiosos afro-brasileiros conseguiu vencer esses obstáculos. Contava Mãe Ida, que a chegada do Ritual de Almas e Angola para Florianópolis (SC), fez aumentar a inquietude na Federação Espírita Catarinense.

Outro momento delicado para a Umbanda de Almas e Angola em Santa Catarina foi a entrada de Mãe Ida para o Candomblé, ocorrido em meados da década 1970. A saída de Mãe Ida abalou os alicerces de Almas e Angola e fez com que muitos umbandistas acreditassem no enfraquecimento do ritual. O falecimento de Pai Luiz D'Ângelo em 1979 no Rio de Janeiro (RJ), também fez aumentar a polêmica criada em torno do fim de Almas e Angola e a incerteza quanto à manutenção do Ritual perdurou até a década de 1980.

Na Tenda Espírita Jesus de Nazaré, localizada na Rua Gisela no bairro Bela Vista em São José (SC), a Umbanda de Almas e Angola encontrou na pessoa de Evaldo Linhares (Pai Evaldo de Oxalá) a liderança necessária, suprindo a lacuna deixada por Mãe Ida. A determinação, firmeza e carisma, de Pai Evaldo, foram os quesitos decisivos para que o Ritual superasse a fase de perdas ocorrida na década de 1970, entrando novamente em ascensão. Na década de 1980, o Terreiro de Pai Evaldo contava em sua corrente mediúnica com aproximadamente 120 médiuns, sendo 95% frequentadores assíduos. Nessa época, sua Tenda já era referência entre os Terreiros de Umbanda em Santa Catarina. À frente da Umbanda de Almas e Angola, e orientado pela entidade Caboclo Peri, Pai Evaldo iniciou uma nova fase para a Umbanda de Almas e Angola, instituindo os sete graus de iniciação (ou graus hierárquicos): Batismo; Obori; Feitura de Pai ou Mãe Pequena; Feitura de Babalaô ou Babá; Reforço Sete Anos; Reforço Quatorze Anos e Reforço Vinte e Um Anos (denominada Feitura de Tatalorixá).

Em 1986, Pai Evaldo vai ao encontro de Mãe Ida, que nessa época estava morando em Rio do Sul (SC), desde o falecimento de seu esposo. A intenção de Pai Evaldo era que Mãe Ida voltasse a praticar a Umbanda de Almas e Angola. A experiência adquirida no Candomblé fez com que Mãe Ida, não só voltasse para Almas e Angola, mas também introduzisse os assentamentos dos Orixás, o jogo de búzios e consagrasse Pai Evaldo como patriarca de Almas e Angola no Estado. Desde então, o segmento Almas e Angola não parou de crescer em números de Terreiros e principalmente número de adeptos. Apesar de algumas polêmicas, Almas e Angola, sem sombra de dúvidas é o segmento umbandista com maior representatividade no Estado de Santa Catarina.

Com relação ao termo "Umbanda de Almas e Angola" Mãe Ida e Pai Evaldo afirmavam ser resultante da mescla da Umbanda Tradicional com os Ritos Africanistas comuns ao Candomblé de Angola. A palavra Almas faz alusão aos espíritos dos negros ancestrais africanos, que hoje se manifestam nas sessões de Pretos-Velhos. Da mesma forma, estão também incluídas no termo Almas, as entidades espirituais denominadas Caboclos, ancestrais de índios que habitavam o Brasil, além de outros espíritos que compõe as falanges de Exu, Pombagira e Beijada (Crianças). A expressão Almas e Angola une dois pontos importantes: De um lado, traz a ancestralidade como referência doutrinária, representada pelos espíritos esclarecidos (Pretos-Velhos, Caboclos, Exus, Pombagiras, Beijadas etc.). Do outro lado, através dos Orixás, resgata questões pertinentes aos elementos da natureza, inserindo nesse contexto a ideia de um Deus Maior (Olorum ou Zambi) e as Divindades (Oxalá, Nanã, Xangô, Iemanjá, Oxóssi, Oxum, Ogum, Inhaçã, Obaluaiê etc.). Compondo dessa forma a mítica de um Deus Supremo, criador do Universo e dos Semideuses que regem o planeta Terra e as forças da natureza.

A Umbanda de Almas e Angola possui uma Trindade Divina, formada: Por um Deus Maior chamado de Olorum ou Zambi, criador do universo; Por divindades denominadas Orixás, que estão representados no panteão africano e Por Entidades Espirituais ou Guias, considerados Espíritos de Luz.

Na categoria de divindades, os Orixás estão divididos atualmente em nove manifestações: Oxalá, Nanã, Xangô, Iemanjá, Oxóssi, Oxum, Ogum, Inhaçã e Obaluaiê. As Entidades espirituais ou Guias agrupam-se em: Beijadas (Crianças), Caboclos, Pretos Velhos, Exus e Pombagiras. Na categoria Exu e Pombagira estão incluídos os Ciganos; na dos Caboclos estão inseridos os Boiadeiros; na dos Pretos Velhos os Baianos. Outras manifestações, menos frequentes, podem também ser encontradas em Almas e Angola, a exemplo do Povo do Oriente, que muitas vezes se manifesta em sessões especiais, quando identificado e aceito pelo dirigente do Terreiro.

Para os seguidores da Umbanda de Almas e Angola, os Orixás dividem-se em duas categorias: Orixá Maior e Orixá Menor. Orixá Maior é aquela energia que faz com que a natureza tenha movimento, se transforme e gere vida. É a essência da Vida. Por exemplo: Oxalá é o Senhor da Vida, Iemanjá é responsável pela formação e manutenção da vida marinha. Xangô é o responsável pela energia do trovão que desencadeia as tempestades que limpam a atmosfera. Nanã limpa a Terra das negatividades, Inhaçã é a responsável pela limpeza do ar atmosférico e com seus ventos espalha a vida. Oxum é a deusa da fertilidade, Oxóssi o provedor da caça e alimentos e Ogum que representa a própria luta pela sobrevivência. Obaluaiê considerado Senhor da Morte, representa o fim do ciclo aqui na Terra. Orixás Menores são aquelas Entidades espirituais que fazem a mediação entre o ser humano e o Orixá Maior. São, conforme as diversas lendas africanas, espíritos que possuem um alto grau de evolução e que baixam nos Terreiros somente em sessões destinadas aos Orixás. São também chamados Eguns dos Orixás ou Entidades de Orixá. O Orixá Menor possui o mesmo nome do Orixá Maior, acompanhado de um sobrenome. Por exemplo, Ogum Beira-Mar, Iemanjá Sobá, Oxóssi Caçador. A este segundo nome chamamos de ***dijina*** do Orixá.

Assim podemos ter vários Oguns, Xangôs, Oxóssis, Iemanjás, etc. Os Orixás Menores são espíritos dotados de forças concedidas pelo Orixá Maior, e que por isso possuem uma grande luz e compreensão espiritual. É isto que diferencia os eguns, os eguns dos Orixás e os kiumbas. Os primeiros são os próprios antepassados, ou seja, nossos ancestrais; os segundos representam os espíritos dotados de força cósmica e muita luz e os terceiros são espíritos de mortos que ainda não alcançaram a luz espiritual, e nem compreendem que já vivem em outra dimensão e que seu corpo carnal não mais existe.

Na Umbanda de Almas e Angola as sessões e/ou giras são realizadas ao som de atabaques e cânticos em louvor aos Orixás e as Entidades Espirituais. Os ritmos constantes, associados às palmas e danças, contagiam a todos. Para os Orixás e as Entidades Espirituais são cantados pontos específicos, que mostram em suas letras, um pouco do universo que envolve cada divindade ou falange espiritual. Do início ao fim dos trabalhos, são cantados de três a sete pontos para cada Orixá e/ou Entidades Espirituais, perfazendo um total de quase 70 pontos cantados em cada sessão.

Figura 48: Da esquerda para a direita: Pai Evaldo de Oxalá ao lado do seu filho de santo o professor e escritor Giovani Martins – Ativista Afro-Religioso em Santa Catarina. Tenda Espírita Jesus de Nazaré - São José - SC em 1992.

Quanto à origem, os pontos estão divididos em duas categorias. Na primeira, são conhecidos como pontos de raiz, fornecidos pelas Entidades Espirituais, pois movimentam uma linguagem metafísica. Na segunda categoria, são denominados pontos terrenos, elaborados por integrantes da corrente. Paralelo aos pontos, os médiuns dançam no ritmo e na frequência vibratória de cada Orixá, favorecendo a incorporação e caracterizando o "pé de dança".

Além dos pontos cantados, existem também como forma de escrita astral, os pontos riscados. São símbolos cabalísticos utilizados na ligação entre os dois planos, material e espiritual. Esses desenhos, riscados pelas Entidades espirituais ou mesmo pelos próprios Pais ou Mães de Santo, tem um grande poder de magia. Através deles, identificam-se Falanges,

Entidades espirituais, Orixás, etc. Na realidade, trata-se de uma comunicação visual codificada através de símbolos específicos.

Caracterizando bem a prática umbandista, em Almas e Angola são comuns os trabalhos com as chamadas Entidades Espirituais, de forma consensual, considerados espíritos desencarnados que vem na terra para prestar a caridade. Esses espíritos incorporam nos médiuns para poder realizar seu trabalho caritativo, assim como, dar orientações, executarem trabalhos de "magia" e outros. Sempre em benefício dos viventes e desencarnados, trabalhando para o bem. Vejamos algumas características referentes às Entidades Espirituais:

CABOCLOS: são símbolos de força e determinação. Representam as entidades que trazem a sabedoria através dos conselhos de elevação moral. Muitos deles foram grandes sacerdotes da primeira raça vermelha, grandes magos e sábios que utilizavam os segredos contidos na natureza. Na Umbanda são as entidades que trazem as mensagens e direcionam os trabalhos dentro dos Terreiros.

Saudação: Okê Caboclo!

PRETOS VELHOS: representam a sabedoria na forma da experiência, bondade, paciência e a calma de quem já viveu e têm muito a dizer. Possuem a humildade adquirida através de um grande esforço, de grandes provas experimentadas durante a fase da escravidão. Suas energias emanam no cruzeiro das Almas.

Saudação: Adorê as Santas Almas!

CRIANÇAS: são entidades associadas às brincadeiras e guloseimas. Possuem dentro de si todo o sentido da dualidade. Na Umbanda são considerados os responsáveis pelo princípio da vida e estão ligados as sementes, nascentes, etc. Sua função é de dar recados, alegrar os corações, diminuir as tensões e ajudar nos problemas difíceis.

Saudação: Oni de Beijada!

EXUS e POMBAGIRAS: sem sombra de dúvidas são as

mais controvertidas das figuras do panteão afro-brasileiro. Associado por muitas pessoas ao diabo-cristão, Exu – o brincalhão do astral – está, na verdade, submetido a outras divindades, fazendo ligação entre o mundo dos homens e a dimensão dos deuses. É ele quem leva aos demais Orixás os pedidos e oferendas dos seres humanos, sendo imprescindível nos rituais afro-brasileiros. Segundo as lendas, é filho de Iemanjá e Oxalá, e irmão do guerreiro Ogum. Foi ele quem libertou Oxum quando esta se achava presa por ordem do ciumento Xangô. As oferendas dirigidas a Exu devem, de preferência, serem feitas na segunda-feira, pois é também o guardião dos Terreiros. Tem como seu feminino a figura das Pombagiras. Suas energias emanam das encruzilhadas, calungas, porteiras, entradas e saídas. Saudação: Laroiê Exu! Laroiê Pombagira!

A dinâmica dos Terreiros de Almas e Angola segue, em muitos momentos, a mesma logística de uma casa familiar, tendo em sua estrutura coorporativa a figura de um Pai ou Mãe de Santo e demais filhos de santo, que buscam em comum manter as relações hierárquicas, respeitando a figura do patriarca ou matriarca da casa e ao mesmo tempo cooperando para a realização das atividades inerentes a um Terreiro de Umbanda. Lembrando também, que todas as ações realizadas dentro do espaço denominado Terreiro, objetivam a prática da caridade, sendo essa a mola mestra que norteia todas as atividades.

A caridade de fato é o maior objetivo de um Terreiro de Umbanda, e diante dessa premissa as atenções voltam-se aos trabalhos espirituais oferecidos aos consulentes. São para essas pessoas que os Terreiros abrem suas portas semanalmente, oferecendo além da consulta com as entidades espirituais, um espaço harmônico, organizado e ao mesmo tempo acolhedor.

Na Umbanda de Almas e Angola felizmente, por conta das ações afirmativas de Pais e Mães de Santo, a exemplo de Mãe Ida de Xangô, Pai Evaldo de Oxalá, Mãe Hilca de Inhaçã, Mãe Tereza de Oxalá, Mãe Dilma de Iemanjá entre outros já falecidos, a prática da caridade sempre esteve presente nos trabalhos realizados em prol do atendimento público e gratuito. Foram eles que, sem sombra de dúvidas, propagaram a caridade como prática comum aos atendimentos realizados. Segundo relato da saudosa Mãe Tereza de Oxalá (in memoriam), o médium não deve "viver da caridade", ou seja, deve praticá-la sem fins lucrativos ou mesmo interesses próprios. Essas figuras emblemáticas foram e ainda são exemplos de médiuns umbandistas que souberam manter viva a prática da caridade, não abrindo mão do atendimento fraterno e da solidariedade.

Figura 49: Símbolo Oficial da UMBANDA de ALMAS e ANGOLA. Idealizado por Pai Evaldo de Oxalá a partir na década de 1960.

Referências Bibliográficas

MARTINS, Giovani. *O Ritual de Almas e Angola em Santa Catarina*. Florianópolis/SC: Editora do Autor, 2006.

__________. *Umbanda de Almas e Angola - Ritos, Magia e Africanidade*. São Paulo: Ícone Editora, 2011.

__________. *Umbanda e Meio Ambiente - Ações Sustentáveis e Novos Paradigmas*. São Paulo: Ícone Editora, 2014.

MARTINS, Giovani; PERES, Luiz Carlos D'Onira. *Casa de Santo - Aspectos Arquitetônicos, Jurídicos, Sagrados e Antropológicos dos Terreiros de Almas e Angola*. Florianópolis/SC: Ed. do Autor, 2014.

Giovani Martins[3]

3 Professor, Escritor e Pesquisador Afro-Religioso, Especialista em Gestão Educacional, Transdisciplinaridade e Estudos Afro-Brasileiros / UFSC.

Algumas palavras sobre magia, feitiçaria e cultos "Afro-brasileiros"

Rômulo Henrique Pereira Angélico

Segue um fragmento de minha pesquisa sobre Catimbó--Jurema e espiritualidade indígena no Rio Grande do Norte – estudo que venho realizando desde meados de 2005.

Como forma de apresentar a citada Tradição aos que pouca coisa estudaram sobre o assunto, direi que o também chamado "Culto aos Senhores Mestres", "Jurema Sagrada", "Jurema" ou simplesmente "Catimbó" pode ser considerado uma das manifestações espirituais mais antigas do Brasil. Nos séculos XVI e XVII, durante os primeiros episódios da colonização, cerimônias de grupos nativos litorâneos e sertanejos foram observadas por europeus adventícios. Dentre as práticas dos povos autóctones (no presente estudo me refiro essencialmente aos Potiguara, aos Tarairiú e aos Chupins, que habitaram o território do atual Estado do Rio Grande do Norte e cujos descendentes aqui ainda vivem, atualmente bem misturados cultural e biologicamente) realizadas naquela época encontramos: a invocação (o transe mediúnico) e a evocação (materialização) de espíritos; o uso ritualístico de fumaça de determinadas plantas, especialmente o tabaco; e o consumo cerimonial, medicinal, guerreiro ou festivo, de certas bebidas – dentre as quais uma muito especial preparada à base das cascas de Jurema Preta.

Ao longo dos séculos, em meio a proibições, conflitos e uniões, o Catimbó Ameraba "se misturou" a outras crenças e práticas provenientes de Europa e África – muito fortemente ao catolicismo popular e às macumbas, mas ainda à Magia e feitiçaria ibéricas. Na década de 1940, com a chegada e crescente presença da Umbanda no Rio Grande do Norte, um novo enlace ocorreu – de modo que hoje, acredito ser bem difícil encontrar no citado Estado algum terreiro umbandista que não tenha uma marcante e predominante presença da Jurema. Além disso, uma historiografia do Kardecismo no Nordeste poderá nos dar uma ideia da influência dessa filosofia cristã entre os cultos populares.

Nesses dez anos que passei estudando, entre observações e vivências em terreiros e centros de zonas urbana e rural, pude constatar que por trás do termo "afro-brasileiro" encontra-se, em realidade, uma série de manifestações espirituais híbridas, "sincréticas", nas quais, ao menos no litoral do Rio Grande do Norte, elementos de origem indígena tomam destaque, ladeados por religiosidades africanas e Cristianismo. Por isso, "afro-brasileiro" é um termo que evito usar em meus escritos. Interpretada literalmente, essa expressão possui significado limitado e exclui o índio da História, já que o Brasil é uma construção que tem início no século XVI e as nações indígenas que habitam o território do país em que vivemos são muito mais antigas. Costumo dizer que os índios, nesse sentido, são "para brasileiros" – visto aqui existirem desde muito antes dos limites políticos e geográficos do país em que vivemos terem sido forjados pelos povos que colonizaram as américas. Ademais, o termo "afro-brasileiro" é incapaz de dar conta desses diversos cultos, popularmente chamados: Macumba, Catimbó, Jurema, Mesa Espírita, Candomblé, Toré, Umbanda, dentre outros.

Para quem observa de fora, localizando-se do senso comum, realmente, todos esses termos parecem manifestar uma só e mesma coisa: feitiçaria. Dentro dos meios culturais brasileiros (afro-euro-ameríndios), também parece haver certa indefinição, visto que muitos praticantes desses cultos usam termos semelhantes para denominar práticas distintas. Cito um exemplo: dona Antônia da Jurema – juremeira que vivia no município de Canguaretama (litoral sul do Rio Grande do Norte), me dizia que Candomblé e Toré eram a mesma coisa. Porém há diferenças entre uma e outra Tradição – tanto de origem quanto no que se refere a cosmologias e práticas.

Deixarei para tentar definir sinteticamente o Catimbó, no final deste breve ensaio. Já que o termo "feitiçaria" foi citado, aproveitemos para analisar as distinções entre "feitiçaria" e "magia", devido à origem comum e importância de ambas no cotidiano de diversos catimbozeiros.

Os pajés ameríndios possuem seus próprios sistemas mágicos de interpretação e compreensão do mundo. Entretanto, a magia a que irei me referir agora não é nativa, mas europeia. E a magia europeia é bastante presente no mundo do Catimbó. E é preciso conhecer essa magia se quisermos localiza-la nos trabalhos dos mestres ("mestre" é como se chama o dirigente das sessões de Catimbó. Escreverei "Mestre" quando estiver me referindo às entidades espirituais que se manifestam nos trabalhos).

Livros famosos de Alta Magia, como ***As Clavículas de Salomão***, começaram a chegar ao Brasil ainda no século XVI, via tripulantes portugueses e franceses. Práticas mágicas contidas nos grimórios encontraram solo fértil no continente americano, que por muito tempo permaneceu com imensos territórios inacessíveis às perseguições inquisitoriais. Nesse contexto, chegavam ao Brasil os primeiros "magos", aqui introduzindo signos cabalísticos como o pentagrama e o hexagrama, nomes de anjos e de demônios, espíritos elementais, uso cerimonial de adagas e espadas etc. Os livros seiscentistas, setecentistas e oitocentistas de Magia, como podemos observar tanto nas ***Clavículas*** quanto em ***Filosofia Oculta*** de Cornélio Agrippa, possuíam muito de ocultismo medieval, da já citada Cabala judaica e de Astrologia.

A magia medieval consistia tanto na sujeição de demônios através da elaboração de complexos e eruditos rituais envolvendo o uso dos Nomes de Deus, quanto na aproximação entre homens e anjos e Forças Celestes. Porém, além dos poucos magos que aqui chegaram, feiticeiros e bruxas provavelmente para cá vieram em maior número – aprisionados em Portugal, no Brasil pagariam suas penas. No Brasil, reiniciavam suas práticas – evocação de espíritos malignos, adivinhações com tesouras, cartas de tocar que despertavam o amor, etc. – com maior liberdade que na Europa, angariando novos e fiéis devotos.

O feiticeiro solitário não possuía a erudição e a mística de um mago, sendo mais um prático conhecedor de técnicas diversas através das quais pretendia manipular "forças ocultas" presentes na Natureza para obter determinados fins, além de ser considerado um exímio sabedor de venenos e de outras técnicas para matar. Sua solidão e prática ao mesmo tempo o faziam ser temido e perseguido. É interessante notar que o termo "mestre", hoje comum no Catimbó-Jurema, sendo de origem portuguesa, era utilizado tanto para apontar os médicos quanto os feiticeiros; e se durante a colonização do Brasil os pajés eram vistos como sabedores de curas e de feitiços de morte, no Catimbó o "mestre" ocupa as funções simbólicas do "pajé".

As bruxas também foram acusadas de evocação diabólica (nigromancia) e de servir a demônios, mas pareciam buscar a constituição de clãs além de estarem envolvidas com resquícios de tradições pagãs europeias. "Mestre", como pode ser observado em alguns autos inquisitoriais, era como as bruxas chamavam o próprio demônio que presidia o ***sabbat***.

À medida que o poder da Igreja aumentava no Brasil, práticas mágicas e feitiçarias ibéricas continuavam sendo marginalizadas e proibidas, assim como os cultos indígenas e africanos aqui realizados eram anatematizados. à margem da sociedade colonial muitas crenças, práticas e saberes foram influenciando-se mutuamente.

Jesuítas e outros missionários europeus, inclusive protestantes, na tentativa de converter os índios aos seus modelos de fé cristã, precisaram compreender a espiritualidade nativa para combatê-la mais eficazmente. Os cristãos buscavam encontrar, nos cultos nativos, elementos que pudessem ser aproveitados pela catequese (a ideia de um Deus criador, por exemplo) e elementos a serem combatidos (idolatria, invocação de demônios ou de almas de mortos, politeísmo etc.), comuns nos ritos pagãos com os quais já estavam habituados a lidar no "Velho Mundo".

Assim, enxergaram a espiritualidade ameríndia com olhos e padrões europeus. Traduzindo a cultura dos povos que aqui viviam em algo que lhes fosse compreensível, acabaram por dar-lhe nova roupagem. Os heróis criadores e civilizadores da tradição Tupi, por exemplo (os Potiguara são um povo Tupi); os grandes pajés, que viviam entre os homens e entre os espíritos supremos, organizando a vida e elaborando normas de conduta; e os espíritos que habitavam e protegiam as florestas, os rios e os animais, rapidamente foram demonizados pelos cristãos. Os pajés foram tratados como feiticeiros e maiores inimigos da fé. Seus maracás – instrumentos sagrados para quase todos os índios do Brasil – foram considerados objetos de idolatria. No Rio Grande do Norte colonial, tomemos outros exemplos, o transe espiritual dos índios da Aldeia do Apody, obtido mediante danças e bebida jurema, foi condenado pelo clero romano segundo o qual os índios bebiam jurema e faziam "descer demônios"; e o protestante Roulox Baro chamava o Grande Houcha dos Tarairiú de diabo. Finalmente, a fé indígena era algo que precisava ser combatido à expansão da "civilização" (e tal combate já dura mais de 500 anos).

Se, no século XVII, eram católicos que queimavam as ocas consagradas a Varakidzán – uma das mais importantes divindades cultuadas pelos Kiriri – hoje são pastores protestantes que queimam as casas de oração de índios Guarany, indígenas que relutam em aceitar o Evangelho da salvação, preferindo cultuar seu Deus Nader. São os pastores que demonizam a espiritualidade indígena que sobrevive no Brasil, causando surtos psicóticos em crianças nas aldeias, afirmando que os espíritos protetores e ancestrais são demônios e ridicularizando instrumentos e tinturas sagradas («urucum é bosta de Satanás», blasfemou certa vez determinado cristão).

Voltemos à magia e à feitiçaria. Como já em parte foi dito, a magia que do século XVI em diante aqui chegou, trazida pelos navegantes europeus, reunia elementos de Cabala, Alquimia, Hermetismo, Necromancia, Astrologia, Quiromancia e outras "ciências ocultas".. Já a feitiçaria parecia ser mais simples, própria de homens e mulheres de poucas letras, marcada mais por práticas que por reflexões e estudos: invocações diabólicas, confecção de venenos, orações para despertar o amor etc. Às margens da sociedade colonial, sobrevivendo nos guetos e espaços liberados, feiticeiros, pajés, sacerdotes negros, e ainda cristãos novos que às escondidas praticavam ritos judaicos e ciganos, convivendo de modo íntimo ou aproximado, deram origem, com a fusão de diversos aspectos de suas ciências e crenças, ao mestre catimbozeiro. Há séculos passados, nos países ibéricos, tanto médicos quanto feiticeiros eram chamados "mestres". Hoje, na Jurema, mestre é o sacerdote que abre e fecha as sessões. É ele quem, cantando, invoca os espíritos de índios e caboclos, após abrir e antes de encerrar, também cantando, com ou sem maracá, as sessões, as mesas de Catimbó.

Os autores clássicos que, na primeira metade do século XX, pesquisaram o Catimbó, são unânimes em citar a prática de feitiçarias. Mas atualmente feitiço é algo difícil de ser encontrado, em qualquer terreiro ou casa que lide com Jurema. Ao menos abertamente, nenhum chefe de culto assume pratica-la. Alguns, por sinal, afirmam temer as consequências dos bruxedos: dizem que fazer o mal atrai o mal e o retorno da maldade pode destruir o feiticeiro ou prejudicar algum parente. É a crença na "lei do retorno".

Durante os sete primeiros anos de pesquisas de campo, só tive chance de assistir a um feitiço. Os Mestres que trabalham na "direita" e na "esquerda" (ou seja, no bem e no mal, na linguagem de alguns terreiros de Canguaretama), afirmam não gostar de prejudicar ninguém. Quem faz o mal, segundo as entidades, é o consulente que pede a demanda e não o Mestre que atende seu pedido – é o que dizem, como que se explicando. Outros Mestres, como a Cigana Bomba de Arraso, não podem prejudicar quem pratica a caridade. Quem cuida de doentes, visita hospitais, da comida aos pobres, etc. estaria, portanto, imune aos malefícios.

Feitiçarias são mais europeias que indígenas e africanas. Os pajés afirmavam saber curar e matar a distância, mas a "fumaça da contra" atualmente presente nas sessões de Catimbó, mais parece um método de defesa do que um ataque. Feitiçaria é boneco pregado em madeira jogado na encruza. É boneca de pano espetada - estilhaço de prática Vodu embruxada na Europa. É foto, nome ou retalho de roupa na boca do sapo (costuram a boca da indefesa criatura e o soltam na casa do assediado). É foto embaixo da chinela do pé esquerdo. Café coado com calcinha suja de menstruação. Sapo enterrado no quintal ou na entrada da casa. Prego de caixão de defunto. Pedaço de osso de morto... Se bem que o termo Tupi "kaikanga", que em português quer dizer "osso seco", utilizado por dona Antônia da Jurema como equivalendo a "feitiçaria", pode denunciar algo semelhante existente entre os Potiguara ou, ao menos, tradução Ameraba do ato.

Encontramos os feitiços nas encruzilhadas das matas ou das ruas, mas o feiticeiro ninguém conhece. Em Uruaçu (distrito de São Gonçalo do Amarante, litoral norte do Rio Grande do Norte) contam os populares haver um lugar com vários desses "despachos" de autor desconhecido. Mas são lugares que ninguém se propõe a me levar. Em Macaíba, em área semi-rural, encontrei-os bem no centro das encruzilhadas dos pequenos caminhos.

Por sinal, tive notícias de dois feiticeiros em São Gonçalo do Amarante, na comunidade de Coqueiros, próxima de Uruaçu, mas infelizmente não consegui encontrá-los. Ouvi falar ainda de uma senhora que só fazia feitiçaria e trabalhava sozinha, na Barra do Cunhaú (em Canguaretema) – mas ou a mulher não concordou em me encontrar ou realmente tornou-se evangélica, justamente na época em que eu me preparava para encontra-la.

Feiticeiros, principalmente os das zonas rurais, são muito mais desconfiados que juremeiros. Inventam tudo no mundo para jamais serem reconhecidos por pessoas estranhas ou curiosas como eu, que reúno as duas características. Acabam formando uma espécie de seita, muito secreta, restrita, odiada, sem líder no plano físico, mas que possui seus devotos fiéis. Falo de gente crédula na feitiçaria, não nos impostores que se fazem feiticeiros para arrancar o dinheiro do pobres viciados em "realismo fantástico". Esses equivalem aos falsos profetas do protestantismo contemporâneo, com a diferença de não constituírem empresas e geralmente serem muito pobres.

Os exus e pombagiras da Umbanda geralmente manifestam-se nas sessões de Catimbó como entidades de esquerda, que tanto sabem fazer quanto desmanchar feitiços. As "moças", como são chamadas, migraram à Jurema encarregadas dos trabalhos de amor. Em seu mister, dão banho de cerveja, usam cigarros, pedem vestidos, bebem espumante... Mas nada comparado ao trabalho com raspas de ossos de defunto, que ouvi de uma venerável senhora que trabalhava na "magia negra". Nada comparável ao "trabalho de chão", feito com osso de joelho, areia de cemitério e velhas de cores escuras, que assisti na Penha. A Mestra que dirigiu o feitiço disse que sua "matéria" - o médium que a manifestava – não sabia o que ela iria fazer e se soubesse não deixaria que fosse feito. Naquela noite muita gente correu, escrevendo em pequenos pedaços de papel os nomes de pessoas odiadas, que junto ao osso foram embrulhados e enterrados em uma encruzilhada.

Como ainda a pouco citei os negros líderes de cultos africanos (também presentes no Catimbó-Jurema como pretos velhos juremeiros), aproveito a ocasião para dizer algumas palavras sobre o Candomblé. Eis uma religião de origem africana, trazida ao Brasil pelos negros que a partir do século XVI para cá vieram cativos. O Candomblé, em linhas gerais cultua os orixás, sendo cada orixá vivenciado como uma personificação, manifestação ou irradiação de determinada Força da Natureza; ou ainda um ancestral divinizado.

Para o Brasil vieram africanos de diversas nações. Obrigados a viverem misturados e sob constante observação, com línguas e demais aspectos culturais distintos, seus cultos também se misturaram e muita coisa pode ter sido perdida. Para termos uma ideia, dos quatrocentos orixás outrora existentes em solo africano, no Brasil sobreviveram cerca de quarenta. Entretanto, além dos Orixás, entidades semelhantes chamadas voduns também eram e continuam sendo cultuados em determinados terreiros. Há ainda as casas que trabalham com eguns, ou seja, com espíritos de mortos.

Sendo o Candomblé um culto que possui como uma de suas principais características o transe mediúnico, com devotos entrando em estado alterado de consciência durante os rituais e manifestando orixás ou voduns – não tardou a ser confundido com as pajelanças indígenas, também marcadas pelo transe ritual.

Porém, não sendo este um ensaio sobre cultos de origem africana, nem sendo eu um aprofundado conhecedor do tema, não me arriscarei a escrever mais sobre o Candomblé – que em

Pernambuco é bem conhecido pelo nome de Xangô. Sobre a presença de orixás, voduns e eguns no Catimbó, vale a pena um trabalho futuro.

Entretanto, direi algo sobre uma das maiores e mais organizadas religiões brasileiras e seus contatos com a Jurema Sagrada, antes de elaborar meu conceito de Catimbó-Jurema. A Umbanda é uma religião híbrida, jovem, se comparada à Jurema e ao Candomblé, nascida no Sudeste brasileiro no começo do século XX. Na Umbanda encontram-se reunidos elementos católicos, judaicos, ciganos e islâmicos, entrelaçados a fortes caracteres afro-indígenas e filosofia kardecista. Seus devotos a consideram uma religião universal, síntese das principais tradições que marcaram a Humanidade.

Do Sudeste a Umbanda expandiu-se pelo Brasil, absorvendo ou incorporando outros cultos populares como a Jurema e o Toré, reelaborando-os, adaptando-os à sociedade brasileira da primeira metade do século XX (sociedade capitalista em expansão, cada vez mais dinâmica, cristã e, ao menos ideologicamente, branca, dirigida por uma elite branca que impunha seus valores à complexa e plural sociedade brasileira). No Rio Grande do Norte, entretanto, conforme venho observando em diversas casas e centros que cultuam a Jurema, é o Catimbó quem absorve e da espaço à Umbanda. Nas casas de Candomblé geralmente há um espaço dedicado às sessões de Jurema e, no fim das contas, assumam ou não os babalorixás e yalorixás, são os Mestres e Caboclos os mais invocados para auxiliar os fiéis nas questões cotidianas.

Na religião umbandista foram sincretizados santos católicos, orixás africanos e espíritos afro-ameríndios. Foi, por exemplo, atribuído novos papéis ao Exu africano, que além de mensageiro entre homens, mulheres e deuses, tornou-se um espírito em evolução, deixando de ser Orixá; foram elaboradas ou oficializadas conexões entre santos católicos e orixás africanos, tornando os santos senhores de falanges de caboclos, de pretos velhos, de crianças e de exus.

A Umbanda tratou de "pacificar" antigas práticas de origem africana e indígena, tornando-as mais aceitáveis perante o discurso das elites nacionais. Legalizou esses cultos perante o

Estado brasileiro. Baniu das macumbas os espíritos vingadores, os exus que arrancavam as cabeças de estátuas de santos católicos e que atacavam (ao menos simbolicamente) o Cristianismo – essas entidades passaram a ser apresentadas como espíritos passíveis de doutrinação e cristianização. Dos antigos catimbós e pajelanças a Umbanda deve ter anulado os transes violentos, nos quais as índias caíam no chão apertando fortemente os seios, e as caboclas mocinhas rasgavam seus vestidos.

A Umbanda hoje é considerada pelos acadêmicos uma religião genuinamente brasileira, que reúne elementos oriundos de todos os povos que formaram nossa Nação. Não é, obviamente, a única ou mais antiga religião do Brasil. Em seu processo de expansão, embora tenham surgido diversas manifestações suas, adeptos mais intelectualizados elaboraram uma verdadeira teologia umbandista, que culminou no surgimento de uma faculdade de Teologia de Umbanda, no Brasil, chancelada pelo MEC.

Finalmente e para encerrar este ensaio, retorno ao **Catimbó-Jurema**. É o Catimbó um culto ancestral de matriz indígena (considerado por alguns pesquisadores, entre os quais eu me encontro, uma verdadeira religião, já que possui, mesmo que aparentemente simples, liturgias, mitos, cosmologia e práticas próprias que o tornam completo e autônomo), característico do Nordeste brasileiro. Possui fundidos elementos de origem católica e africana, mas dele sobressaem veias culturais ameríndias: indiscutivelmente o fumo de tabaco e bebida Jurema, utilizados ritualisticamente – são os que considero mais marcantes. A expressão «Catimbó-Jurema», em realidade, agrega modos aproximados de cultuar a Jurema – seja na Umbanda, em casas de Candomblé, em aldeias ou em centros de Catimbó puro e simples. Em Pernambuco usa-se o termo "Catimbó" para o que no Rio Grande do Norte chamamos "Jurema". Aqui, o "catimbó" é geralmente o feitiço. Muito raramente ouvi pessoas de terreiro usarem a palavra "catimbó" sem empregá-la como sendo feitiçaria. Dentre os pesquisadores da primeira metade do século XX, Câmara Cascudo refere-se a Catimbó como "coisa feita", feitiçaria europeia, mas não nega a presença africana e indígena. Mário de Andrade, Roger Bastide e Oneyda Alvarenga não escondem a feitiçaria, mas destacam a origem indígena do culto.

Já Roger Bastide escreveu claramente que "o Catimbó é índio". Mais à frente pretendo apresentar-lhes essa questão de modo bem mais aprofundado.

Rômulo Henrique Pereira Angélico[1]

1 Graduado em História pela Universidade Federal do Rio Grande do Norte. Especialista em Ciências da Religião pela Universidade Estadual do Rio Grande do Norte. Leciona História nos Ensinos Fundamental e Médio. Presidente do Centro Cultural e Espiritualista Casa Sol Nascente do Rei Malunguinho, Macaíba-RN. Sua religião é Catimbó-Jurema.

Carta resposta

W. W. da Matta e Silva cita que a Umbanda (Aumbhandhan) é milenar e já existia desde os grandes templos antigos da Lemuria e da Atlântida. Explica também que em 1908 surgiu o Movimento Umbandista, trazido pelo Caboclo das Sete Encruzilhadas, para resgatar o Aumbhandhan. Diz ainda que antes do evento do Caboclo das Sete Encruzilhadas, o Caboclo Curuguçu já se manifestava em outros terreiros, fato revelado, em 1932, pelo escritor Leal de Souza no livro ***O Espiritismo, a Magia e as Sete Linhas da Umbanda*** conforme podemos ler a seguir:

> O precursor da Linha Branca foi o Caboclo Curuguçu, que trabalhou até o advento do Caboclo das Sete Encruzilhadas que a organizou, isto é, que foi incumbido pelos guias superiores, que regem o nosso ciclo psíquico, de realizar na terra a concepção do Espaço.

Para quem não sabe, Matta e Silva refere-se nas suas obras ao Aumbhandhan, religião milenar e fala também da Umbanda, movimento implantado por Zélio de Moraes. Sobre a religião milenar do Aumbhandhan já se referia, em 1941, o importante escritor Diamantino Coelho Fernandes e, também, o capitão José Alvares Pessoa em 1968. Vejamos as palavras de Matta e Silva na terceira edição do seu livro Umbanda e o Poder da Mediunidade:

> Como essa questão do Caboclo das Sete Encruzilhadas – através do médium Zélio de Moraes – foi muito pesquisada e citada em artigos e livros, quase tudo seguindo as mesmas linhas de esclarecimentos (inclusive nós, em grande parte), achamos por bem registrar que realmente quem, também, primeiro escreveu sobre essa Entidade foi Leal de Souza.
> Leal de Souza, poeta, jornalista e escritor, foi o primeiro umbandista que enfrentou a crítica mordaz, ostensiva e pública, em defesa da Umbanda do Brasil, ou seja, daquele movimento inicial preparado pelo Caboclo Curuguçu e assumido pelo Caboclo das Sete Encruzilhadas, inegavelmente o primeiro marco oficial do surgimento da Umbanda, lá em Niterói...

Outra possibilidade dá a origem dessa palavra no orientalismo iniciático, no qual o mantra AUMBHANDA, representa um alto significado esotérico como foi discutido no Primeiro Congresso Brasileiro do Espiritismo de Umbanda, realizado em 1941 no Rio de Janeiro. Nesse evento Diamantino Coelho Fernandes, da Tenda Mirim, apresentou uma tese intitulada Fundamentos históricos e filosóficos, onde discorreu sobre o tema. Em um dos trechos da tese encontramos:

> Umbanda não é um conjunto de fetiches, seitas ou crenças, originárias de povos incultos, ou aparentemente ignorantes; Umbanda é, demonstradamente, uma das maiores correntes do pensamento humano existentes na Terra há mais de cem séculos, cuja raiz se perde na profundidade insondável das mais antigas filosofias.
>
> AUM – BANDHÃ (OM – BANDÁ)
> AUM (OM)
> BANDHÃ (BANDÁ)
> OMBANDÁ (UMBANDA)
>
> O vocábulo UMBANDA é oriundo do Sânscrito, a mais antiga e polida de todas as línguas da terra, a raiz mestra, por assim dizer, das demais línguas existentes no mundo.
> Sua etimologia provém de AUM-BANDHA (Om-Banda) em Sânscrito, ou seja, o limite do ilimitado.

Depois destas elucidações, vejamos o que disse, no *Jornal*

Nacional da Umbanda,[1] de 15 de novembro de 2011, edição 24, Rubens Saraceni na matéria *Quem surgiu primeiro, a Umbanda ou os guias espirituais?* O irmão mostra inicialmente que desconhece a História da Umbanda, pois o livro de Leal de Souza é por demais conhecido dos umbandistas e mostra também que não entendeu, na sua totalidade, o exposto por W. W. da Matta e Silva .

No inicio da matéria escreveu:

Em 1981 ou 1982 comprei um livro cujo autor desenvolvia a tese de que a Umbanda era uma religião milenar cuja origem datava do tempo da Lemuria ou da Atlântida, da Índia, etc., sendo que, por isto, não havia sido o Pai Zélio o seu fundador encarnado e nem o Senhor Caboclo das Sete Encruzilhadas era o seu anunciador espiritual, porque muito antes dele se apresentar e anunciar o início dela, em algum outro lugar já havia acontecido a incorporação de um espirito cujo nome era, se não me engano, Caboclo Cugurussu. Este autor umbandista criou esta polêmica 48 anos depois da fundação da Umbanda, apresentando a dele, denominada umbanda esotérica, esta sim verdadeira, pois remontava a milhares de anos no passado. E ele, baseado unicamente na informação de que alguém incorporava um espirito com o nome acima citado antes da manifestação do Caboclo das Sete Encruzilhadas, então que este não poderia ter fundado a Umbanda.

Cita um diálogo que teve com um guia espiritual. Em determinado momento da entrevista esse guia responde a uma pergunta de Rubens Saraceni sobre o fato:

– E quanto a esta polêmica sem fim dentro da Umbanda, meu Pai?

– Deixe ela prosseguir, pois assim como o autor do livro nega a fundação dela em 1908, hoje amarga um imenso remorso e um amargo arrependimento, sentimentos esses vibrados muito fortes por ele após descobrir que blasfemara contra o Anjo Mensageiro de Boas Novas para a humanidade, e que o

1 http://www.jornalnacionaldaumbanda.com.br

negativaram de tal forma, que ele foi parar na terceira faixa vibratória negativa de onde se recusa sair devido à vergonha que ainda sente por ter escrito tantos absurdos e bobagens e, com certeza, seus arautos também passarão por essa decepção amarga.

O tempo, que é Deus em ação, continua sobre toda sua criação. No tempo certo mostrará a cada um deles como estavam enganados.

Se houvesse um entendimento mais acurado dos textos de Matta e Silva, Diamantino Coelho Fernandes e Leal de Souza, toda essa polêmica seria desnecessária. Impressionou-nos como um "guia espiritual" teve o infortúnio de faltar com a verdade quando afirma que Matta e Silva esta em determinado local do astral destinado aos espíritos inferiores.

Pelo dever de ofício, como historiador da Umbanda e, apenas para esclarecer e não criar mais polêmicas, pois tanto Pai Matta quanto Pai Rubens já não estão encarnados, publicamos a seguir um texto sobre o tema escrito pelo irmão José Rogério Souza, publicado em 20 de dezembro de 2011.[2]

Carta resposta

José Rogério de Souza[3]

Ao
Senhor Rubens Saraceni

Eu vos saúdo com o respeito que todos devem receber.

Hoje é com muito pesar que empunho essa caneta para escrever-lhe, mas também para mim representa um grande avanço, pois já faz alguns séculos que abandonei a espada. Mas uma coisa o caminho guerreiro me ensinou a ser honrado e leal.

Mas chega de delongas...

Hoje, ao ler o seu texto ***Quem surgiu primeiro? A Umbanda ou os Guias Espirituais?*** fui levado a relembrar minha trajetória nesta vida de umbandista. Quantas coisas eu vi, boas e

2 Publicado no blog http://umbandadeportasabertas.blogspot.com.br

3 Iniciado na Raiz de Guiné. Sacerdote da Casa de Oração e Caridade Umbandista do Caboclo Sete Flechas.

ruins... Quantas pessoas eu conheci, boas e ruins... Quantos Terreiros eu frequentei, bons e ruins... Quantos livros umbandistas eu li, bons e ruins.

Durante esses anos presenciei sua guerra particular com outra "facção umbandista" e dela pude tirar minhas próprias conclusões e sinceramente não me vem nada na mente além de ridícula.

Pois bem, mas o que isto tem a ver com o texto? Tudo! Pois Vossa Senhoria perdeu as estribeiras e resolveu atacar de forma rasteira a memória de W. W. da Matta e Silva, Mestre Espiritual Umbandista, pai de família, avô, amigo de seus amigos, o qual tem no Brasil inteiro adeptos da doutrina que revelou para seus filhos de Santé e em suas obras.

Vossa Senhoria que se apresenta como um Mestre, mais do que ninguém sabe, ou deveria saber, que antes de jogar pedra no telhado do outro (neste caso na lápide), Vossa Senhoria deveria cobrir o seu.

Argumentar sobre os temas tratados em seu texto acho desnecessário, pois a sua interpretação dos livros de Matta e Silva são tendenciosas e maliciosas, dignas dos nossos irmãos evangélicos que usaram da Umbanda como trampolim, caluniando nossa religião e nossas Entidades. O que isso demonstra é que Matta e Silva, mesmo lá de Aruanda continua a estremecer os vilipendiadores da Umbanda, e que sua missão foi cumprida, pois os aproveitadores do santo continuam sentindo sua força de pemba.

"É força de pemba... é lei
Se errou... se extraviou
Ninguém pode dá caminho
Ninguém pode dá malei...
Só quem pode dá malei
É preto-véio de seu conga...
Assim mesmo é preciso
Que se endireite e volte cá..."

Senhor Rubens, em nome da Velha Tradição de nossos Ancestrais milenares, Guardiões dos Sagrados Mistérios, pelos

Veneráveis Mestres da Umbanda Esotérica, encarnados e desencarnados, Iniciados nos Mistérios Maiores e Iniciados nos Mistérios Menores, meus Irmãos de Raiz, nós te declaramos um **desconhecido**, pois um Iniciado reconhece o outro não importa onde manifeste sua espiritualidade.

– Nós não te reconhecemos!

Diferente de outros que no silêncio de seu congá humilde, no banquinho de um Preto Velho com um galhinho de arruda na mão carrega toda a valência de sua Iniciação.

Mas por favor, respeitabilíssimo Senhor, não se ofenda, apenas quis lhe ser gentil, pois estou lhe dando o direito de estar presente para ler minhas pequenas palavras, gentileza essa que Vossa Senhoria talvez desconheça, pois não pensou duas vezes para atacar um irmão seu (desencarnado), que lutou pelo bom nome da Umbanda, pelos Orixás e pelos seus sinceros filhos, cujo desencarne passam décadas.

Que estupenda nobreza espiritual!

Usar do nome das entidades para manifestar seus desejos mais soturnos, dizendo que Matta e Silva está no baixo astral.

Que senso de justiça e misericórdia!

Que demonstração linda de amor ao próximo!

Quer uma iniciação verdadeira?

Aprenda a amar.

Aí talvez o Guardião lhe abra a 1ª porta da iniciação.

Nós te amamos mesmo assim Rubens Saraceni, pois o ódio, a maledicência, a covardia espiritual, são defeitos de um PROFANO.

Se tens coragem e não teme a democracia, publique essa mensagem no *Jornal Nacional da Umbanda*, no *Jornal de Umbanda Sagrada* e encaminhe a todos de sua infinita lista de seguidores.

Nunca é tarde para corrigir-se.

"Na ladera da pilá
É ...tombadô...
É ...tombadô...

Bota fogo na sapê
Pra nacê ôta fulô..."

Um abraço fraterno de alguém que lhe quer bem.

Rubens Saraceni - Médium e escritor

No dia nove de março de 2015, aos 63 anos, o médium e escritor Rubens Saraceni fez a sua passagem. Fumante desde os vinte anos, deixou o cigarro após o diagnóstico de câncer pulmonar. Pai Rubens foi um dos responsáveis pelo crescimento significativo da Umbanda nos últimos vinte anos.

Nasceu em Oswaldo Cruz, Estado de São Paulo, em 18 de outubro de 1951. Deixa a mãe Leocádia, a esposa Alzira e os filhos Estela, Graziela e Marcelo.

Apresentamos o Editorial do Caderno Especial do Jornal *Aldeia de Caboclos*, de março de 2015, n. 43, que destaca a sua profícua tarefa na Umbanda. Do mesmo periódico reproduzimos dois textos, de Sandra Santos, Presidente da AUEESP e da jornalista Catarina Fernandes, além de um texto da Dra. Juliana Ogawa. No meu livro *A Construção Histórica da Literatura Umbandista*, publicado pela **EDITORA DO CONHECIMENTO**, há um capítulo, escrito por Alexandre Cumino, sobre a obra literária de Rubens Saraceni.

Editorial

Foi médium e escritor. Durante mais de 30 anos exerceu sua mediunidade e fez seus estudos no campo da espiritualidade. Seus inúmeros livros já publicados são psicografados, ditados e orientados pelos Mestres. Foram mais de 1.000.000 de exemplares vendidos. Sua jornada foi iniciada no Espiritismo de "mesa branca", passando posteriormente para a Umbanda, onde se tornou sacerdote de Umbanda Sagrada.

Figura 50: Rubens Saraceni incorporado com Preto Velho.

Ministrou o curso de Teologia de Umbanda visando a uma melhor formação do médium umbandista em relação aos Fundamentos da Umbanda. Comandou o Colégio de Umbanda Sagrada Pai Benedito de Aruanda, que oferece formação mediúnica e sacerdotal de Umbanda, bem como, sustentação, Religiosa e Magística aos que buscam o Conhecimento Sagrado sobre o Divino Criador Olorum (Deus), suas Divindades e seus Mistérios Geradores.

Rubens foi também o fundador do Colégio Tradição de Magia Divina, colégio este que se destina a dar amparo aos formados nas magias abertas ao plano material e espiritual. Faleceu no dia 9 de março de 2015.

A Umbanda acordou de luto!

Catarina Fernandes[1]

Dia 09, às 9:00 horas da manhã, a Aruanda entrou em festa... Pai Rubens Saraceni, 63 anos, nosso pai espiritual, amigo, irmão de sina e caminhada, admirado líder espiritual umbandista, que inovou a religião de Umbanda com cursos, conheci-

1 Jornalista e umbandista graças a Pai Rubens Saraceni.

mento e muito aprendizado teórico e prático, estava internado desde o dia primeiro de março, tratando de um câncer, decorrente do cigarro.

De acordo com a sua assessora, Sandra Santos, uma intensa corrente de oração acompanhou os últimos dias de vida de Saraceni. Nos seus derradeiros momentos, o Sacerdote manteve contato com seus guias espirituais, entre eles, Pai Benedito de Aruanda, conversou com a família e assessores, deixando registrados seus últimos desejos.

Por conta do falecimento, o Superior Órgão de Umbanda decretou três dias de luto em todo o Estado. Segundo a Policia Militar, o velório foi acompanhado por mais de 1.000 pessoas que lotaram o hall externo e calçada da Câmara Municipal de São Paulo, de uma forma muito tranquila e respeitosa.

Alunos e filhos espirituais saíram de Curitiba (como eu), Porto Alegre, Brasília, Rio de Janeiro, além de cidades do interior de São Paulo como Ribeirão Preto, Campinas, Amparo, São Carlos, Bauru, Batatais e tantas outras cidades para reverenciá-lo.

No local foi realizado um ritual maçônico com o corpo presente, dirigido por Wagner Veneziani Costa, presidente da Editora Madras e amigo pessoal, seguido de uma cerimônia umbandista, conduzida por Sandra Santos, sua fiel escudeira, que comandou também toda a parte cerimonial, que contou com a presença de presidentes de Federações, vereadores, deputados e membros da Comissão de Liberdade Religiosa da OAB-SP.

Encerrando, os alunos, amigos, fiéis e fãs se despediram com os pontos puxados pelo Ogan Severino Sena, seguido de calorosos aplausos, tornado tudo muito mais solene pelas roupas brancas, estolas, lenços e filás dourados de muitos deles.

Pai Rubens Saraceni, um ícone religioso, será lembrado pelo crescimento da Umbanda, pela inserção do estudo nos templos, e por deixar a toda comunidade umbandista um legado alicerçado e fundamentado no conhecimento, um alento que nos animará nos momentos difíceis.

Perder a referência da vida de um homem como esse não é fácil. Restam-nos os exemplos deixados e que as melhores lembranças mantenham viva sua memória.

Que da espiritualidade ele possa continuar olhando por nós!

Sandra Santos

Amigos é impossível responder tantos e-mails, mensagens, *whatsapps* e telefonemas em solidariedade à partida precoce de Rubens Saraceni.

Um homem que deixa um legado permanente, além dos frutos de sua competência, o exemplo de uma vida de fé no ser humano, em Deus e nos Sagrados Orixás.

Que o exemplo de vida construído com dedicação e dignidade pelo Sacerdote Rubens Saraceni, sirva de conforto e alento a todos os seus familiares, amigos e alunos, neste momento de dor pela irreparável perda.

Estejam certos que atenderemos suas últimas instruções e desejos para continuar na luta de suas bandeiras: a Umbanda e a Magia Divina.

Os nomes do Colégio de Umbanda Sagrada, Instituto Cultural, Colégio Tradição de Magia e a AUEESP – Associação Umbandista e Espiritualista do Estado de São Paulo continuarão sim, o seu legado.

Deixo aqui registrado agradecimentos mais do que especiais à Câmara Municipal de São Paulo pela acolhida neste momento. Às inúmeras coroas de flores que chegaram, e a todos que puderam estar juntos nesta manifestação de afeto.

A todos vocês os nossos mais sinceros agradecimentos, e recebam um abraço solidário.

Um homem que deixa um legado permanente, além dos frutos de sua competência, o exemplo de uma vida de fé no ser humano, em Deus e nos Sagrados Orixás.

Até breve, Amigo!

Sandra Santos (Presidente da AUEESP)

A dor pela sua ausência é tão
grande quanto à gratidão pela sua vida!

Dra. Juliana Ogawa

São tempos estranhos!

De sentimentos confusos!

Para me despedir do Senhor Rubens Saraceni, vou me atrever a contar duas histórias!

Há pouco mais de sete anos caiu em minhas mãos um exemplar do livro ***O Guardião da Meia Noite***, Quando eu acabei de ler pensei:

– Rubens Saraceni, quem será esse homem? Gostaria de conhecê-lo, mas deve ser alguém importante. É inacessível! Pensei...

Em novembro de 2014, estou em minha casa e recebo um telefonema da guerreira Sandra Santos, minha amiga e irmã, me transmitindo um pedido de Pai Rubens, que eu pudesse substituir a Deputada Leci Brandão como paraninfa dos Formandos do Curso de Sacerdócio de 2014!

Fiquei extremamente honrada com o convite e me lembrei da história que lhes contei acima.

A espiritualidade é tão maravilhosa que em apenas sete anos, após eu "sonhar" em conhecer Pai Rubens (já havíamos nos conhecido antes desse evento), a pedido dele eu estaria ao seu lado!

Para minha surpresa na sua fala, ele que era uma pessoa de gênio forte (como todo bom filho de Ogum), mas ao mesmo tempo humilde e até tímido, se desculpa comigo, por ter me convidado de "última hora".

Esse é para mim o homem que mesmo diante dos números que colecionou pela vida: fama, livros, discípulos e filhos de santo, tudo aos milhares, não deixou se levar pela vaidade... A maior desgraça de um médium!

E na ocasião que me encontrei com ele pela primeira vez, é a minha segunda e melhor história!

Estávamos nós dois, na fila da mesa na qual as recepcionistas dos eventos anotam os nomes daqueles que comporão a mesa.

Era no clube da Mooca, Procissão de Xangô, evento da Aldeia de Caboclos!

Logo à minha frente estava um "mito", que ao ser perguntado sobre seu nome e cargo respondeu:

– "Coloque somente Rubens, minha filha, é o suficiente! Não precisa de Pai, nem nada, somente Rubens!"

Pensei...

Eis aqui mestre Rubens Saraceni, sem plateia, apenas se identificando pelo nome!!!

As meninas não o conheciam ou não reconheceram o autor de um grande ***best seller*** umbandista, e ele parado ali, discreto, modesto e muito tranquilo...

Acredito que algumas pessoas, assim como todas as outras tem suas imperfeições, mas passam pelo mundo para deixar um legado!

Que os benfeitores da Luz o recebam, Senhor Rubens!

Que Pai Benedito, Seu Ogum Beira-Mar e todas as falanges de Luz sejam pelo Senhor!

A literatura de Matta e Silva

Como vimos nos dois primeiros volumes desta obra, W. W. da Matta e Silva deixou um legado literário de nove livros. Apresentamos a seguir algumas capas das edições iniciais destas obras publicadas pela Gráfica Esperanto e pela Livraria Freitas Bastos.

Figura 51: *Umbanda de Todos Nós* - Primeira edição.

Figura 52: *Umbanda e sua Eterna Doutrina* - Primeira edição.

Figura 53: *Doutrina Secreta da Umbanda* - Primeira edição.

Figura 54: *Umbanda e o Poder da Mediunidade* - Terceira edição.

Figura 55: *Umbanda do Brasil* - Primeira edição.

Figura 56: *Segredos da Magia de Umbanda e Quimbanda* - Terceira edição.

Figura 57: *Mistérios e Práticas da Lei de Umbanda* - Primeira edição.

Figura 58: Lições de Umbanda e Quimbanda na Palavra de um Preto Velho - Primeira edição.

Figura 59: Lições de Umbanda e Quimbanda na Palavra de um Preto Velho - Segunda edição.

Figura 60: Mistérios e Práticas da Lei de Umbanda - Terceira edição.

Figura 61: Umbanda e o Poder da Mediunidade - Primeira edição.

Figura 62: Segredos da Magia de Umbanda e Quimbanda - Primeira edição.

Figura 63: Macumbas e Candomblés na Umbanda.

Figura 64: Umbanda e sua Eterna Doutrina - Quarta edição.

Jornal Aruanda

Em junho de 1975, a União de Tendas de Umbanda e Candomblé do Estado de São Paulo, presidida por Jamil Rachid, lançou o primeiro número do Jornal *Aruanda*, periódico de grande destaque no universo paulista da Umbanda. A segunda edição, de julho de 1975, falava sobre o lançamento da primeira edição:

O lançamento da nossa primeira edição

Em nossa segunda edição, não poderíamos deixar de comentar o sucesso de nosso lançamento. A solenidade foi realizada no dia 24 de maio p. p., na sede da União de Tendas Espíritas de Umbanda e Candomblé do Estado de São Paulo. Foi aberta por Dr. Carlos de Castro, relações públicas da União, seguido de vários oradores que explanaram sobre o desenvolvimento crescente da Umbanda e da oportunidade da criação deste veículo, o elo que faltava para a integração e inteiração da religião que mais rapidamente está crescendo no Brasil.

O Jornal *Aruanda* contou com o apadrinhamento do Deputado Federal Adalberto Camargo, que foi o primeiro a adquirir uma assinatura anual, e que está nos ajudando na divulgação perante as embaixadas africanas.

Na ocasião estiveram presentes as seguintes personalidades: Jornalista Francisco Sinésio; Dra. Nancy Ferraz Cuogo; Dr.

Dario Medeiros, advogado que providenciou o registro de nosso jornal; Socióloga Walkiria Fagundes Montagna; Prof. Radamés Mosca; Prof. Norival Nogueira; José Gabriel da Rocha Mina, orador oficial da União; Geraldo Ramos Toledo, Presidente da Federação Umbandista do Vale do Paraíba; Demétrio Domingues, Presidente da Associação Paulista de Umbanda e diretor de "Umbanda em Revista"; Leda de Assis Brasil, esposa do falecido General Nelson Braga Moreira; Antonio de Santi, Presidente do Palácio de Oxalá; Abrumoglio Vainer, Presidente do Templo Oxóssi Caçador; Euclides Barbosa (Pai Jaú), Presidente da Liga Umbandista de São Paulo; Irineu Rodrigues Mariana, Domingos Lofredo e Renato Dib, membros do Superior Órgão de Umbanda do Estado de São Paulo.

O Jornal *Aruanda* lançado com uma tiragem inicial de 10.000 exemplares, logo se esgotou, sendo enviados para alguns núcleos do interior, distribuído em bancas da capital, casas de artigos de Umbanda e templos espíritas. Para esta edição sua área de circulação foi ampliada, atingindo agora toda a Grande São Paulo.

Dentro do cronograma de expansão, em nossa terceira edição já estaremos circulando nas principais bancas do centro do Rio de Janeiro e da cidade de Santos, já com uma tiragem de 20.000 exemplares.

Nosso objetivo é divulgar os acontecimentos da Umbanda e do Candomblé, seus princípios e rituais, mostrando o que vem realizando, através de suas entidades, em benefício da humanidade, e os seus movimentos filantrópicos.

Na mesma edição era anunciada a nova diretoria do SOUESP:

Eleita a nova diretoria do
Superior Órgão de Umbanda do Estado de São Paulo

No dia 14 de julho, o Superior Órgão de Umbanda do Estado de São Paulo se reuniu em sua sede, em Assembleia Geral Extraordinária para votação de sua nova diretoria e posse.

Dentro dos trabalhos, foi feita uma homenagem póstuma ao ex-presidente daquela entidade, dr. Estevão Montebello, com a inauguração de um quadro com sua foto, que passará a integrar o patrimônio da entidade.

Na solenidade estiveram presentes sua filha Margarida Montebello e seu irmão Luiz Montebello que receberam as homenagens.

Sua diretoria ficou composta das seguintes pessoas:

Presidente – Jamil Rachid (Presidente da União de Tendas Espíritas de Umbanda e Candomblé do Estado de São Paulo).

Vice Presidente – Félix Nascentes Pinto (Presidente do Primado de Umbanda do Estado de São Paulo).

Secretario Geral – Cleber Bastos Pinto (Vice Presidente do Primado de Umbanda do Estado de São Paulo).

Primeiro Secretario – Domingos Lofredo.

Segundo Secretario – Pedro Furlan (Presidente da União Regional Umbandista da Zona Oeste da Grande São Paulo).

Terceiro Secretario – Lídia Nunes Azevedo (Secretaria do Primado de Umbanda do Estado de São Paulo).

Tesoureiro Geral – Olinto Marcos.

Primeiro Tesoureiro – Renato Dib (Membro do Conselho Fiscal da União de Tendas Espíritas de Umbanda e Candomblé do Estado de São Paulo).

Segundo Tesoureiro – Irineu Rodrigues Marian (Procurador da União de Tendas Espíritas de Umbanda e Candomblé do Estado de São Paulo).

Terceiro Tesoureiro – Sebastião Campos (Presidente da Associação Brasileira dos Umbandistas do Estado de São Paulo).

Coordenador Geral – Demétrio Domingues (Presidente da Associação Paulista de Umbanda).

Coordenador do Vale do Paraíba – Geraldo Ramos Toledo (Presidente da Federação Umbandista do Vale do Paraíba).

Coordenador de Guarulhos – Tenente Alcides Justino Leme (Presidente da União Municipal Umbandista de Guarulhos).

Presidente do Conselho – Leonor Lopes (Diretora da União Municipal Umbandista de Guarulhos).

Presidente de Patrimônio – Euclides Barbosa (Pai Jaú – Presidente da Liga Umbandista do Estado de São Paulo).

Mostramos a seguir uma mensagem escrita por Maria Isabel:

Mensagem aos médiuns
Maria Isabel

Quando me foi pedida uma mensagem para os médiuns, fiquei muito feliz por ter oportunidade de me dirigir aos queridos "Soldados de Jesus".

Desejei, então, ser a cachoeira que murmura, o sol que brilha, o pássaro que canta nas matas, para poder transmitir o amor que existe em cada coisa desse nosso Universo de amor e paz de Nosso Pai Oxalá.

Todos nós temos uma missão a cumprir aqui na Terra. A do médium é levar amor, caridade e compreensão a todos os irmãos, de ser o primeiro a gritar a paz em todo lugar onde estiver presente.

Para ser um médium verdadeiramente digno de assim ser chamado, não é preciso ter uma guia riquíssima no pescoço ou andar de roupa branca de rendas, pois a primeira virtude que o médium deve cultivar é a HUMILDADE.

Ninguém pode dizer que é um bom filho de fé, se simplesmente não faz nada de errado, porque aí ele simplesmente NADA FAZ. E isso apenas não basta.

De nada adianta somente ler boas coisas, se, na prática, você não aprende a aplicar esses ensinamentos. É um exercício muito saudável e maravilhoso, tentar achar mensagens de amor no cotidiano de nossa vida. Que poesia há nos olhos do irmão que nos pede ajuda, no amargurado que procura um consolo, na criança que espera um sorriso. Eles possuem a mesma doçura dos olhos de nosso Pai. E quem vai negar uma ajuda a Oxalá?

Eu não estou aqui para pregar a verdade, nem para ditar normas e deveres de um médium. Não sou dona da verdade e, como todo ser humano, busco aperfeiçoar-me a cada dia que passa. Escrevi estas linhas para tentar fazer com que você, meu irmão de fé, pense um pouco mais na sua missão terrena, para levar a todos uma mensagem de amor e otimismo.

Quando houverem tropeços em sua vida material, pense nas belas e profundas palavras do nosso "Hino da Umbanda":

"Avante filhos de fé.
Como a nossa Lei não há.
Levando ao mundo inteiro.
A BANDEIRA DE OXALÁ"

Na galeria de imagens apresentamos a capa do segundo número do Jornal *Aruanda*.

Aldeia de Caboclos

Em 2 de junho de 1999 Engels Panagiotis Xenoktistakis (Engels de Xangô) fundou a **Escola de Curimba e Arte Umbandista Aldeia de Caboclos**, fundamentada nas raízes da Umbanda e Cultos Afro-Brasileiros.

Ao longo de sua existência a Escola vem se destacando por suas ações e apresentações sempre inovadoras, motivantes e com incrível Toque de Alegria. O objetivo da instituição é formar bons atabaqueiros e curimbeiros, inclusive com conceitos mais específicos sobre a importância da curimba no rito umbandista, para que possam auxiliar, com segurança e conhecimento, nos trabalhos espirituais de seus Templos.

O Festival de Curimbas é uma das marcas registradas da Aldeia de Caboclos. No site da aldeia podemos ler:

> Temos um único ideal, a Valorização da Musica Umbandista, de suas Crenças sem fronteiras. Temos que lutar pela nossa liberdade de expressão, e trazer de nossas raízes africanas, no soar de nossos Tambores a riqueza de nossas tradições.
>
> Estamos frente a uma enorme festividade que visa à continuidade dos grandes, salutares e marcantes festivais umbandistas, e também com o objetivo de dar maior destaque e ressaltar a força e a capacidade de organização e realização de exemplares eventos pela nação umbandista.

Figura 65: Capa da edição de junho de 2015.

A aldeia promove também outro evento importante realizado na cidade de São Paulo que congrega, todos os anos, aproximadamente 3000 pessoas, é a tradicional Procissão que homenageia o Orixá Xangô pelas Ruas do Parque da Mooca.

É um evento que envolve amostras culturais da Umbanda e da Cultura Afro-Brasileira como as apresentações de dança Afro, apresentações de Grupos de Curimba, além de promover a Procissão por toda área do Parque.

Em 2011, foi lançado o Jornal *Aldeia de Caboclos*, um dos mais importantes periódicos umbandistas do Brasil, veículo de comunicação fundamental na valorização e fortalecimento da Umbanda, bem como na missão de disseminar o respeito mútuo entre as religiões e a necessidade do combate a intolerância religiosa.

Por final, salienta-se que a Aldeia de Caboclos teve papel crucial na elaboração e realização da Semana da Umbanda na Cidade de São Paulo, festividade realizada pela primeira vez entre os dias 15 e 21 de novembro de 2010, e que se tornou tradicional através dos esforços desta atuante Escola. Semana esta que veio consagrar a aprovação do Dia da Umbanda e do Umbandista na cidade de São Paulo no referido ano, feito este que segue sendo comemorado com ênfase todo dia 15 de novembro.

50 anos do Primado do Brasil
Jornal de Umbanda Sagrada

Dezembro de 2010, n. 127

Por solicitação do deputado Simão Pedro (PT), foi realizada, no dia 26 de novembro de 2010, sessão solene, no plenário Juscélino Kubitschek da Assembleia Legislativa do Estado de São Paulo, com a finalidade de homenagear os 50 anos do Primado Organização Federativa de Umbanda e Candomblé do Brasil.

O início da sessão se deu com a Banda da Polícia Militar do Estado de São Paulo e a participação dos Lanceiros da Cavalaria Nove de Julho da Policia Militar de São Paulo. A instituição, fundada em 28 de setembro de 1960, por Félix Nascente Pinto, agrega tendas, cabanas e centros.

A plenária recebeu naquela noite quase 350 pessoas, entre religiosos, sacerdotes, filiados, amigos e admiradores do Primado. Em seu discurso emocionado a Primaz do Primado do Brasil, Maria Aparecida Nalessio reafirmou o compromisso deixado por Félix Nascentes Pinto em fundamentar a humildade, a unidade e elevar o Povo do Santo ao patamar de igualdade perante todas as Religiões.

Nesta premissa, segundo Mãe Cidinha como é carinhosamente chamada citou os avanços de sua instituição no combate a intolerância religiosa e a participação direta nas políticas públicas existentes, onde o Primado do Brasil faz a diferença participando ativamente das conferências municipais, estaduais, e nacionais que ocorreram nos anos de 2009 e 2010, além, é claro, de sua participação direta nas maiorias dos eventos ocorridos em São Paulo e em outros Estados.

"Este é um legado que nos diferencia das demais federações, pois além de assistirmos nossos federados fazemos a diferença em políticas públicas voltadas não somente para a Matriz Africana, mas para todos os segmentos religiosos e para aqueles que vivem e são taxados como as minorias" – afirma Mãe Cidinha.

Ocorreram ainda momentos culturais e a apresentação do Grupo Maculele Acaraçu Tamandaré e do Grupo Nega Nagô.

Abrilhantaram este evento as grandes personalidades de nossa Religião e autoridades como: Babalorisá Francisco de Osun, Iyalorisá e Comendadora Carmen Prisco de Osun, Mam'etu Kayandewa, Iyalorisá Regina de Ososssi do Rio de Janeiro representando a baluarte da Umbanda Fátima Damas e o Babalawo Ivanir dos Santos ambos do Rio de Janeiro, Pai Milton Aguirre, Mãe Maria Imaculada, Sacerdotisa de Umbanda Maria Adelina Bitencourt de Macedo, Maria Aparecida Pinto (Cidinha), Pai Edson dos Anjos, Dr. Jader Freire de Macedo Junior – Vice Presidente da Comissão de Direito e Liberdade Religiosa da OAB-SP, Dra. Juliana Ogawa integrante da mesma Comissão da OAB-SP, o escritor Diamantino Fernandes Trindade representante do Pai Ronaldo Linares, Sandra Santos e outros.

No final houve um *pocket show* com a cantora Liz Hermann e a confraternização de todos em um coquetel que foi oferecido pela instituição homenageada.

Antes tarde do que nunca!

Conforme já vimos exaustivamente, ao longo dos três volumes, os eventos televisivos de 29 de agosto de 1971, onde Seu Sete da Lira se apresentou nos Programas do Chacrinha e Flávio Cavalcanti, a imprensa, a Igreja e o Estado desferiram feroz perseguição ao poderoso Exu e à Dona Cacilda. Pior foi a postura covarde das instituições umbandistas cariocas.

O CONDU (Conselho Nacional Deliberativo da Umbanda), apesar de pouca representatividade religiosa, influenciou outros segmentos umbandistas afirmando que Seu Sete da Lira não era da Umbanda.

No dia 21 de junho de 2015, o dirigente umbandista Luis Fernando Barros, promoveu o Workshop "Overdose de Exu: a voz dos guardiões". Na chamada para o evento foi possível ler:

> "No próximo domingo, dia 21/06, a partir das 09:30 horas, no mesmo local onde o antigo "CONDU" se reuniu para afirmar que Seu Sete Rei da Lira "NÃO ERA UMBANDA", ou seja, na sede da UNIÃO ESPIRITISTA DE UMBANDA DO BRASIL, a "Casa Mater da Umbanda", Rua Conselheiro Agostinho, 52, Todos os Santos, RJ, entre outras muitas atrações, estaremos exibindo um vídeo contando um pouco da história desse "verdadeiro marco" da nossa religião e corrigindo uma "INJUSTIÇA HISTÓRICA", quando na presença de centenas de umbandistas afirmaremos que "SEU SETE REI DA LIRA" é e sempre foi Umbanda sim.

> Contamos com a presença de todos os Umbandistas que desejem participar deste momento histórico da nossa religião. AXÉ!"

Adão Lamenza comentou essa publicação:

Saudações irmãos. Fico muito contente com essa iniciativa de vocês de resguardar a memória e a história dessa entidade de luz, Seu 7 Rei da Lira e sua médium Cacilda de Assis. Como cambono de Seu 7, por quase 30 anos, posso afirmar que o Exu era na época a entidade mais discutida dentro da Umbanda e muito mal compreendida por muitos. Talvez pela imprensa que insistia em se infiltrar nos seus trabalhos divulgando sua mensagem de maneira errônea e expondo a entidade ao ridículo entre as pessoas que não eram da religião. Seu 7 era pagador de missão, avesso a vaidade e seu objetivo era, única e exclusivamente, prestar a caridade. Tanto que seguiu discretamente seu trabalho até o ano 2000 quando muitos já não se lembravam dele. Dona Cacilda só fez a passagem em 2009 e, por ordem do próprio Exu, o terreiro não teve prosseguimento.

Sucesso na palestra é o que eu desejo.

Axé!

Adão Lamenza Salama

Galeria de imagens

Figura 66: Segunda Convenção Nacional da Umbanda. http://www.ceubrio.com.br

Figura 67: Mesa de trabalhos da Segunda Convenção Nacional da Umbanda. Fonte: http://www.ceubrio.com.br

Figura 68: Primeiro Congresso Nacional do Espiritismo da Umbanda. Dia 21/10/1941: A Senhora Martha Justina, delegada da Cabana Pai Joaquim de Loanda, apresentando a tese desta filiada intitulada "A Utilidade da Lei de Umbanda". Fotos da Família Figueiredo. Fonte: Sérgio Navarro Teixeira. http://fraternidadeumbandistaluzdearuanda.blogspot.com.br

Figura 69: Primeiro Congresso Nacional do Espiritismo da Umbanda. Dia 26/10/1941: Aspecto do Grande Salão da Federação no dia do encerramento. Fotos da Família Figueiredo. Fonte: Sérgio Navarro Teixeira. http://fraternidadeumbandistaluzdearuanda.blogspot.com.br

Figura 70: Padre Gabriel Malagrida (uma das encarnações do Caboclo das Sete Encruzilhadas). Colégio Anchieta de Friburgo.

Figura 71: Grupo de médiuns da Tenda Espírita São Jorge – São Paulo, década de 1970. Acervo de Pai Juruá.

Figura 72: Médiuns em Terreiro do Rio de Janeiro. Jornal *O Globo*, 1956.

Figura 73: Médium incorporado na Praia de Copacabana. Revista *O Cruzeiro*, 1959.

Figura 74: Oferenda para Yemanjá na Praia de Copacabana. Revista *O Cruzeiro*, 1959.

Figura 75: Médium incorporada com Caboclo em um terreiro do Rio de Janeiro. Revista *O Cruzeiro*, 1959.

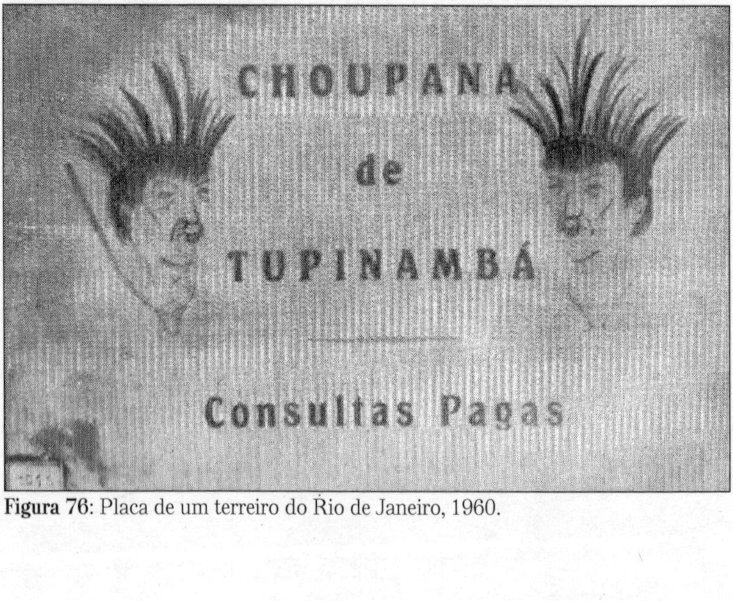

Figura 76: Placa de um terreiro do Rio de Janeiro, 1960.

Figura 77: Propaganda de charutos personalizados, década de 1980.

Figura 78: Seu Sete da Lira irradiando a alegria da Lira. Acervo de Adão Lamenza.

Figura 79: Seu Sete da Lira no meio da multidão. Acervo de Adão Lamenza.

Figura 80: Seu Sete da Lira em Santíssimo, 1971. Acervo de Adão Lamenza.

Figura 81: Assistência feminina na Tenda Espírita Estrela do Mar, década de 1960.

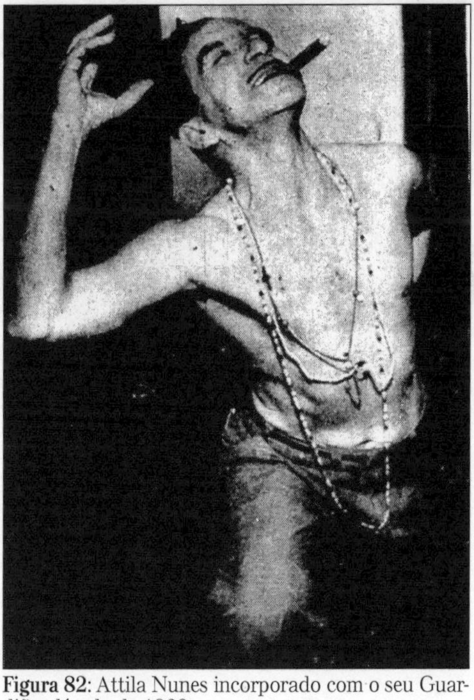

Figura 82: Attila Nunes incorporado com o seu Guardião, década de 1960.

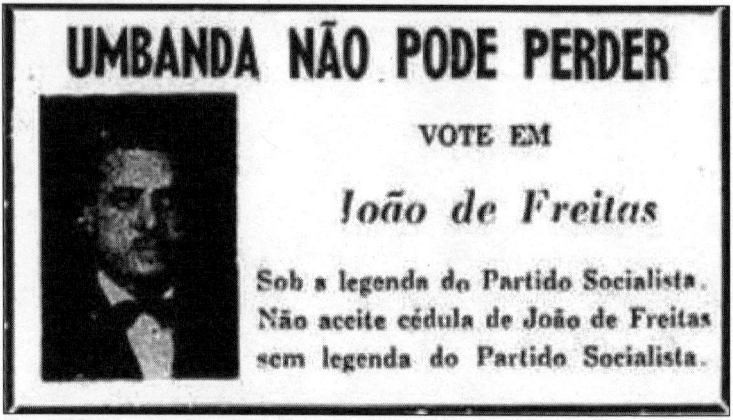
UMBANDA NÃO PODE PERDER

VOTE EM

João de Freitas

Sob a legenda do Partido Socialista.
Não aceite cédula de João de Freitas
sem legenda do Partido Socialista.

Figura 83: Propaganda eleitoral paga do escritor umbandista João de Freitas. Jornal *Diário de Notícias*, 30 de setembro de 1954, n. 9788.

Figura 84: Pintura de Yemanjá. Fonte: Revista *Mundo Ilustrado*, 01/01/1955, n. 101.

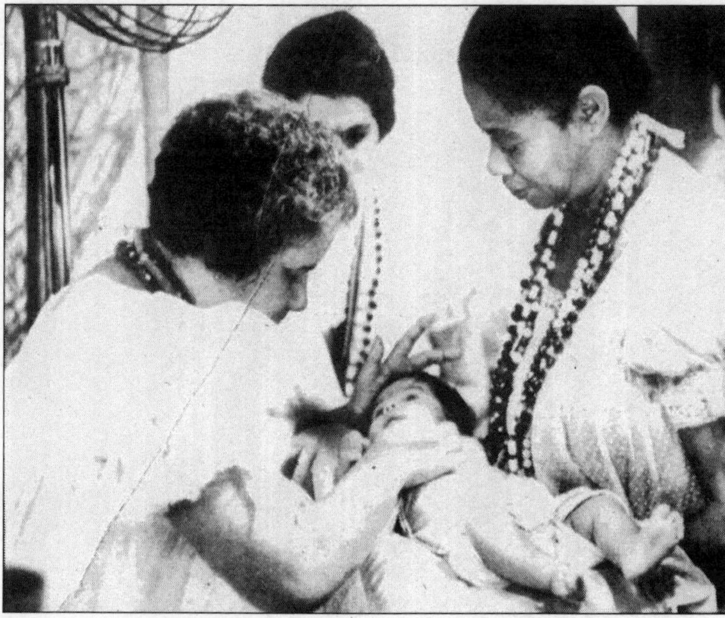

Figura 85: Pagé Tipiri durante o batismo de uma criança. Fonte: Revista *Mundo Ilustrado*, 10/02/1962, n. 216.

Figura 86: Propaganda de defumador. Fonte: *Jornal de Umbanda*, Maio de 1955, n. 54.

Figura 87: J. Alves de Oliveira. Este autor escreveu dois importantes livros para o Movimento Umbandista. A obra *O Evangelho na Umbanda*, publicada em 1970, apresenta aspectos doutrinários baseada em observações, estudos e práticas, interpretadas à luz do Evangelho de Jesus. Em 1985 publicou o livro *Umbanda Cristã e Brasileira*. Fonte: *Jornal de Umbanda*, setembro de 1953, n. 34.

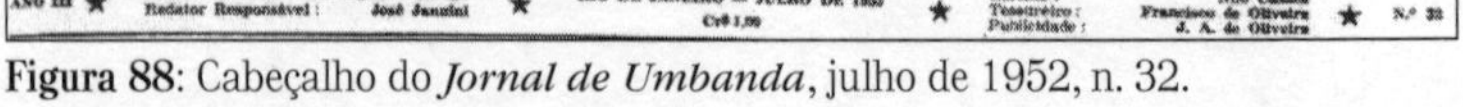

À Senhora Santana, à Velha Nanã Boroquê, à Vovó da Umbanda, elevemos neste mês nossa humilde prece pela paz no mundo e entendimento entre os homens

JORNAL DE UMBANDA

ÓRGÃO NOTICIOSO E DOUTRINÁRIO DA UNIÃO ESPIRITISTA DE UMBANDA

ANO III ★ Pres. e Secretário: Dr. Jayme Madruga — Redator Responsável: José Jannini ★ RIO DE JANEIRO — JULHO DE 1952 — Cr$ 1,00 ★ Gerente: Nilo Casaes — Tesoureiro: Francisco de Oliveira — Publicidade: J. A. de Oliveira ★ N.º 32

Figura 88: Cabeçalho do *Jornal de Umbanda*, julho de 1952, n. 32.

Figura 89: No 5º oficio de Notas do Rio de Janeiro, Manoel Floriano da Fonseca, Presidente da UEUB, assina escritura de compra e venda de compra de uma área de terra em Engenho de Dentro, Rua Conselheiro Agostinho, 56, onde foi construída a sede própria da UEUB. ***Jornal de Umbanda***, Maio de 1958, n.79.

PREFEITURA DO DISTRITO FEDERAL

ALVARÁ DE LICENÇA PARA LOCALIZAÇÃO

O PREFEITO DO DISTRITO FEDERAL

AUTORIZA A CONCESSÃO DE LICENÇA A

PARA ESTABELECER-SE NO LOCAL ABAIXO:

SATISFEITAS AS EXIGENCIAS DA LEGISLAÇÃO EM VIGOR

EMITIDO

VISTO

CONFERE

Figura 90: Alvará para funcionamento da Tenda Espírita Nossa Senhora da Piedade na Rua Teófilo Ottoni, 90 (julho de 1940). Fonte: http://www.tensp.org.

Figura 91: Entrada da Tenda Espírita Nossa Senhora da Piedade na Rua Dom Gerardo, 51, onde funcionou entre as décadas de 1960 e 1990. Fonte: http://www.tensp.org

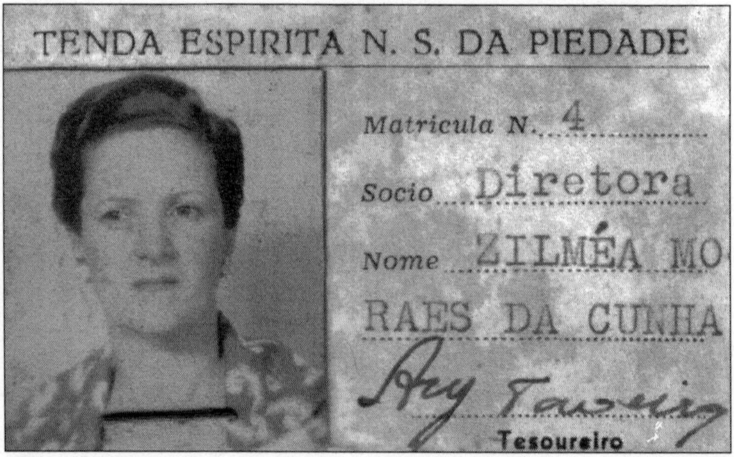

Figura 92: Documento de identificação de Dona Zilméia de Moraes. Fonte: http://www.tensp.org

Figura 93: Pai Ronaldo Linares entrevistando Zélio de Moraes em 1972. Fonte: http://www.tensp.org

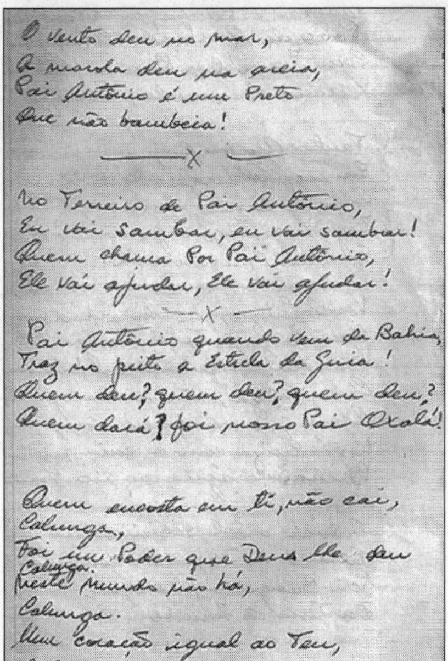

O vento deu no mar,
A marola deu na areia,
Pai Antônio é um Preto
Que não bambeia!

— X —

No Terreiro de Pai Antônio,
Eu vai sambar, eu vai sambar!
Quem chama Por Pai Antônio,
Ele vai ajudar, Ele vai ajudar!

— X —

Pai Antônio quando vem da Bahia,
Traz no peito a Estrela da Guia!
Quem deu? quem deu? quem deu?
Quem dará? foi nosso Pai Oxalá!

Quem encosta em ti, não cai,
Calunga,
Foi um Poder que Deus lhe deu
Calunga.
Neste mundo não há,
Calunga.
Um coração igual ao Teu,
Calunga.

Figura 94: Página de caderno de pontos cantados da Tenda Espírita Nossa Senhora da Piedade. Fonte: http://www.tensp.org

Figura 95: Fachada do prédio atual da Tenda Espírita São Jorge, em Vila Isabel Rua Senador Nabuco, 122.

Figura 96: Arte da Bahia. Obra do artista Siri Jo. Acervo do autor.

Figura 97: Revista *Magia, Mistério e Umbanda*, n. 18

Figura 98: Revista *Magia, Mistério e Umbanda*, n. 8

Figura 99: Leal de Souza. Reunião da ***Sociedade dos Homens de Letras***, no Rio de Janeiro, no salão nobre do ***Jornal do Comércio***, em 19 de junho de 1915, antes da tradicional ***Hora Literária***, organizada por aquela sociedade. Leal de Souza aparece de terno claro, indicado pelo número 8. Indicado pelo número 4 aparece Olavo Bilac.

Figura 100: Leal de Souza aos 16 anos; fardado de cadete, quando na Guerra de Canudos e aos 18 anos. ***Revista da Semana***, 2/9/1950, n. 35.

Figura 101: Pombagira Audara Maria incorporada em Dona Cacilda de Assis.
Muito mais severa que Seu 7 da Lira, Sra. Audara Maria comandava sua gira com extrema beleza, mas também cobrava o que de errado estivesse acontecendo no Terreiro e não media palavras para colocar tudo nos "eixos" e até ditar punições. A Pombagira chegava colocando ordem na casa e advertindo àqueles que "pisaram na bola" com Seu Sete ou com o santo em geral. Muito mais afinada com os pontos de Umbanda propriamente ditos do que com músicas de carnaval, a Dona da Rosa Vermelha era bastante respeitada e muito adorada pelos fieis da Lira que se encantavam com a magia de sua gira (Texto de Adão Lamenza). Foto tirada por um fotógrafo amigo da família quando chegaram em Santíssimo quando eles ainda não moravam lá (Cristiam Siqueira). Acervo da Família Assis.

Figura 102: Dona Cacilda de Assim na frente de rara pintura que, entre outras, emoldurava a Lira de Seu Sete é, na realidade, a que mais se aproxima do verdadeiro rosto do Exu e causava grande impacto ao ser admirada. É flagrante notar-se a diferença do quadro para as imagens que a Ele são atribuídas nas casas de artigos religiosos (Adão Lamenza).

Figura 103: O "Golinho" da Salvação: Em meio à multidão, Seu Sete da Lira distribui o santo golinho de seu marafo aos fieis que o rodeavam em mais uma sessão de sábado em Santíssimo – RJ (Adão Lamenza).

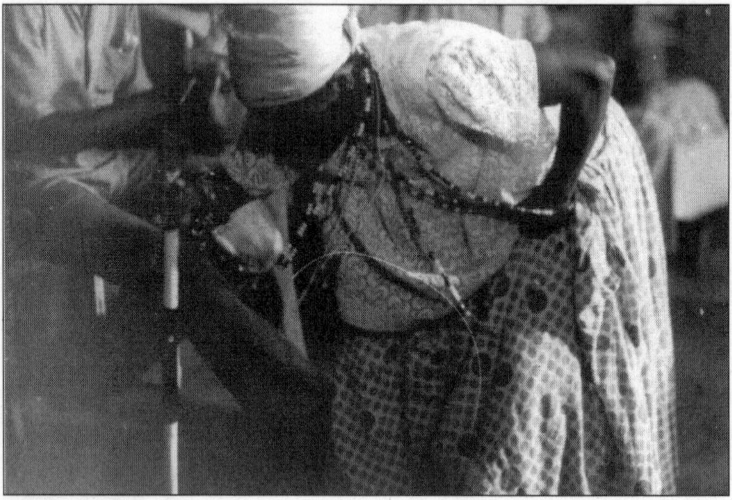

Figura 104: Preta Velha incorporada, década de 1960. Acervo de Pai Juruá.

Figura 105: Caboclo incorporado em um médium de um Terreiro de São João do Meriti (RJ). Revista *Magia, Mistério e Umbanda*, 1973.

Figura 106: Representação de uma macumba pelo artista Gipson. *Revista da Semana*, 27/9/1952, n. 39

Figura 107: Automóveis de luxo na Praia do Arpoador durante um ritual do Caboclo na Tenda do Caboclo Ubirajara. *Revista da Semana*, 15/1/1955, n. 3.

Figura 108: Oferendas na Praia do Arpoador durante um ritual do Caboclo na Tenda do Caboclo Ubirajara. *Revista da Semana*, 15/1/1955, n. 3.

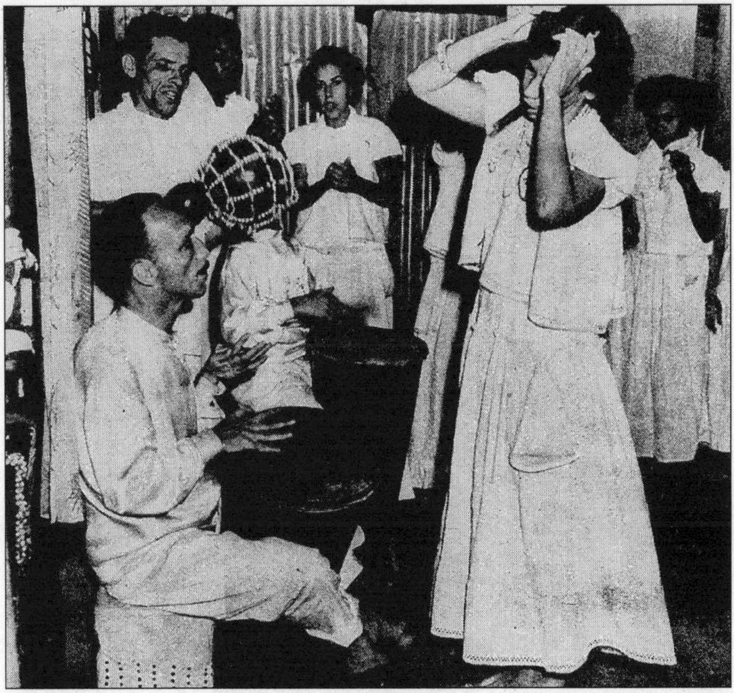

Figura 109: Detalhe de uma macumba carioca. *Revista da Semana*, 17/10/1950, n. 42.

GRÁFICA ESPERANTO

ARTES GRÁFICAS EM GERAL

31 de agosto de 1956

Rua Capitu, 1191 - Pavuna - D.F.

DEVE(M)

516	1	307	isento	30-9-56	17.000,00

Rio de Janeiro

Figura 110: Nota promissória relativa à primeira edição de Umbanda de Todos Nós paga pelo próprio autor: W. W. da Matta e Silva.

Figura 111: Capa do livro Kardecistas e Umbandistas. Primeiro livro de Umbanda lido pelo autor, 1965.

Figura 112: Médium incorporado com Preto Velho em ritual na Barra da Tijuca – Rio de Janeiro. Revista ***Planeta***, década de 1970.

Figura 113: Padre da Igreja Católica Apostólica Brasileira rezando missa em um terreiro de Umbanda do Rio de Janeiro. Revista *O Cruzeiro*, 1959.

Figura 114: Ultima fotografia de Leal de Souza tabelião, no casamento do seu filho Victor José. ***Revista da Semana***, 2/9/1950, n. 35.

Figura 115: Cerimônia de "bater cabeça" em um Terreiro do Rio de Janeiro. No fundo os três atabaques: ***run*** (grande), ***rumpi*** (médio) e ***lé*** (pequeno). Jornal *O Globo*, 1956.

Figura 116: Médiuns de uma macumba carioca. Revista *Careta*, 18/12/1954, n. 2425.

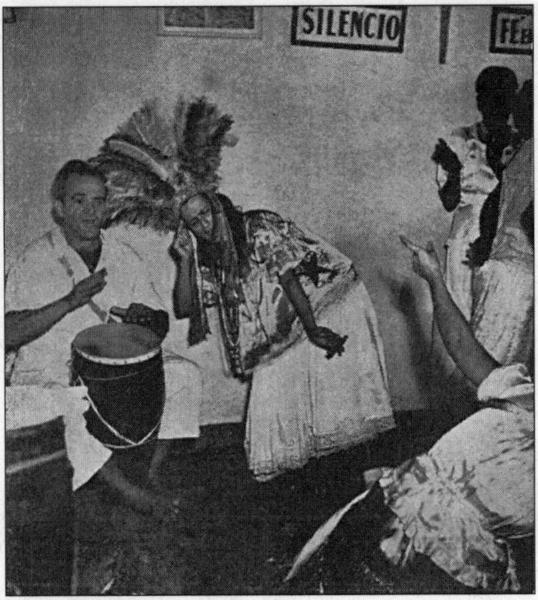

Figura 117: Médiuns de uma macumba carioca. Revista *Careta*, 18/12/1954, n. 2425.

Figura 118: Charge sobre uma macumba.
– Por São Benedito, pela Três Cruzes das trinta e três incruziada; por Enxú e Cipriano, tua dor de cabeça vai passá.
– Passa mesmo, Tia Chica?
– Passa, meu filho... assim que ocê toma um MELHORAL!
Revista *Careta*, 25/3/1944, n. 1865.

Figura 119: Médium incorporado com Ogum Rompe Mato. Revista *Careta*, 20/01/1951, n. 2221.

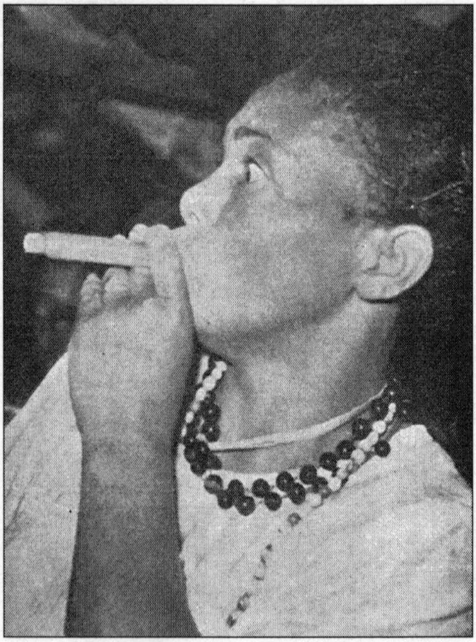

Figura 120: Médium feminina incorporada com Exu. Revista *Careta*, 20/1/1951, n. 2221.

Figura 121: Pintura sobre a famosa Mãe de Santo Tia Marcelina de Maceió (1910). Revista *Fon Fon*, 26/12/1936, n. 52.

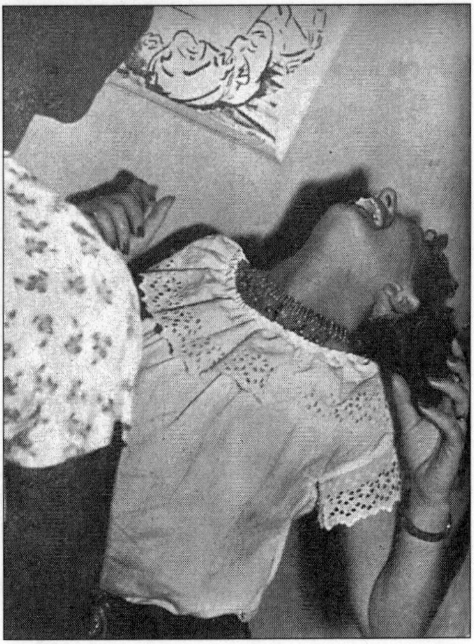

Figura 122: Médium em transe. Revista *Fon Fon*, 17/7/1948, n. 2172.

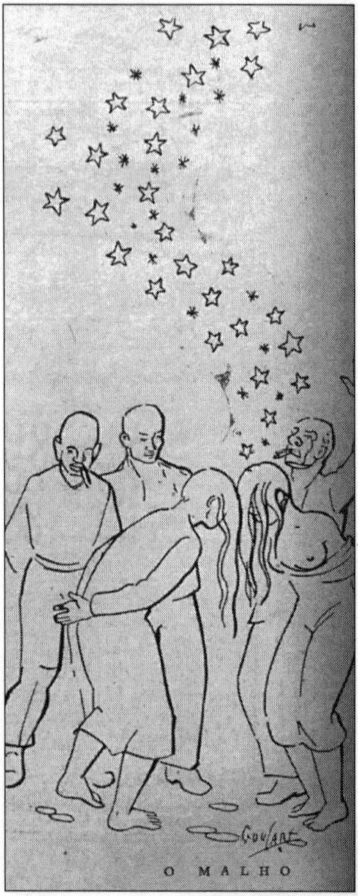

Figura 123: Bailado da Macumba do artista Goulart. Revista *O Malho*, julho de 1951, n. 138.

Figura 124: Tenda Espírita de Umbanda Filhos de São Miguel Arcanjo. Rio de Janeiro (1970). Acervo de Pai Juruá.

Figura 125: Segundo número do Jornal *Aruanda*, 1975.

Figura 126: Attila Nunes na sua loja de artigos religiosos, década de 1960.

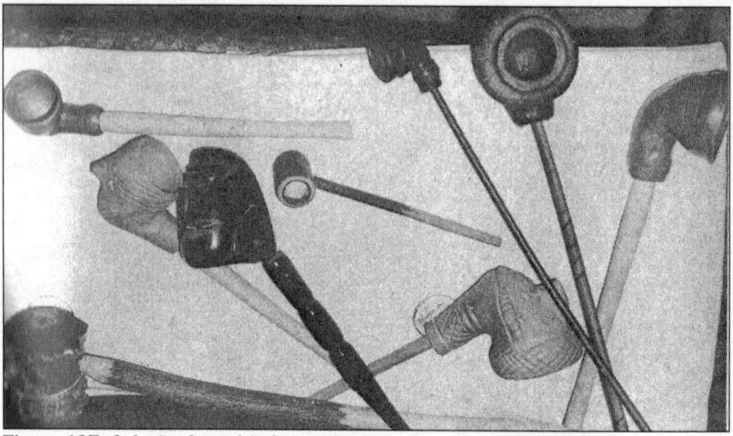

Figura 127: Coleção de cachimbos utilizados nos cultos afro-ameríndios. Acervo de Pai Juruá.

Figura 128: Templo Espiritualista de Umbanda São Benedito fundado e dirigido por Jamil Rachid. Fonte: ***Entre a Cruz e a Encruzilhada*** de Lísias N. Negrão.

Figura 129: Divulgação da tradicional Procissão de Xangô em São Paulo.

Figura 130: Tradicional imagem de Vovó Maria Conga.

Figura 131: Banner sobre o Dia Municipal da Umbanda e Umbandista.

Figura 132: Solenidade comemorativa dos 50 Anos do Primado do Brasil na Assembleia Legislativa do Estado de São em 26/11/2010.

Sobre o autor

• Professor do curso de pós-graduação em História e Cultura Afro-Brasileira do Centro Universitário Salesiano (UNISAL).

• Professor (aposentado) do Instituto Federal de Educação Tecnológica de São Paulo IFSP) onde lecionou as disciplinas: Química, Fundamentos da Educação, Psicologia da Educação, História da Ciência e Epistemologia do Ensino.

• Lecionou como professor emérito na Universidade Cidade de São Paulo e professor adjunto nas Faculdades Oswaldo Cruz, Universidade de Santo Amaro e Universidade de Guarulhos.

• Pesquisador CNPq.

• Pesquisador do Grupo de Estudos e Pesquisa em Interdisciplinaridade (GEPI) da PUC-SP.

• Mestre em Educação pela Universidade Cidade de São Paulo.

• Master Science in Education Science by City University Los Angeles.

• Doutor em Educação pela PUC-SP.

• Pós-Doutor em Educação pelo GEPI-PUCSP.

• Autor de livros sobre Educação e Ciências: ***A História da História da Ciência***, ***Temas Especiais de Educação e Ciências***,

O Ponto de Mutação no Ensino das Ciências, *Os Caminhos da Educação e da Ciência no Brasil*, *Leituras Especiais sobre Ciências e Educação*, *O olhar de Hórus: uma perspectiva interdisciplinar do ensino da História da Ciência*, *Química Básica Teórica*, *Química Básica Experimental*, *Médicos e Heróis: os caminhos da Medicina brasileira desde a chegada da Família Real até as primeiras décadas da República* e *Personagens da Ciência Brasileira*.

• Autor de livros sobre Umbanda: *Umbanda e sua história*, *Umbanda Brasileira: um século de história*, *Umbanda: um ensaio de ecletismo*, *Iniciação à Umbanda*, *Os Orixás na Umbanda e no Candomblé*, *Manual do Médium de Umbanda*, *A construção histórica da literatura umbandista*, *Antônio Eliezer Leal de Souza: o primeiro escritor da Umbanda*, *Memórias da Umbanda do Brasil, Grimório do Médium de Umbanda, Você sabe o que é Macumba? Você sabe o que é Exu?*, *História da Umbanda no Brasil e História da Umbanda no Brasil - Volume 2: A Umbanda nos Jornais do Rio de Janeiro.*

• *Past Master* da Loja Maçônica Cavaleiros de São Jorge (Grande Oriente do Brasil).

• Membro da Escola Superior de Guerra.

• Médium do Templo de Umbanda Ogum Beira-Mar, dirigido por Edison Cardoso de Oliveira, entre 1981 e 1989.

• Vice Presidente da Federação Umbandista do Grande ABC entre 1985 e 1989 e Membro do Conselho Consultivo do Superior Órgão de Umbanda do Estado de São Paulo no mesmo período.

• Relator do Fórum de Debates: *A Umbanda e a Constituinte*, realizado na Assembleia Legislativa de São Paulo, em 1988.

• Colunista do Jornal *Notícias Populares*, em 1989, escrevendo aos domingos sobre a história e os ritos da Umbanda.

• Pesquisou a Umbanda e os cultos afro-brasileiros em diversos terreiros, visitando várias vezes a Tenda Nossa Senhora da Piedade e a Cabana de Pai Antonio onde conviveu com Zélia de Moraes e Zilméia de Moraes.

• Dirigiu o Templo da Confraria da Estrela Dourada do Caboclo Sete Lanças entre 1993 e 1999.

• Colunista do *Jornal de Umbanda Sagrada* entre 2008/2009.

• Colunista do Jornal *Aldeia de Caboclos* desde 2013.

• Atualmente é sacerdote do Templo de Umbanda da Estrela Lilás (T.U.E.L.) - Cabana de Pai Benguela.

• Sacerdote de Orunmilá-Ifá iniciado pelo Babáláwò Ifatoki Adekunle Aderonmu Ògúnjimi (Babalawo *Ifasoya Ifadaisi Agbole Obemo*).

• Iniciado na Raiz de Guiné (*Hanamatan Ramayane*).

• Iniciado e consagrado na Kimbanda das Almas (*Tata Kimbanda Matambi*).

HISTÓRIA DA UMBANDA NO BRASIL - VOL. 3
foi confeccionado em impressão digital, em agosto de 2024
Conhecimento Editorial Ltda
(19) 3451-5440 — conhecimento@edconhecimento.com.br
Impresso em Super Snowbright_b 70g. - Hellefoss AG